요즈마
스토리

Building the Ecosystem of Startups in Israel
The Yozma Fund

Copyright ⓒ 2019 Yigal Erlich
Korean Translation Copyright ⓒ 2019 by Arachne Publishing Co.

이 책의 한국어판 저작권은 Yigal Erlich와의 직접 계약으로 도서출판 아라크네가 소유합니다. 신저작권법에 의하여 한국 내에서 보호를 받는 저작물이므로 무단전재와 무단복제를 금합니다.

창업국가 이스라엘을 만든 벤처 캐피털의 원동력

THE YOZMA GROUP

이갈 에를리히 요즈마 그룹 회장 지음 · 이원재 요즈마 그룹 아시아 총괄대표 옮김

아라크네

세상을 떠난 나의 아내 아리엘라에게 이 책을 바친다.
그녀의 사랑과 지지가 없었다면
이 책은 결코 태어나지 못했을 것이다.

머리말

지난 몇 년 동안 창업국가Start-up Nation 이스라엘의 경제 기적을 설명하고자 수많은 책과 연구가 발표되었으나 이 가운데 어떤 것도 결정적인 원인을 짚어 내지 못했다. 이들은 대신 유대인의 천재성, 후츠파(chutzpah, '담대함'이나 '저돌성'을 뜻하는 히브리어로 끊임없이 질문하고 도전하며 때로는 자신의 주장을 당당히 밝히는 이스라엘인 특유의 도전 정신을 의미—옮긴이), IDF(Israel Defense Forces, 이스라엘 방위군—옮긴이)와 이스라엘 방위산업의 즉각 대응력, 디아스포라diaspora(다양한 지역의 유대인 공동체)의 결집과 그 밖의 여러 원인이 결합되었다고 지적했다.

분명 이 모든 요인이 창업국가라는 현상에 한몫했을 것이다. 하지만 앞서 언급한 책이나 연구 가운데 이러한 여러 요인이 어떤 식으로 결합되었는지 제시한 것은 없었다. 이스라엘을 오늘날과 같은 기술강국이자 활력이 넘치는 비즈니스의 요체로 변화시킨 수수께끼를 포괄적으로 풀어내지는 못한 것이다.

대체 그 이유는 무엇일까? 나는 이 획기적인 성공을 실현하는 과정의 중심에 있던 사람으로서 한 가지 원인을 제시할 수 있다. 이스라엘이 성공을 이룩하는 과정에서 정부의 역할을 부정적으로 바라본 것이다. 정부는 여태껏 강압적인 방해자로 인식되었다(이는 지금도 마찬가지다). 질식할 것 같은 관료주의와 거추장스러운 규제가 난무하고, 정치가들의 편협한 이해관계로 의제가 결정되며, 대부분의 공무원은 무기력하고 나약하기 짝이 없다. 안타깝지만 그 누구도 나의 이런 견해를 근거 없는 헛소리로 치부할 수는 없을 것이다. 솔직히 말해서 이스라엘 정부가 이런 호의적이지 않은 이미지를 얻게 된 것은 자업자득이다. 하지만 공공서비스 분야에 이렇게 부정적인 측면만 있는 것은 아니다.

사실 변화를 주도하고 큰 모험을 감행하며 중대한 기회를 이용할 힘을 가지고 있는 것은 오직 정부뿐이다. 특히 공공서비스 분야의 경우, 정부는 수익이 우선 관심사가 아니므로 어떤 민간 주체보다 더 훌륭하게 이 일을 해낼 수 있다. 다만 정부가 주도적으로 움직이거나 신속하게 전진하는 일은 흔치 않기 때문에 정부의 행동을 끌어내려면 끈기와 결단력이 요구된다.

우리는 이 끈기와 결단력을 가지고 정부와 공공서비스 분야를 활용해 목표를 성취해 냈다. '요즈마Yozma'를 설립해 이스라엘 시장에서 벤처 캐피털 혁명을 일으켰으며, 전 세계에서 이스라엘 기술이 획기적인 성공을 이루도록 만들었다.

이 책은 '요즈마'와 요즈마가 이스라엘에서 일으킨 거대한 변화에 관한 이야기이다. 이 변화에서 비롯된 모든 사건과 그 과정에서 느낀 감정, 그리고 교훈은 개인적인 관점에서 기술되었다. 하지만 있는 그대로 묘사하고자 노력했다.

나는 삶의 여러 시기를 거칠 때마다 '넌 운이 좋다'라는 말을 많이 들었다. 적절한 시기에 적절한 위치에 있었기에 이스라엘 총리 임명으로 산업부의 수석 과학관Chief Scientist(장관급)이 되는 행운을 얻었다. 수석 과학관Office of Chief Scientist은 미래 산업의 먹을거리를 미리 파악하여 글로벌 기술 트렌드 중심의 과학 기술 사업화 및 연구 개발 투자로 전체 벤처의 방향을 이끄는, 이스라엘 과학 기술의 핵심 브레인 역할을 하는 곳이다. 1992~1993년에 관영 벤처 캐피털 펀드 '요즈마'를 설립할 수 있었던 것도 어느 정도 운이 작용한 결과였다.

요즈마를 통해 설립하고 운영한 펀드는 운이 좋게도 투자의 최적기를 타서 크게 발전했다. 이 시기의 기업에는 투자자와 기업가가 절실히 필요했고, 직원에 대한 수요는 거의 없었다. 이처럼 운이 좋았던 덕분에 소액을 투자한 펀드가 상당한 지분과 인상적인 수익을 거두는 결과가 일어났다. 나는 기업가의 자질과 펀드의 전문성, 단시간에 적절한 모형을 선택하고 설계하는 능력이 무엇보다 중요하다고 생각한다.

이스라엘 기술 분야가 성공을 거두는 데 중추적이고 핵심적인 역할을 담당한 것은 무엇일까? 이스라엘이 시장 실패를 겪고 있음을 정부가 인식하고 그 구제책으로 '요즈마 컴퍼니Yozma Company'를 설립해 5년 동안 운용한 뒤 이를 민영화했다는 사실이다.

본질적으로 보면, 시장이 스스로 시작하지 못했던 과정을 정부가 마중물 역할을 하며 촉진한 셈이다. 나는 정부 소속 수석 과학관으로 시작해 '요즈마'의 총괄로서 수행했던 모든 업무가 기업 관리자의 업무라고 생각한다. 기술 분야의 성공적인 발전을 위해 국가 공무원이 관여한다고 하면 대뜸 눈살을 찌푸릴 사람이 있을 것이다. 그리고 국가 공무원이 기업 활동에 관여한다고 하면 더 많은 사람이 눈살을 찌푸릴 것이다.

나는 '운'이라는 개념에 대해 자주 생각한다. 운이 좋은 사람이란 적절한 시기에 적절한 일을 할 준비가 된 사람이다. 다시 말해 타이밍이 성공에 상당한 영향을 미친다. 그런데 선택할 수 있는 것이 많지 않은 경우라면 어떨까? 겉으로 드러나는 어떤 기업가의 특성은 선천적인 것일까, 아니면 후천적인 것일까? 내가 경험한 바에 따르면 선천적인 토대 없이는 후천적인 부분을 개발해도 일정 수준에 그치게 마련이다.

내가 기업가가 된 데는 유전적인 영향이 컸다. 이는 우리 가족사, 특히 폴란드 자비에르시에Zawiercie에서의 우리 할아버지 이야기와 1932년 이스라엘로 이주한 우리 아버지 네헤미아Nehemiah의 이야기에서 확연히 나타난다.

할아버지는 깊은 신앙심으로 가정을 꾸렸다. 이 가정에서 열네 명의 아이가 태어났는데, 2차 세계 대전이 발발하기 전에 폴란드를 떠난 덕분에 이 가운데 열 명이 살아남았다. 할아버지는 대가족을 부양하기 위해 여러 차례 재택 회사를 차렸다. 한번은 풀 제조회사를 차렸는데, 풀이 쏟아져서 가족의 일상생활이 불편해지자 회사를 접었다. 미국에 깃털 상품을 배송하는 회사를 차린 적도 있었다(이 회사를 차린 목적이 미국 원주민에게 필요한 깃털을 제공하는 것이었는지는 지금도 알 수 없다).

계획이 실패할 때마다 할아버지는 그냥 계속해서 새로운 '스타트업'을 차렸다. 아버지는 '헤데르Cheder(유대인 아동을 위한 종교 학교)'에서 공부했는데, 나중에 종교를 등졌지만 세상을 떠날 때까지 성서를 탐독했다. 아버지 말에 따르면, 헤데르의 작고 비좁은 교실에서 책에 파묻혀 다른 아이들과 함께 공부할 때부터 세속에 귀의하기로 결심했다고 한다. 당시 아버지가 밖에서 노는 아이들의 즐거운 함성을 듣고 창밖을 내다보려 하자 랍비가 "밖을 내다보면 결국 저런 아이들처럼 될 것"이라고 훈계했는데 이에 강한 반발심을 느꼈던 것이다.

아버지는 고향을 떠나 폴란드 서부의 대도시 우치Lodz로 이사한 후부터 돈을 벌기 시작했다. 첫 직장은 초콜릿 공장이었다. 그 후 아버지는 이스라엘로 이주하자마자 '리베르Liber' 초콜릿 공장에서 일자리를 구했다. 텔아비브Tel Aviv에 있는 자파 거리Jaffa Street(지금의 에일라트 대로Eilat Boulevard)를 한참 지난 곳까지 공장의 감칠나는 냄새가 풍겼다.

아버지가 예전에 일했던 폴란드 공장에서는 초콜릿 제조 과정의 마무리 단계에서 하는 작업이 한 가지 더 있었다. 오븐에 있는 초콜릿이 완전히 식으면 직원들이 남은 초콜릿을 긁어모아 기가 막히게 맛있는 접힌 초콜릿을 만들었다. 아버지는 이스라엘에서 '리베르' 공장의 매니저를 찾아가 같은 원리를 적용해서 접힌 초콜릿을 제조할 기계를 만들자고 제안했다. 두 사람은 결국 스위스까지 출장을 다녀와 지역 엔지니어들과 함께 기계를 설계했다. 이 기계가 그 유명한 접힌 초콜릿 '메쿠펠레트Mekupelet(초콜릿 로그Chocolate Log)'를 탄생시켰다. 이는 기업가정신을 실천한 놀라운 행위였지만 안타깝게도 우리 가족에게는 수익의 지분이나 보너스가 돌아오지 않았다.

 나는 텔아비브 중부에서 자랐다. 또래의 다른 아이들처럼 거리를 쏘다니는 게 일과였는데, 그러다 보니 앞으로 닥칠 일을 준비하는 데 도움이 될 만한 배움을 얻지는 못했다. 우리는 전신주 근처나 보도에서 농구나 스탕가Stanga(축구와 비슷한 2인용 어린이 경기)를 했고 이따금 저녁 늦게까지 이웃 동네 아이들과 싸우곤 했다. 그러면 엄마들이 이웃 동네로 내려와서 우리가 집에 들어갈 때까지 고함을 질렀다.

 내가 태어난 쉬탄드 거리Shtand Street는 프리시먼 거리Frishman Street(지금의 텔아비브 중부)와 접해 있고 그 너머에는 살라Salah라는 아랍인 소유의 포도밭이 있었다. 우리는 상습적으로 그곳에 몰래 들어가 포도와 수박, 사탕수수를 따 먹었다. 영국인들이 통행금지를 실시했던 시기에도 우리는 부모님의 눈을 피해 거리로 내려오려고 애썼다. 하지만 작은 방 세 개에 주방이 딸린 비좁은 아파트에서 두 가족과 아홉 명이 살았으니 부모님의 눈을 피하기란 쉽지 않았다. 영국인들은 대부분 쉭쉭, 하며 우리를 집으로 쫓았지만 가끔은 함께 놀기도 했다. 우리는 자유를 실천하고 호흡하며 거칠게 자랐다.

훗날 나는 바르일란 대학교University of Bar-Ilan와 예루살렘Jerusalem의 히브리 대학교Hebrew University에서 수학했다. 화학을 전공했으며, 수십 개의 벌통과 1942년형 지프차가 있던 아버지 회사에서 교사나 조수로 일하면서 생활비를 벌기도 했다. 대학에서 석사 과정을 마친 다음에는 나할 소레크 원자력 연구 센터Nahal Soreq Nuclear Research Center에서 직장 생활을 시작했다. 연구는 즐거웠으나 박사 과정을 마치지는 않았다. 그것이 인류에 크게 이바지하지는 않을 것으로 판단했기 때문이었다.

1960년대 후반에는 은밀한 기운에 둘러싸인 작은 원자로에서 일하는 것을 명예롭고 안정적이라고 생각했다. 하지만 방사성 원소가 포함된 유기 분자 합성물을 연구하는 일은 연구 작업에서 얻을 수 있는 소소한 창조의 기쁨 외에는 매력이 없었다. 나는 나와 비슷한 처지에 있는 수천 명의 화학자가 노벨상을 타거나 중대한 사실을 발견할 가능성이 전혀 없는 연구에 몰두하고 있다고 생각했다. 그저 안전 제일주의만 추구하는 밀폐된 시설에서 자유를 제약당하는 것은 내게 고통이었다.

그 후 나는 욤 키푸르 전쟁(Yom Kippur War, 1973년 '속죄의 날'인 욤 키푸르 기간에 일어난 이스라엘과 아랍의 전쟁—옮긴이)에서 예비역으로 복무했는데, 분쟁이 끝나자 온 나라가 충격에 사로잡혔다. 이 일을 겪고 나서 나는 당시 많은 이스라엘인이 그랬듯이 인생의 방향을 바꾸었다.

전쟁 전에는 민영 사업가를 꿈꾸었다. 경영학을 공부했고, 파트너와 함께 몇 달 동안 화학 마케팅 회사를 설립해 운영하기도 했다. 하지만 몇 년 동안 학사 과정을 밟은 끝에, 난생처음으로 아름다운 데다가 지적이고 마음씨까지 고운 열 살 어린 여인을 만나면서 그 여인의 남편이자 귀여운 아기의 아빠가 되었다(그전까지는 세상의 어떤 여인도 이 세 가지를 모두 갖출 수는 없다고 생각했다).

그리하여 전쟁이 발발하기 전날, 나는 이제 함부로 모험할 수 없다는 것을 여실히 깨달았다. 나는 안정을 원했고 마침 한 친구에게 무역산업부Ministry of Industry and Trade에서 화학자를 구하고 있다는 소식을 듣고 정부 기관에 정착했다. 이것이 공직을 향한 내 첫 발걸음이었다. 그때까지 나는 수석 과학관이라는 직위가 있는 줄도 몰랐다.

1980년대 후반 무역산업부(경제부의 전신)에서 수석 과학관으로 근무하는 동안 나는 이스라엘의 R&D 기업이 제출한 정부 지원 요청을 승인하는 일을 맡았다. 지원 액수는 수십만 NIS(이스라엘의 공식 화폐 셰켈—옮긴이)였는데, 대부분의 기업은 지원을 받지 못했다. 만약 설립 초기의 소기업에 이 정도 액수가 있다면 대개 파산을 막고 이듬해까지 활동할 수 있을 터였다.

제출된 프로젝트의 과학적인 실행 가능성을 검토하는 것도 내 임무였다. 나는 소규모 전문 팀의 지원을 받으며 이 일을 수행했다. 내 앞으로 제출된 다양한 발명품과 제안서의 실행 가능성을 판단해 이스라엘 경제의 미래에 이바지할 아이디어를 선별하는 책임을 맡았다.

나는 9년가량 수석 과학관으로 근무하며 두 사람의 총리 밑에서 이스라엘 총리실 과학 기술 투자 정책 부분을 총괄하였다. 이보다 더 오랫동안 이 직책을 맡은 사람은 전무후무하다. 우리는 함께 일한 팀과 산업부, 그리고 장관의 지원에 힘입어 R&D에 대한 지원 규모를 열 배로 확대했다. 그런데도 설립한 지 몇 년 만에 결국 파산해서 직원들이 산지사방으로 흩어지는 기업이 부지기수였다. 특히 신생 기업이 그런 결과를 맞을 때면 나는 큰 좌절감을 느꼈다.

신생 기업을 세운 이들은 대개 이스라엘의 학계와 방위 시설의 최고 인재로, 매우 유능했다. 개중에는 보기 드문 지식과 재능을 갖추고 이스라엘에 들어온 젊은 이주민과 집념으로 똘똘 뭉친 젊은이, 그리고 탄탄한 대규모 기관에서 수십 년 동안 일한 후 새로운 길을 개척하기로 한 베테랑 엔지니어와 의사도 있었다. 하지만 이들은 경영 기술이 부족한 데다가 무엇보다 후속 자금을 확보하지 못해 결국 실패하고 말았다. 그 시절에는 이스라엘의 혁신자들에게 투자하는 이스라엘 기업이나 국제 기업이 드물었다. 더군다나 소규모의 이스라엘 시장에서 사업을 하던 이들에게는 전 세계에 자신의 아이디어를 마케팅하기 위해 필요한 지식과 인맥이 없었다. 내가 이들을 도울 방법은 수석 과학관실Office of the Chief Scientist에서 R&D에 독점적으로 배당된 자금을 제공하는 것뿐이었다.

　매주 금요일 오전 우리 팀은 수석 과학관실에서 주간 직원회의를 열었다. 수석 과학관실은 예루살렘 중부 메보 하마트미드Mevo Hamatmid(아이러니하게도 히브리어로 '끈기의 복도'라는 뜻이다) 거리의 회색 건물 1층에 있었다. 몇몇 기술 분야의 전문가 일흔여덟 명이 모여 지원 요청에 대해 의논하는 자리였다. 지식과 경험 면에서 믿을 수 있는 우리 팀원들은 본인에게 제출된 신청서를 검토한 다음 건의 사항을 준비해서 참석했다.

　나는 개인적으로 여러 가지 혁신 프로그램을 검토하는 한편으로 프로젝트를 개발하고, 일주일에 몇 번씩 업계와 학계를 순회하며 지원 요청서를 제출하라고 과학자들을 격려했다. 해가 갈수록 이스라엘의 연구 업계는 무역산업부에 주의를 기울였으며 그 결과 신청서가 점점 증가했다.

　주간 회의를 마무리할 때마다 나는 으레 분석가들에게 과거 우리의 보조금을 받은 기업의 후속 결과를 보고하라고 요청했다. 그 과정에서 거의 모든 보고서에 매우 실망스러운 결과가 담겨 있다는 사실을 깨달았다. 어려움을 겪는 기업, 파산, 유망한 이니셔티브initiative의 또 다른 실패담 등 긍정적인 결과는 매우 드물었다. 이따금 제조와 마케팅까지 진행할 수 있는 대기업이 개발품을 매입하기도 했지만 대부분 해외 기업이었다. 더 큰 대어에게 인수되지 않고 살아남은 소기업은 극히 드물었다.

그러나 우리가 투자한 기업이 성공하지 못한 경우에도 경제에 이바지한 것은 마찬가지였다. 해체된 기업의 직원들이 이미 획득한 지식과 전문 기술을 활용해 다른 기업에서 새로운 일자리를 찾았기 때문이었다. 일부 혁신과 아이디어는 이스라엘의 다른 구조 속에서 더 개발되었고, 이스라엘의 과학과 기술 분야의 인적 자원은 성장하고 발전했다. 그렇지만 태동하는 기업에 적절히 투자하면 훨씬 더 많은 것을 성취할 수 있을 터였다. 그래서 나는 벤처 캐피털이야말로 우리가 처한 곤경의 적절한 해결책이라고 결론 내렸다.

공직에 몸담았던 동안 나는 현상을 변화시켜야 한다는 사명감과 간절한 소망을 느꼈으며, 수석 과학관으로 재임하며 이 일을 성공적으로 수행했다. 수석 과학관이라는 역할과 그로 인한 혁신적인 변화는 나를 행복하게 했다. 하지만 더 안정적인 삶과 더 많은 수입을 보장하는 자리를 찾지 못했으니, 이스라엘의 민간 전문 분야에서 개인적인 잠재력을 실현하지는 못했다고 볼 수 있다. 이런 좌절감 때문에 몇 차례 정부 기관을 떠날까 고민하기도 했지만 그럴 때마다 재정부의 친구 아론 포겔Aaron Fogel의 말을 떠올렸다. "민간 부문의 인재들에게 발전 방향을 제시하고 과정을 독려하는 데 수석 과학관만큼 영향력을 발휘할 수 있는 직책은 또 없을 걸세. 공공 분야의 고위 직책처럼 성취감과 영향력, 재미를 얻을 수 있는 일자리도 없다네." 지난 30년 동안 얻은 통찰력으로 판단하건대 포겔의 말은 적어도 내 경우에는 지당했다.

나는 8년 넘게 수석 과학관의 자리에 있다가 결국 직책을 바꾸었으나 정부 조직에서 벗어나지는 않았다. 여러 동료와 함께 '요즈마 벤처 캐피털Yozma Venture Capital'이라는 관영 기업을 설립했다. 요즈마는 영리 지향 기업으로, 이스라엘의 벤처 캐피털 모태펀드를 조성해 혁신 기술 기업을 지원하는 중대하고 도전적인 국가사업이었다. '요즈마' 관영 기업은 열 개 펀드를 조성해 열네 개 기업에 직접 투자하며 5년 동안 집중적으로 노력한 후 민영화되었다. 그 후 나는 투자가들을 위한 높은 수익을 성취하는 것이 유일한 목적인 민영 벤처 캐피털의 파트너가 되었다.

운이란 무엇인가? 운이 좋은 사람이란 적절한 시기에 적절한 행동을 할 준비가 된 사람이다.

| 추천사 |

    한국과 많은 유사점을 가진 이스라엘은 어떻게 세계가 주목하는 경제 대국이 되었나? 몇 번의 우여곡절 끝에 이스라엘을 공식 방문하기 전까지만 해도 이것은 나에게 큰 궁금증이었다. 마침내 지난 5월, 텔아비브를 방문해 이갈 에를리히 회장님과 창업국가 이스라엘 건설의 주역들을 만나 많은 이야기를 나누며, 어렴풋이나마 이스라엘의 성공 비결을 엿볼 수 있었다. 그것은 도전과 혁신이었다.

    이처럼 이스라엘의 경제 성장을 주도해 온 요즈마 펀드의 탄생과 발전 과정을 상세히 들여다볼 수 있는 책을 한국어로 만나 볼 수 있게 된 것은 참으로 흥미롭고 기대되는 일이다.

    이 책에서 에를리히 회장은 이스라엘의 기적은 사실 기적이 아니라 국가의 미래에 관심을 가진 수많은 사람이 오랜 세월 동안 노력한 결과의 산물이라고 말한다. 주변 열강과의 정치적인 관계가 한 나라의 경제에 엄청난 파급효과를 미치고 있는 지금, 실패한 사람을 질책하지 말라는 전언을 마음 깊이 새기며, 국가와 시민의 미래를 위해 무엇을 해야 하는지 다시금 고민하게 만든 책이다.

**박원순** 서울특별시장

이스라엘과 글로벌 기술 기업들의 '키다리 아저씨'가 되기까지 요즈마 펀드가 걸어온 생생한 이야기를 담고 있다. '아이디어와 기술을 지닌 젊은 기업들을 육성하자'는 말이 구호에 머물지 않게 하기 위해서는 얼마나 많은 고민과 노력, 인내와 결단이 필요한지를 우리 사회의 경제 주체들이 이 책을 통해 공감하기를 바란다.

_윤종규 KB금융그룹 회장

이스라엘을 스타트업 국가로 이름 높인 요즈마 그룹의 에를리히 회장은 카리스마를 휘두르는 타고난 리더라기보다 사려 깊은 서포터이며 냉철한 관찰자이다. 그는 한국을 우수한 노동력과 업무 윤리가 존재하는 나라로 보고 있다. 그럼에도 불구하고 스타트업이 만개하지 못하는 이유로 "한국은 실패가 회복할 수 없는 치욕으로 남는 나라"라는 냉정한 평가를 내놓는다.

에를리히 회장의 말처럼 실패가 만연한 스타트업 분야에서 실패를 꾸짖는 분위기는 창업을 주춤하게 만든다. 하지만 해법은 특별한 데 있지 않다. 세계로 눈을 넓혀 다른 나라의 문화와 지식에서 경험을 쌓고, 실패를 느긋하게 바라보면서 그것에서 교훈을 얻을 수 있어야 한다. 결국 아이디어를 적극적으로 수용하고 실패를 질책하지 않는 사회 전반의 분위기가 이스라엘의 성공 신화를 이끈 것이다.

_민상기 서울파이낸셜포럼 회장, 서울대 명예교수

요즈마Yozma는 히브리어로 '혁신', '창의' 등을 뜻한다고 한다. 요즈마 그룹은 관영 펀드로서 이름처럼 민영 기업이 하기 힘든 새롭고 과감한 도전을 이어 갔다. 정부가 조성한 펀드가 하나의 독립적인 경제 주체로 성장해 나가는 과정을 읽으며 수많은 감회에 사로잡혔다. 특히 한국의 기업가에게 전 세계를 돌아다니며 다른 나라의 환경을 이해하고 기업 문화를 익히라고 조언하는 부분에서는 큰 공감을 할 수밖에 없었다. 한국에서 창업하여 우리나라의 우수한 인재가 해외로 떠나는 것을 지켜보기보다는 그들이 일하기를 선망하는 글로벌 기업을 세우기 위해 공동으로 노력을 해야 한다. 이러한 점에서는 요즈마 펀드처럼 이스라엘의 ECO 시스템을 적극적으로 도입해야 할 것이다. 오늘날 기업의 미래는 글로벌 시장에서 얼마나 성공할 수 있는가에 달렸다. 이 책 『요즈마 스토리』가 창업을 꿈꾸는 모든 스타트업 인재들에게 올바른 창업가정신을 심어 주는 계기가 되기를 바란다.

_김종훈 한미글로벌 회장

이스라엘이 세계 최고 수준의 창업국가로 자리매김하게 된 성공 요인 중 하나인 정부와 민간의 노력 및 역할을 살펴볼 수 있다. 또한 이스라엘에서 일어난 벤처 캐피털 혁명, 그 거대한 변화 속에서 요즈마 펀드가 어떻게 성장해 왔는지 마치 그림처럼 눈앞에 펼쳐진다. 텔아비브의 비좁은 아파트에서 자유를 실천하고 호흡하며 자란 저자가 안정적인 연구원 생활 대신 이스라엘 정부의 R&D 기업 지원 업무를 맡아 국가적인 경제 성장의 기틀을 다져가는 일련의 과정은 한 편의 드라마다. 새로운 도약을 준비하는 코스닥 기업들에게 이스라엘의 경험은 중요한 영감과 용기를 줄 수 있을 것이다. 이 책 『요즈마 스토리』에서 스타트업 기업들이 글로벌 강소 기업으로 성장하는 데 도움을 주는 많은 시사점을 찾을 수 있다.

_**정재송** 코스닥협회 회장

2005년 KT의 CTO로서 당시 이스라엘의 '에후드 올메르트' 부총리 초청으로 이스라엘을 방문한 적이 있다. 그 당시 과학 기술 혁신으로 경제의 판을 새로 짠 이스라엘을 둘러보며 "21세기 국가 경영이란 바로 이런 것이구나" 하면서 충격에 빠졌다. 그 후 2009년에 KT 상임이사 임기를 마치고 미국 '벨 연구소'에 근무하기 위해 뉴욕에 도착한 날, 21세기 이스라엘의 혁신을 담은 『스타트업 네이션Startup Nation』을 접하고 『창업국가』를 번역하였다. 그 책에 '혁신은 요즈마 펀드를 타고'라는 챕터가 실려 있는데, 거기에 이런 문장이 담겨 있다. "엘비스 이전에 로큰롤이 없었듯이 요즈마 이전에는 혁신 창업이 없었다." 이스라엘의 수석 과학관 오르나 베리가 한 얘기다.

창업국가 이스라엘의 스토리는 바로 혁신을 의미하는 요즈마 프로젝트에서 시작된다. 이 책의 저자 '이갈 에를리히'가 수석 과학관으로서 추진했던 이 프로젝트는 놀랍게도 정부의 공식적인 지원은 단 1억 달러에 불과한 하나의 성냥개비였으나, 거기에서 발화된 불길은 이스라엘을 넘어 뉴욕 월가를 태우고 더불어 우리나라에도 불어오고 있다.

지난 50년간 우리는 원료를 제품으로 만드는 산업 경제의 우등생이었다. 그러나 미국 금융위기 이후 세계 경제는 상상을 혁신으로 만드는 혁신 경제의 각축장으로 바뀐 지 오래며 단연 이스라엘이 선두를 달리고 있다. 산업 경제를 움직이는 힘이 증기, 전기와 같은 하드 파워였다면, 혁신 경제를 움직이는 힘은 소프트 파워다. 즉 교육, 문화, 제도, 금융 등 사회 전체가 상상력을 북돋아 주는 '뉴 패러다임'을 의미한다. 이스라엘의 변곡점은 3차 중동 전쟁(6일 전쟁)의 승리 후 불과 6년 만에 일어난 4차 중동 전쟁(욤 키푸르 전쟁)의 처절한 실패에서 시작된다. 한마디로 요약한다면 '더 강력한 무기가 아니라 골프 홀에 정확히 집어넣을 수 있는 무기'를 지향하는 과학 기술 경제로 변신하는 것이었다. 커다란 실패를 계기로 이 나라의 지도자는 영토와 국경의 개념에서 탈피하여 국경 없이 전 세계를 지배하는 과학 기술의 힘을 더 강조하는 나라를 지향하고 있으며, 그 연장선에서 요즈마 프로젝트를 이해해야 할 것이다. 우리나라 경제도 이제 성장을 멈춘 중대한 변곡점에 이르렀다. 이제 피터 틸Peter Thiel이 쓴 책『제로 투 원 Zero to One』에서 지적한 것처럼 무에서 유를 창조해 내는 경제를 향한 거대한 패러다임 변화를 모색해야 할 시점이다.

　고맙게도 이 책의 저자 '이갈'은 환상적인 성공의 화려함만으로 치장되어 온 그간의 요즈마 이야기를 지양하고 초창기의 시행착오와 관료주의 체제하에서의 어려웠던 경험을 솔직 담백하게 풀어 놓았다. 경제 정책 입안자들과 벤처 캐피털 운영자는 물론 창업을 지향하는 모든 도전자에게 세부적이고 실행 가능한 문제와 답을 함께 제시한 유일한 책이다.

_윤종록 가천대 석좌교수, 전 미래창조과학부 차관

우리는 왜 이스라엘이라는 먼 나라의 성공 스토리에 열광하는 걸까? 기술 분야에 뛰어난 잠재력을 가지고 있으며, 인력 자원을 가장 큰 장점으로 꼽을 수 있는 작은 나라라는 점이 동병상련을 불러일으키기 때문인지도 모른다. 실제로 『요즈마 스토리』를 통해 접한 이스라엘의 이야기는 우리와 많은 부분에서 다르면서 또한 같았다. 이미 월등하게 앞서가고 있는 세계 강국의 다국적 대기업 사이에서 글로벌 벤처 기업으로 자리 잡기 위해 고군분투하는 이스라엘 기업가들의 모습은 우리 사회의 수많은 기업가의 모습과 그 맥락을 같이 했다. 다만 저자가 혹독하게 평가하고 있는 것처럼 성공에 대한 압박감과 실패에 대한 두려움을 주는 수직적인 사회 구조가 우리나라를 이스라엘과 같은 성공 신화에 이르지 못하게 했는지도 모른다. 하지만 아직 도약하지 못했을 뿐, 우리에게도 실패를 두려워하지 않는 젊은 창업가들이 분명 존재한다. 그들에게 이 책은 끊임없이 노력한다면 꿈꾸는 바를 이룰 수 있다는 평범한 진리를 일깨워 주는 지침서가 될 수 있을 것이다.

_전성철 김앤장 고문, 『꿈꾸는 자는 멈추지 않는다』 저자

이스라엘은 스타트업 국가로 알려져 있다. 물론 처음부터 그랬던 것은 아니다. 이스라엘의 창업 문화와 생태계 또한 그 시작이 있었다. 이갈 에를리히는 바로 이 성공 스토리의 창시자 중 한 명이다. 또한, 그의 저서인 이 책은 이스라엘을 농산물 수출국에서 세계적인 첨단 기술 강국으로 탈바꿈하게 만든 혁명 스토리이기도 하다. 이 혁명은 정부와 지방 및 국제 벤처 캐피털, 산업, 민간 발명가, 학계 등의 복잡한 네트워크 구축과 대담한 개척 정신을 요구했다. 당시 정부는 성공적인 창업 계획을 선정하고 자금을 지원했는데, 이갈은 정부 소속의 수석 과학관으로 일하며 이 모든 노력에 개입했다. 그는 러시아에서 건너온 수백만 명의 유대인 이민자의 재능을 활용해 24개의 기술 인큐베이터를 만들었으며, 이후 관영 기업 "요즈마 벤처 캐피털"을 설립해 벤처 캐피털 펀드를 확대하고 더 많은 기업을 세우는 데 기여했다. 이러한 움직임으로 설립된 수천 개의 이스라엘 기술 회사는 지리적 한계를 뛰어넘어 다국적 기업의 관심을 끌었고, 많은 이스라엘인은 각 분야에서 리더로 우뚝 서게 되었다. 이 성공 스토리에 관한 첫 번째 이야기는 대단히 흥미롭다. 기존의 경제 강국들마저 이스라엘이 인재를 발굴하고 혁신을 꾀하며 실패를 통해 교훈을 얻어 발전해 나아간 과정을 본받고자 한다. 이스라엘은 이제 전 세계에 빛을 비추는 등대가 되었다.

_아론 치에하노베르 Aaron Ciechanover 2004년 노벨 화학상 수상자

이갈 에를리히는 세계에서 유일하게 국가의 성격과 경제 방향을 바꾼 나라, 이스라엘 사람이다. 그의 매혹적인 이야기는 자국에 진정한 변화를 일으키고자 하는 모든 이들에게 영감을 줄 것이다.

_**도브 모란**Dov Moran USB 최초 개발자

옮긴이의 말

　어릴 적부터 지금까지 이스라엘에서 내 인생의 대부분을 보내며 정말 많은 것을 배웠다. 특히 최근에는 곧 체결되는 한국-이스라엘 FTA 같은 역사적인 날을 기다리며 지난 유년시절을 비롯한 이스라엘에서의 경험을 자주 회상한다.

　내가 한국으로 발령된 지, 그리고 요즈마 펀드가 한국 및 아시아 지역에 진출한 지 어느덧 6년이 되어 간다. 시간이 정말 빠른 것 같다. 한국에서 벤처 업계의 중요한 이들과 소중한 인연을 맺으며 한국의 벤처 생태계에 대해서도 많이 배울 수 있었다.

　지난 6년간 이갈 에를리히 요즈마 그룹 회장은 고령에도 불구하고 한국에서 운영하는 요즈마 펀드의 투자 심의 참석과 기술 발굴을 위해 분기별로 한국행 비행기에 올랐다. 그는 이스라엘에서 두 명의 총리를 모시고 이스라엘 총리실 산하 수석 과학관(장관급)이라는 직책으로 이스라엘 국가의 과학 기술 브레인 역할을 했다. 그리고 TIPS라는 기술 인큐베이터 프로그램을 만들고, 요즈마 펀드Yozma Fund라는 민관 모태펀드를 설립해 운용하면서 당시 이스라엘 총리의 큰 숙제였던 일자리 창출을 성공시켰다.

　그가 수석 과학관으로 재직하던 시절 이스라엘은 걸프 전쟁 등 여러 어려움에 직면했다. 특히 소련이 붕괴되면서 100만 명가량의 유대계 러시아인이 이스라엘로 대거 이주하는 일이 벌어졌다. 당시 이스라엘의 인구는 500만 명이었고 이미 높은 실업률에 허덕이고 있었다. 최악의 상황이 발생한 것이었다. 그러나 에를리히 회장은 어려움을 기회로 만들었다. 100만 명의 이주민 중에서 이공계 박사들을 모아 TIPS 기술 인큐베이터 프로그램을 통해 이스라엘 각 지역에 24개 인큐베이터를 설립하고, 정부 출연 연구소 및 특성화 대학교 등과 협업해 글로벌 시장으로 나갈 수 있는 기술을 발굴하여 사업화를 진행하였다. 그리고 이들을 지원하기 위해 1993년에 요즈마 펀드를 만들어 투자했다. 운이 좋게도 23개의 벤처 기업이 나스닥에 상장되는 영예를 얻을 수 있었으며, AUM(운용자산) 2억 6,500만 달러로 시작한 요즈마 펀드는 10년 만에 AUM 40억 달러로 커졌다.

요즈마 펀드가 투자한 초기 기술 벤처의 글로벌 성공으로 고수익을 기대하는 전 세계 벤처 캐피털이 이스라엘로 몰려들었다. 그리하여 오늘날 이스라엘 벤처의 총 투자금 중 86퍼센트가 해외 펀드 자금일 정도로 세계 투자자에게 큰 주목을 받고 있다.

에를리히 회장은 "기술은 거짓말하지 않는다"라는 말을 거듭 강조한다. 요즈마 펀드는 투자 심의를 진행할 때 기술가치평가 등 글로벌 기술 시장에 맞는 전략을 중심으로 판단하는데, 이런 시스템은 요즈마 그룹 임직원에게 정말 귀한 자산이 되었다.

그동안 에를리히 회장은 전 세계의 경제 금융 컨퍼런스에 초청받아 요즈마 펀드에 대해 강연을 할 때마다 무수한 출간 제의를 받았다. 그런데 드디어 이번에 세계 최초로 요즈마 펀드에 관한 책이 나오게 되어서 매우 기쁘게 생각한다.

이 책을 통해 이스라엘의 한 공직자의 고뇌를 많이 느끼게 되었다. 최종적인 투자 결정을 하기까지 그가 겪은 말할 수 없는 외로움 또한 크게 다가왔다. 그는 과거의 작은 이스라엘에서 정말 힘하고 외로운 투자를 했다.

에를리히 회장과 함께하며 나는 또한 많은 것을 배웠다. 그리고 시간이 지날수록 그가 한국의 기술에 큰 관심이 있다는 것을 느낀다. 한국을 방문할 때마다 한국의 출연 연구소, 특성화 대학교, 그리고 병원 등을 꼭 방문해 다양한 기술을 검토하고 사업화를 고민하는 모습을 보면 그 옛날 이스라엘 수석 과학관 시절을 그리워하는 것 같기도 하다.

3년 전 그가 한국에서 우리나라의 우수한 여러 회사를 심사한 적이 있다. 심사를 마치고 이스라엘로 출국하기 위해 공항으로 가는 그와 동행했던 그때, 그가 나에게 던진 말이 아직도 잊히지 않는다. 그는 한국의 우수한 벤처 기업들이 꼭 옛날 동화 속에 나오는 '미운 오리 새끼' 같다고 했다. 글로벌 투자자인 자신이 보았을 때는 '백조'인데, 자신들의 높은 기술 가치를 잘 모르고 투자받지 못했다는 이유만으로 스스로 미운 오리 새끼라고 여기는 모습이 안타깝다고 했다. 한국인인 나는 그가 무심코 던진 "그들이 백조라는 것을 깨닫게 해 주자"라는 말을 가슴 깊이 새겼다.

그는 미운 오리 새끼가 백조가 되려면 시작부터 글로벌로 나아가야 한다고 말한다. 이것이 바로 우리 요즈마의 모토이다. 우리는 6년 동안 한국에서 다양한 벤처 기업들을 만나고 소통했다. 에를리히 회장의 결론은 우리나라 벤처가 시작부터 글로벌로 나아가면서 글로벌 시장의 트렌드를 따라가면 이스라엘 못지않은 세계적인 창업국가가 되리라는 것이다.

현재 이갈 에를리히 회장과 요즈마 그룹의 본격적인 액션이 한국에서 진행되고 있다. 그동안 투자하였던 기술 벤처 기업들이 코스닥 혹은 싱가포르에서의 상장을 앞두고 있으며, 연간 42조 원의 기술 이전 파생 매출을 기록하는 세계 5대 연구소 중 하나인 와이즈만 연구소와 손을 잡고 다양한 기술 사업화 및 투자를 진행하고 있다. 그 밖에도 요즈마 그룹은 중국, 싱가포르, 일본, 홍콩 법인을 통해서 아시아 신흥 시장 네트워크의 구성을 완료하였다.

한국에 진출한 요즈마 그룹은 30년 전부터 이스라엘에서 투자했던 방식 그대로 투자를 진행했고, 이제 그 결과를 기다리고 있다. 큰 노력을 기울였던 만큼 좋은 결과를 기대해 본다.

나의 인생 최고의 멘토이며, 요즈마 펀드의 큰 지축이 되어 주신 요즈마 그룹 회장께 진심으로 감사를 드린다. 이스라엘 외에 해외에서는 최초로 출간되는 그의 한국어판 책을 번역할 수 있게 되어 큰 영광이다. 어릴 적부터 배운 히브리어를 한국어로 표현하는 과정에서 그의 깊은 심정이 얼마나 잘 표현되었을지 모르겠다. 한국뿐만 아니라 중국과 미국 출간 또한 앞두고 있는데, 전 세계 독자에게 이스라엘의 창업국가 모델이 많은 도움이 되었으면 좋겠다.

오늘의 나를 만들어 주신 하나님께 진심으로 감사를 드린다. 그리고 항상 뒤에서 기도를 아끼지 않으시는 사랑하는 어머니, 그리고 아버지께 감사를 드린다.

요즈마 그룹 아시아 임직원 가족에게 다시 한번 깊은 고마움을 전한다.

그리고 마지막으로 따뜻한 조언을 아끼지 않으셨던, 한국 벤처의 별이신 (고)이민화 카이스트 교수님께 깊은 감사를 드린다. 그분께 약속한 것을 꼭 지킬 것이다.

오늘도 우리 요즈마는 한국에서 백조를 찾는다.

이스라엘 텔아비브에서
요즈마 그룹 아시아 총괄대표, 이원재 Leon Lee

| 서 문 |

'벤처 캐피털 펀드'는 스타트업 기업의 첫 번째 단계에 가장 효과적인 펀드 모금 시스템이다. 이스라엘 용어인 케렌 혼 시쿤 Keren Hon Sikkun(캐피털 **리스크** 펀드라는 의미)이 영어 용어보다 더 정확하다. 신생 스타트업 기업에 대한 투자는 본질적으로 위험한 계획이기 때문이다.

미국에서 실시한 연구 가운데에는 초기 단계에서 벤처 캐피털의 지원을 받은 스타트업 기업의 생존율을 조사한 것이 있다. 비록 조사 결과가 일관적이지는 않았지만 이 가운데 절반은 5년을 넘기지 못했고, 수익을 거두고 성공한 기업도 4분의 1에 지나지 않았다.

모든 경제적 투자에는 어느 정도 위험이 따르지만 이 위험은 기술 분야의 위험에 비할 바가 아니다. 투자가는 적용 가능한 아이디어인지, 시장은 준비되었는지, 매입자를 찾을 수 있을지, 기존 대기업이 매입에 관심을 보일지 여부를 전혀 모르는 채 돈을 투자해야 한다. 사업이나 경영에 대한 경험이 부족한 개발자와 엔지니어로 구성된 소집단의 아이디어를 믿어야 하는 것이다.

이따금 아이디어가 실현되어 성공을 거두면 수백만 달러, 심지어는 수십억 달러에 상당하는 제품을 생산해 내기도 한다. 그러나 기술 분야의 아이디어는 대부분 상품화되기에 충분치 않다. 아이디어가 시기상조이거나, 다른 기업에서 유사한 아이디어를 더 빠르고 효율적으로 개발하는 경우가 있다. 혹은 기술 개발은 성공적이지만 시장의 니즈에 맞지 않거나, 이를 발전시킬 사업 모형이 없는 경우도 있다.

이것이 벤처 캐피털 펀드의 위험성이다. 유일한 성공 방법이 있다면 성공 잠재력이 있는 스타트업 기업, 더 정확히 말하자면 기업가와 기업 관리자에 대해 자세히 알아보고, 성공할 수 있을지 의심스러운 기업에는 되도록 투자하지 않는 것이다.

이스라엘 정부는 수년 동안 수석 과학관실을 통해 기술 기업의 R&D를 지원했으나 영리를 추구하지는 않았다. 정부는 이 지원이 경제를 발전시키고, 과학자와 엔지니어를 위한 업무 공간을 창조하며, 아울러 이스라엘의 기술을 증진하는 장기 투자라고 생각했다. 신청서 제출이 증가하고 검토 속도가 빨라졌으며, 기업 지원 규모가 커졌다는 객관적인 기준으로 볼 때 매우 성공적으로 이 목표를 달성했다는 사실을 알 수 있다. 연구 자금을 받은 대규모와 중간 규모 기업의 활동이 증가했고, 그 결과 재정부의 예산국에서는 R&D에 배정하는 액수를 매년 늘렸다. 그러나 초기 단계에 지원을 받은 기업 가운데 살아남아 번성한 기업은 극소수에 지나지 않는다는 사실도 밝혀졌다.

1980년대 후반 이스라엘에서는 이스라엘인들이 기술과 과학 R&D에서 훌륭한 성과를 거두었지만 사업에는 서툴다고 생각했다. 이는 전 세계, 특히 이스라엘 우방들의 공통된 의견이기도 했다. 이스라엘을 투자와 사업의 대상으로 보는 사람은 드물었으며, 투자하더라도 대부분 유대 국가에 대한 기부로 여겼다.

그러나 21세기에 접어든 지도 10년이 지난 현재 이스라엘 신생 기업은 국제무대에서 성공적으로 경쟁하는 한편, 어마어마한 액수로 다국적 기업에 매각되기도 한다. 아울러 수많은 국제적 일류 기업이 이스라엘에 R&D 센터를 설립해 운영하는 모습도 볼 수 있다. 25년 전까지만 해도 전혀 상상할 수 없는 일이었다.

2014년에는 94개의 이스라엘 기업이 총 70억 달러에 매각되었고, 이 가운데 17개 기업은 뉴욕증권거래소New York Stock Exchange에서 처음으로 증권을 발행했다. 이러한 추세는 2015년도에도 가속화되어 111개 기업이 총 180억 달러에 매각되었다.

성과를 거둔 수많은 기업이 있지만 국제시장에서 이스라엘의 기술에 관한 가장 중요하고 유명한 이야기는 전혀 수익을 거두지 못하던 기업, 웨이즈에 대한 것이다.

라아나나Raanana에 본사를 둔 웨이즈 컴퍼니The Waze Company는 스마트폰용 내비게이션 애플리케이션을 개발한 것으로 유명하다. 이 회사는 2013년 6월 검색 엔진 기업 구글에 11억 달러로 매각되었다. 이처럼 엄청난 액수를 벌 수 있었던 이유는 독창적인 기술과 전 세계 5,000만 명이 사용하던 내비게이션 서비스가 큰 인기를 끈 덕분이었다.

구글은 웨이즈의 경영진이 제시한 조건을 모두 수락했다. 회사의 연구 개발 센터를 이스라엘에 계속 남겨 두어 일자리를 잃는 직원이 없었다. 구글이 이런 조건을 수락한 것은 웨이즈가 시스템을 이용하는 수백만 명의 사용자로부터 교통 정체와 위험, 대체 경로의 위치, 주차 공간, 주유소, 서비스 스테이션(기계나 전기 기구 따위를 정비하거나 수리하는 곳—옮긴이), 상점에 관한 데이터를 실시간으로 흡수할 수 있는 기술이 있고, 내비게이션에 기반을 둔 위성 분야에서 독창적인 특허를 많이 보유하고 있기 때문이었다. 웨이즈의 지식과 다층적인 데이터베이스, 그리고 세계적으로 끊임없이 증가하는 사용자가 다른 일류 다국적 기업(페이스북과 애플)과의 입찰 경쟁에서 핵심으로 부상하면서 거액에 회사를 매각할 수 있었다.

웨이즈는 자사의 네트워크에 데이터와 지식이라는 보물을 새기기 위해 노력했다. 대형 기술 기업들은 이런 보물이 기업 활동에 얼마나 소중한 원천이 될지 알아보았다. 특히 지도와 내비게이션이 고객에게 제공하는 핵심 서비스가 될 것을 알았다. 그렇기에 애플 역시 이전 해의 총수입이 100만 달러에도 미치지 못한 기업에 현금으로 10억 달러가 넘는 돈을 기꺼이 투자하려 했다.

아무것도 없는 상태에서 신제품을 창조해 낸 대담한 이스라엘인들은 우수한 스타트업을 이끌었다. 아찔할 정도의 빠른 속도로 이루어진 이 엄청난 성공은 어떻게 가능했을까? 1990년대부터 이스라엘에서 줄곧 조성되고 있던 기술적인 환경이 없었다면 불가능했을 것이다.

웨이즈는 2009년 초반에 설립되었다. 이 회사는 4년 반 동안 살아남기 위해 고군분투했다. 사무실을 임대하고, 개발 비용을 부담하며, 100명이 넘는 직원을 고용했다. 이들은 대부분 업무에 대한 대가로 최고액을 요구하는 노련한 개발자와 엔지니어였다. 수년 동안 사용자에게 무료로 앱을 다운로드하도록 허용한 끝에 웨이즈가 부담해야 했던 운영 비용은 수천만 달러에 이르렀다. 그래서 웨이즈는 다양한 벤처 캐피털 펀드에서 6,700만 달러를 모금해야 했다.

이러한 벤처 캐피털 펀드의 투자가 없었다면 성공은 어려웠을 것이다. 독특한 지도를 제작하는 과정에 필수적인 정보를 보내온 운전자에게 보상을 제공하지 못했을 것이기 때문이다. 또 다양한 디바이스에서 사용할 수 있도록 소프트웨어를 최적화해 무료로 제공하는 일도 지속하지 못했을 것이다.

웨이즈가 모금한 액수 가운데 상당 부분은 미국과 중국 펀드에서 제공되었다. 그러나 초창기에 두 이스라엘 벤처 캐피털의 믿음을 얻지 못했다면 결코 다른 투자가들의 마음도 움직이지 못했을 것이다.

2009년 회사를 공식적으로 출범하기에 앞서 에후드 샤브타이Ehud Shabtai와 파트너들이 애플리케이션을 처음 개발하던 3년은 회사의 존립에 가장 중대한 시기였다. 그들은 제품에 대한 수요가 존재하는지와 다른 기업이 유사한 서비스를 더 일찍 출시하지 못할 것이라는 사실이 확실해지기 한참 전에 펀드 투자를 받았다. 베르텍스Vertex 펀드에서 제공한 자금으로, 베르텍스는 처음에 지분의 25퍼센트를 보유할 예정이었다. 베르텍스는 1992년에 설립된 관영 벤처 캐피털 펀드 '요즈마'에서 투자한 열 번째이자 마지막 펀드였다.

베르텍스가 초창기에 투자했던 기업은 텔레게이트Telegate였다. 케이블 네트워크의 데이터 전송과 음성 통신 기술을 개발한 텔레게이트는 데이터 전송 속도를 구리 전선보다 더 빠르게 만들 수 있는 기술에 처음 주목했던 기업이다. 텔레게이트는 1993년에 '요즈마'로부터 첫 투자를 받았다. 당시 요즈마는 벤처 캐피털 펀드를 조성하는 것은 물론이고 신생 기업에 직접 투자해도 좋다는 정부의 허가를 받았다. 시장(특히 '요즈마'가 설립한 벤처 캐피털)을 활성화해서 요즈마를 모방하여 유사한 투자를 하게 하는 것이 직접 투자의 목적이었다.

요즈마는 직접 투자하는 조건으로 다음 중 한 가지를 충족할 것을 요구했다. (당시의) 생명과학처럼 투자가에게 그리 인기가 많지 않은 분야에서 활동하거나, 창업을 목적으로 기존 기업이나 연구 기관을 기꺼이 떠난 기업가와 파트너십을 맺어야 한다는 것이었다.

텔레게이트를 설립한 에후드 알로니Ehud Aloni는 자신의 혁신적인 아이디어를 실현하고자 ECI의 고위직에서 퇴직했다(ECI는 훗날 텔레게이트에 투자한다). 3년 후 텔레게이트는 다국적 기업 테라욘Terayon에게 1억 달러에 매각되었다.

이스라엘의 하이테크 분야가 초기 발전 단계에 접어들었을 무렵, 다국적 기업이 이스라엘 기업을 인수할 때면 '이스라엘 디스카운트'라는 용어가 흔히 사용되었다. 미국이나 서부 유럽의 유사한 기업보다 한참 낮은 가격으로 매입가를 제시하는 일이 다반사였기 때문이었다. 당시 이스라엘은 멀고 고립된 시장으로 인식되었고, 험난한 지정학적 상황으로 말미암아 수익성이 있는 기업을 유지하기가 어려웠다.

그런데 이제는 웨이즈와 주주들이 자사의 온전한 가치를 요구할 뿐만 아니라 구글도 이스라엘에서 웨이즈의 활동을 유지하기로 약속하는 상황이 되었다. '이스라엘 디스카운트'라는 인식이 사라지거나, 적어도 약화되었다는 확실한 증거였다. 그 대신 '이스라엘 어드밴티지'라는 원칙이 조금씩 뿌리를 내렸다. 이스라엘에서는 혁신적인 아이디어를 신속하게 전개하고 실체적인 제품으로 실현하기가 상대적으로 유리하다는 인식이었다.

웨이즈의 기업가들은 이스라엘에 계속 남기를 원했다. 이런 요구를 시온주의(팔레스타인에 유대인 국가를 건설하려는 민족 운동—옮긴이)로 규정하는 사람도 있을 수 있다. 하지만 이들은 이스라엘에서 지속적으로 성공을 거두면서 회사를 발전시킬 수 있으리라는 사실을 알기에 그렇게 한 것이다. 이제 웨이즈는 구글의 계열사가 되어 계속해서 추가 기업을 설립하고 있다.

웨이즈가 이런 놀라운 성취를 이루는 데 걸린 기간은 단 4년이었다. 이는 하이테크 세계의 대단히 빠른 기준에 비추어 보아도 매우 짧은 기간이다. 덕분에 웨이즈 팀은 완벽한 타이밍에 수억 명의 사용자에게 필요한 제품을 시장에 소개할 수 있었다.

구글과 애플, 그리고 250개가 넘는 수많은 다국적 기업은 적어도 한 가지를 이해하고 있다. 이스라엘은 해외에서 이용할 고급 지식을 매입하기 위한 장소일 뿐만 아니라 그 지식의 결실을 개발하고 제조하는 과정에 지속해서 투자하는 유리한 기반이라는 사실 말이다. 이것은 '요즈마'에서 시작한 과정이 성공했으며 그동안 쌓아 온 이스라엘의 상대적인 이점이 이제 전 세계적으로 인정받는다는 사실을 입증하는 결정적인 증거이다. 이는 10억 달러 상당의 거래 자체보다 더 많은 것을 시사한다.

'요즈마'가 이스라엘 스타트업 기업에 자금을 제공하고 노련한 관리자를 훈련함으로써 촉발한 연쇄 반응은 이스라엘에 여러모로 이로운 결과를 가져왔다. 이스라엘은 수십억 달러에 달하는 투자와 상당한 수익, 그리고 조세 수입을 얻었다. 게다가 기술과 기술 관련 서비스 분야에서 수만 개의 일자리를 창출하는 데 이바지했다. 그 결과 이스라엘은 다국적 기업이 R&D 센터를 운영하고 유지할 매력적인 장소로 탈바꿈했다.

스타트업이 실로 놀라운 액수로 매각된다는 언론 보도와 하룻밤 사이에 억만장자가 된 젊은 기업가에 대한 기사는 빙산의 일각에 지나지 않는다. 이스라엘이 계획한 국가 프로젝트, 그리고 이스라엘의 면면을 바꾸면서 세계적인 본보기가 된 산업들은 지금 이 순간에도 번성하고 있다.

| 차 례 |

005　머리말

017　추천사

027　옮긴이의 말

032　서 문

043　제1장　수석 과학관 : 브랜드 되기

060　제2장　경제적 격동기와 '금융의 사나이'

072　제3장　이스라엘 : 혁신의 DNA

085　제4장　아리엘 샤론의 정치 학교와 관료주의 장벽을
　　　　　　무너트리는 방법

100　제5장　전구 하나로 라마트 간 도시를 밝힐 수 있을까?
　　　　　　거절하는 방법과 다발성 경화증과의 관계

120　제6장　1990년대 소련 이주 - 공산주의에서 자유 시장 경제로,
　　　　　　스타하노프가 이스라엘 기술 인큐베이터에 들어오다

141　제7장　시장 실패? 요즈마!

155　제8장　국가 목표 : 이스라엘의 기술 혁신에 자금을 지원하기
　　　　　　위한 시장(벤처 캐피털) 조성하기

173　제9장　긴 잉태 : 정치적 함정과 민주주의의 대가

189　제10장 마취제 없이 출산할 용기

195	**제11장** 요즈마의 첫 펀드를 조성하기 위한 길
211	**제12장** 이스라엘 기업가와 해결사가 놀라운 현실을 깨닫다
219	**제13장** 개척자 구함
236	**제14장** 이스라엘 스타트업 성공담 : 광기로 향하는 방법
244	**제15장** 직접 투자와 성공, 놓친 기회에 대해 : 인터넷과 의료 장비의 부상
263	**제16장** 터널 끝의 한줄기 빛 : 타이밍이 핵심이다
285	**제17장** 요즈마와 혁신 생태계
296	**제18장** 정부 이니셔티브에서 민간 이니셔티브로
315	**제19장** 입소문 내기 : 한국어로 후츠파를 표현하는 법

336	**맺음말** 요즈마 : 성공 이면의 진실
344	**그림 1** 승인된 보조금 수와 지원서 수(1987~1992년)
345	**그림 2** 보상 펀드 로열티 징수액(1986~1992년)
346	**그림 3** 이스라엘 벤처 캐피털 펀드가 모금한 자본(1995~2015년)
347	**그림 4** 이스라엘 하이테크 기업이 모금한 자본(1997~2016년 상반기)
348	**그림 5** 이스라엘 기업의 투자 회수(1997~2016년 상반기)

| 351 | **감사의 말** |

제1장
수석 과학관 : 브랜드 되기

　스타트업을 설립하거나 혁신 분야에서 활동하는 사람이라면 누구나 '수석 과학관'이 복잡하고 다면적인 직책이라는 사실을 이해한다. 수석 과학관은 총리실 산하 산업부 소속의 정부 기관으로, 국가 경제 발전에 근본적인 변화를 일으킬 열쇠를 쥐고 있다. 1980년대 이후에는 수석 과학관이라는 직책 자체가 스타트업 국가로서 이스라엘의 힘을 강화하는 핵심 동인으로 브랜드화했다.

　공직에 들어올 무렵, 나는 여전히 정부에 대해 어느 정도 경외심을 가지고 있었다. 장관, 크네세트(Knesset, 이스라엘의 국회—옮긴이) 의원, 단체장은 마치 다른 세상에 사는 사람들처럼 보였다. 당시에 나는 내가 아직 배우지 못한 것을 그들은 확실히 알 것이라고 생각했다. 하지만 친분을 맺고 보니 그들이 나보다 훌륭한 정치가일지는 몰라도 내 분야에서는 오히려 내가 더 낫다는 사실을 깨달았다. 이를 실감하자

유력한 산업부 장관 아리엘 샤론Ariel Sharon 앞에서도 논쟁하거나 엄중하게 의견을 제시할 수 있게 되었다.

한번은 산업부 장관과 대화를 나누다가 이렇게 말했다. "우리 두 사람에게는 모두 사명과 책임이 있습니다. 나는 이스라엘이라는 이 기업에 단독 지분이 있고 당신도 이 나라의 다른 국민과 마찬가지로 단독 지분을 가지고 있지요. 당신에게는 나를 해고할 권한이 있지만, 당신은 주주 대표일 뿐이며 당신도 나도 이 기업의 주인은 아닙니다."

안타깝게도 고위 공무원 가운데 이 기본 원칙을 이해하지 못하는 사람이 많다.

1983년 산업부 수석 과학관의 직책을 맡으라는 제안을 받았을 때 나는 깜짝 놀랐다. 이 제안으로 내 인생은 완전히 바뀌었으나 당시에는 수석 과학관이라는 역할이 얼마나 대단한 잠재력을 가지고 있는지 알지 못했다. IDF에서 의무 복무를 마치고 나서 마흔세 살의 나이에 이 제안을 받기까지 22년 동안 나는 대학에서 공부하고 실험실에서 연구했으며 공직에 몸담았다.

내가 산업부에서 근무하기 시작한 이후 10년 동안 일어난 일 가운데 주목할 만한 사건은 1977년에 이스라엘이 겪은 정치적 대변동이었다. 1972년 후반 의학 산업 관리자로 근무할 무렵의 산업부 장관은 혁혁한 공훈을 세운 전 참모총장이자 노동당원인 하임 바르 레브 Haim Bar Lev였다. 바르 레브는 전형적인 마파이(MAPAI, 이스라엘 좌익 세력이 결성한 사회민주주의 정당—옮긴이) 출신의 장관이었다. 고위 장교이자 팔막(PALMACH, 1948년 이스라엘 건국 이전에 활동한 육군 정예부대—옮긴이)의 베테랑, 노동운동의 일원이었던 그는 군 복무를 마치자마자 곧바로 정계와 정부로 진출했다.

나는 정치적인 유대나 화려한 군대 경력은 없었지만 비교적 빠른 속도로 승진했다. 바르 레브 장관이 산업부 장관으로 재임하는 동안 많은 교류가 있었던 것은 아니었다. 하지만 흔치 않게 그와 만날 때면 느리지만 단호한 화법에 마음이 끌렸다. 특히 그의 스타일을 따라 하려는 주변 사람들의 노력이 가상했다. 바르 레브가 수석 과학관 자리를 신설한 일을 포함해서 산업부에 도입한 몇 가지 변화는 그가 장관직을 떠나고 한참이 지난 후에도 이스라엘에 포괄적으로 영향을 미쳤다.

1977년 5월 리쿠드Likkud 당(우익 정당)이 정권을 잡자 바르 레브는 여당으로 자리를 옮겼다. 이갈 호로비츠Yigal Horowitz가 그의 자리를 대신했다. 사업가이자 노련한 정치가였던 호로비츠는 이스라엘 정부에서 진보적인 경제관을 가진 최초의 장관으로 손꼽힌다. 그러나 외교적으로는 우익 성향이 강했기 때문에 이집트와 평화 조약이 조인되자 사퇴한다. 1979년 초반 산업부 장관직은 기데온 파트Gideon Pat가 이어받았다. 파트가 장관직을 맡은 직후에 나 역시 산업부의 화학 및 천연자원국 국장으로 승진했다.

이 매력적인 임무를 맡은 덕분에 나는 재임 동안 여러 산업에 점점 정통하게 되었다. 나는 국장으로서 제약, 정유와 석유화학, 화학, 그리고 시멘트와 플라스틱 같은 분야에 이르기까지 여러 분야를 감독했다. 화학 및 천연자원국의 국장이라는 직책은 민간 산업과 정부를 잇는 중개자라는 면에서 독특했다. 정부와 그에 대립하는 산업의 이권을 동시에 대변했다.

다양한 정당 사이의 상호작용은 미묘했다. 국가 공무원은 공제와 장려금을 통해 산업 발전을 촉진하고자 노력한 반면, 산업계 관리자는 점점 더 많은 특권을 요구했다. 하지만 관리자 대부분은 국가의 필요를 이해했다.

일례로 이스라엘의 유일한 시멘트 회사인 네셰르 컴퍼니Nesher Company를 들 수 있다. 이 회사는 천연자원국으로부터 철저한 감독을 받았다. 회사의 관리자인 카리스마 넘치는 퇴역 준장 메나헴 아비람Menachem Aviram은 가격 책정 문제 때문에 자사 공장 못지않게 정부 기관에서 보내는 시간이 많았다. 아무리 사소한 변화라 할지라도 공장의 수익성과 운영에 중대한 영향을 미쳤기 때문이었다. 하루는 이스라엘에 시멘트가 부족해 암거래하고 있다는 소문이 돌기 시작했다. 사태를 확인하기로 작정한 나는 이른 아침에 친구의 시멘트 운반 트럭에 몸을 싣고 람라Ramla에 위치한 네셰르 시멘트 공장으로 향했다. 내가 시멘트 공장에 도착할 무렵 여러 대의 트럭이 공장 정문에서 몇백 미터 떨어진 길가에 멈춰 있는 것이 눈에 띄었다. 숨겨져 있던 빈 트럭으로 시멘트 자루가 옮겨졌고 돈이 건네졌다. 나는 곧바로 네셰르의 CEO를 만나 직접 목격한 사실을 전달했다. CEO는 몹시 놀랐으나(사실 시멘트 암거래보다 새벽부터 출동한 나 때문에 더 놀란 것 같았다) 사태를 수습하고자 즉시 조치를 취했다.

하지만 페트로케미컬 팩토리스Petrochemical Factories의 소유주인 요엘 오스트로비치Yoel Ostrowitch와의 만남은 달랐다. 남아프리카공화국 출신의 유대인인 요엘은 이스라엘에 거주하지 않았다. 재정부와 산업부 장관들과 매우 가까웠으며 (특히 직원을 해고하겠다는 영리한 협박을 통해) 파트 장관에게 마법에 가까운 영향력을 행사했다. 요엘이 이스라엘을 방문할 때면 마치 폭풍 전야 같은 긴장감이 돌았다. 석유화학 기업의 제품과 마찬가지로, 석유화학 기업을 위해 정유 회사에서 생산하는 원자재 가격도 천연자원국의 감독을 받았기 때문이었다. 그는 정유 회사의 원자재 가격을 책정하는 과정에서 자신의 요구가 받아들여지지 않으면 즉시 장관들이나 언론사로 달려가 공장 문을 곧 닫겠다고 엄포를 놓았다. 장관들은 때때로 두 손을 들었다.

정유 회사의 관리자인 퇴역 소장 츠비 자미르Tzvi Zamir는 이런 장관들의 태도가 몹시 못마땅했다. 자미르는 비록 관영 기업이지만 리파이너리스 컴퍼니Refineries Company가 장관급 회의에서 평가 절하된다는 사실에 분개했다. 결국 장관들은 어쩔 수 없이 석유화학 산업 원자재의 가격 책정 규칙을 정하는 위원회를 설립했다. 이스라엘 사하로브Israel Sacharov가 파트 장관의 임명을 받아 위원회를 지휘했다. 그는 종이 식탁보에 계약서를 쓴 뒤 서명을 받아 내고 자부심을 느끼는 인물이었다. 한번은 회의 중에 PVC 공장 프루타롬Frutarom의 회장이자 이스라엘은행 전 총재인 모셰 잔바란게드Moshe Zanbaranged에게 사직서를 제출하라고 거침없이 요구했다 (물론 사직서도 냅킨에 받아 냈다). 나는 위원회 임원 자격으로 재정부의 아론 포젤, 에너지부의 요시 세헤크Yossi Zeicheck와 함께 회의하고 심의하며 몇 시간씩 다양한 사람을 면담했다. 우리는 이 자리에서 해당 산업에 속한 여러 기업의 수익성을 평가하고 그들의 운명을 결정했다.

솔직히 이 일은 흥미로웠다. 우리는 제기된 문제의 현실적인 해결책을 찾고자 최선을 다했다. 그러면 기업들은 자사를 원활하게 운영하면서 다른 관련자들과 원만한 관계를 유지할 수 있을 터였다.

그 시절에는 산업부 공무원의 힘이 지나칠 정도로 막강했다. 가격통제, 엄격한 수입 제한, 그리고 '공인받은 공장authorized factory'의 지위를 얻기 위한 길고 복잡한 과정 등 포괄적인 규제가 이스라엘 시장을 지배했다. 재정부 장관을 역임한 핀커스 사피르Pinchas Sapir는 전설적인 '노트' 시스템(1963~1974년)을 실시했는데, 이 시스템은 방만하기 그지없었다.

그 시절과 비교해 보면 이제 신생 기업과 공장 설립 승인을 받으려는 기업가들이 거쳐야 할 과정은 가시밭길이 되었다. 수석 과학관실에서는 우리가 이스라엘 산업을 보호하고 뿌리내리도록 돕고 있다고 믿었다. 하지만 다른 한편으로 규제는 여러 가지 실망스러운 결과를 초래했으며, 나는 스스로 전혀 진전이 없다고 느낀 경우가 많았다.

나는 산업부에서 비교적 빠른 속도로 승진했지만 이따금 민간 부문으로 물러나거나 관영 기업의 관리직으로 이직하면 어떤 장점이 있을지 생각해 보았다. 뉴욕의 무역 아타셰(Attaché, 일반적으로 외교 사절단의 직원 가운데 군사, 통상, 인쇄, 홍보와 같은 특별한 임무를 전임하는 사람을 가리키는 말

—옮긴이)로 임명되길 바랐던 적도 있었는데, 산업부 장관이 떠나지 말라고 거듭 설득했다. 그러는 동안 마파이 시절이 끝나면서 변화가 일어날 수 있다는 일말의 희망이 생겼다. 이제 더는 정당의 심사에 따라 고위 직책이 배당되지는 않을 것이라는 기대가 생긴 것이다.

나는 산업부에서 일상 업무를 처리하면서 새로운 분야를 심층적으로 연구할 기회를 종종 얻었다. 이를테면 부국장 자격으로 특허법을 심층적으로 연구하는 한편 특허 등록관과 함께하는 토론에 참석했다. 제약 분야의 외국 기업은 보호하면서 이스라엘 기업은 자사 제품을 개발하거나 제조하지 못하도록 한다는 점에서 특허법은 문제가 있었다. 내가 이 문제를 제기하자 산업부의 고위 공무원들은 오늘날에도 흔히 볼 수 있는 공식으로 대응했다. 즉, 위원회를 설립했다.

나는 이 문제에 집중하기로 하고 법률 변경을 위한 건의 사항을 포함한 보고서를 몇 달 동안 준비했다. 예상대로 내 건의 사항은 대부분 시행되지 않았다. 하지만 문제를 제기한 일로 고위 공무원들이 나를 대하는 태도가 달라졌다.

나는 새로운 도전을 시작하고 싶었으나 미지의 세계로 들어가는 것이 두려웠다. 화학 연구원으로 돌아가고 싶은 마음은 없었기 때문에 민간 부문의 관리직을 구했지만 적절한 자리가 없었다.

1979년에 국장을 맡았을 때 나는 당시 산업부 정책 담당관이었던 요람 지브Yoram Ziv와 매우 돈독한 관계를 맺었다. 1981년에 요람이 이스라엘 케미컬스Israel Chemicals의 CEO로 임명된 후에는, 내가 화학 및 천연자원국 국장 자격으로 이스라엘 케미컬스 이사회의 임원이 되었던 터라 우리는 계속 협력했다. 1983년 4년 임기를 마쳤을 때 나는 자리를 옮기고 싶은 마음이 간절했다. 산업부에서는 미래가 보이지 않았다.

그때 요람이 신생 기업에 투자하는 이스라엘 케미컬스 산하에 진취적인 기업을 설립할 생각이라고 털어놓았다. 나는 이 회사의 운영자가 되면 좋겠다고 생각했다. (공직의 제약이 없는) 그런 직책을 맡으면 신생 기업의 발전에 이바지할 수 있겠다는 느낌이 들었다.

긴 대화를 나누며 문제를 의논하는 것이 요람의 경영 방식이었는데, 우리가 이 문제를 의논할 때도 예외는 아니었다. 공공 분야의 다른 관리자가 그렇듯이 요람은 시간에 구애받지 않고 충분히 생각하면서도 확실히 결정 내리지는 않았다. 사람들은 흔히 자신의 성향이나 생존 본능, 혹은 실패에 대한 두려움 때문에 이런 식으로 행동한다.

이 문제를 놓고 요람과 나누던 대화는 내가 산업부 장관 기데온 파트의 호출을 받으면서 어쩔 수 없이 끝내야 했다. 장관을 찾아갔을 때 그는 내게 단도직입적으로 다음과 같이 말했다.

"당신이 이스라엘 케미컬스의 일자리에 관심이 있다는 이야기를 들었소. 당신은 잊었을지 모르지만 이스라엘 케미컬스는 내 명령을 받는 곳이오. 누가 그곳에 갈지는 내가 결정합니다. 내가 마음먹으면 지금 당장 요람 대신 당신을 이스라엘 케미컬스의 CEO로 임명할 수 있다는 말이오. 하지만 나는 산업부에 훌륭한 인재가 있기를 바랍니다. 그러니 부탁하건대 당신이 머물러 줘야겠소. 내가 곧 당신에게 다른 자리를 찾아주겠소."

그는 자신의 말을 부탁이라고 표현했지만, 이미 내 길을 막기로 결정한 것이 분명했다. 아마도 감히 그 직책을 내게 제안한 요람에게 화가 나서 그랬을 것이다.

나는 딜레마에 부딪혔다. 공직의 여러 관리자가 그랬듯이 나는 민간 부문에서 더 많은 영향력을 발휘할 수 있다고 생각했다. 고위 공무원은 파견되는 분야에서 상당한 힘을 발휘하지만 일반적으로 혁신과 융통성은 민간 부문에만 존재한다는 것이 통념이다. 하지만 가장 훌륭하게 역할을 수행해 공공복지를 실현한다는 공직자로서의 자부심도 놓치기는 아쉬웠다.

그렇다면 파트를 믿고 제안을 기다려야 할까, 아니면 단호하게 거절해야 할까? 산업부 정책 담당관 아브라함 아쉬리Avraham Ashri는 내게 참을성 있게 기다리라고 조언했다. 두 달 후에 다시금 장관실에 불려 갔을 때는 장관뿐만 아니라 정책 담당관까지 동석해 있었다. 두 사람은 내게 한 가지 제안을 내놓았다.

"수석 과학관이 곧 사임할 거요. 그는 비협조적이어서 수석 과학관실에서 무슨 일이 일어나는지 알 수가 없었소. 당신의 통상적인 업무를 처리하면서 추가로 수석 과학관실에 근무하며 무슨 일이 일어나는지 파악한 다음, 한 달에 한두 번씩 권고 사항과 함께 우리에게 보고해 주기 바랍니다."

나는 당시의 수석 과학관인 아리에 라비Aryeh Lavi 교수의 활동을 자세히 알지 못했지만, 수석 과학관실이 원칙만큼 투명하게 운영되지 않는다는 소문은 들은 적이 있었다. 그 무렵 라비는 해외에 머물고 있었다. 내가 수석 과학관실의 임시 '감독관'으로 임명되었다는 사실을 알았을 때 그는 당연히 마뜩잖아 했고 그래서 해외 체류를 연장하기까지 했다.

당시 산업부 수석 과학관의 역할은 확실치 않았다. 고작 11년 전인 1972년에 생겨 미완성 단계에 머물러 있던 새로운 직책이었다. 방위 조직에서 가장 매력적인 사람 가운데 한 명이자 '야차Yatza'라는 이름으로 더 유명한 퇴역 준장 이차하크 야아코브Yitzhak Yaakov에게 맞춰 새로 만든 자리였다. 야차는 팔막의 베테랑이었으며 한때 제6대대의 사령관으로 복무했다. 이스라엘이 건국되고 IDF가 창설되자 그는 테크니온(Technion, 이스라엘의 공과 대학—옮긴이)에서 기계공학을 공부하고 다시 군대로 돌아갔다. 훗날 무기 및 기술 인프라스트럭처 연구개발청Administration for Research and Development of Weapons and Technological Infrastructure, Mafaat으로 발전하는 테크놀로지컬 어레이Technological Array를 설립하는 과정에 참여했다. 이후 2001년에 안보 및 법률과 관련된 한 사건의 중심에 서게 된다. 그는 자서전을 쓰고 싶었는데 포기했다. 어떤 방위 시설 대표단이 그가 자서전을 쓰면 전략 무기 개발 과정에서 맡았던 그의 역할에 관한 기밀 사항이 드러날 것이라고 주장했기 때문이었다.

1974년 군대에서 퇴역한 직후 야차는 잠시 재임했던 하다사Hadassa의 그로스Gross 교수에 이어서 2대 산업부 수석 과학관으로 임명되었다.

당시에는 이스라엘의 기술 연구 개발을 장려하던 위원회인 카치르Katzir(훗날 이스라엘 4대 대통령으로 취임하는 와이즈만 연구소Weizmann Institute의 소장 에프라임 카치르Ephraim Katzir의 이름을 따서 지었다)가 있었다. 이 위원회의 추천에 따라 몇몇 정부 부처에서 수석 과학관을 임명했다.

이후 일어난 여러 사건에서 입증되었듯이 카치르 위원회는 사실 일반적인 위원회와 사뭇 달랐다. 이 위원회에서 건의한 사항은 실행에 옮겨진 것은 물론이고 이스라엘의 혁신에 장기적으로 영향을 미쳤다. 산업부 수석 과학관은 이스라엘의 혁신을 위해서 특히 중요했다. 기술 발전 및 혁신과 관련이 있는 사업 이니셔티브를 검토하고 민간 부문의 연구 개발 활동을 위한 보조금 신청을 승인하는 책임자였기 때문이다.

야차는 무공의 후광에 힘입어 이 직책을 맡았다. 전 참모총장인 바르 레브 장관과 매우 가까운 사이였던 그가 산업부를 통솔할 때 누구도 이의를 제기하지 못했다. 야차가 재임하는 동안 나는 그와 자주 상의할 기회가 있었다. 당시 내가 감독하던 제약 분야는 그의 전문 분야가 아니었지만, 흥미롭고 창의적인 사고의 소유자인 그와 면담을 하고 나면 언제나 신선한 통찰력을 얻었다.

야차는 수석 과학관으로 재임하는 동안 이스라엘의 안정된 대기업을 우선하여 지원했다. 대기업 CEO들과 개인적으로 친분이 있었던 야차는 그들의 보조금 신청을 대부분 승인했다. 하지만 신생 기업의 성장을 장려하는 일이 중요하다는 점도 인정했다. 사실 그 시절에 민간 산업은 안보 산업과 비교하면 기업가정신이나 기술 혁신을 제대로 이루지 못하고 있었다.

야차는 사무실 직원과 프로젝트 평가 관련자들을 마치 부하 직원처럼 대했다. 그는 언제나 진지했고 냉철한 판단력을 유지했으며, 기꺼이 경청하려는 태도를 보였다. 산업계에는 메시지를 전달하려 노력했고, 경영자에게는 모험하고 연구 개발을 장려할 것을 촉구했으며, 정부에는 개발 대상과 방식을 명령하지 말고 위험을 어느 정도 부담하라고 주문했다. 그가 생각하는 국가의 역할은 계획의 실행 가능성과 잠재력을 검토할 기준을 제공하는 것뿐이었다. 이는 대체로 오늘날까지 수석 과학관 활동의 지도 원리로 남아 있다.

한편, 연구 개발 투자를 늘리라고 모든 기업을 설득하는 일은 야차 본인도 무리라고 생각했다. 물론 노력을 안 한 건 아니었지만 연구 개발의 규모를 크게 확대하지는 못했다. 이미 친분이 있는 CEO 및 더 크고 안정된 기업과 우선 협력하는 데 집중했다.

1978년 리쿠드 당이 집권해 바르 레브가 물러난 직후 야차 역시 산업부에서 사임했다. 그 후 민간 부문으로 진출해 여러 신생 기업을 설립했다.

후임 수석 과학관은 수년 동안 야차의 보좌관이었던 아리에 라비였다. 라비는 예전에 IDF에서 새로운 무기를 개발할 때 야차와 협력한 경력이 있었다. 당시 수석 과학관은 약 2,000만 달러라는 비교적 적은 예산으로 연구 개발을 지원할 계획이었다. 비록 예산은 적었지만 당시의 이스라엘 시장에서 소규모 신생 기업이 살아남아 발전하도록 지원하는 것은 가능했다. 라비는 본인의 연구 아이디어를 추진하는 한편, 성공을 거두지는 못했어도 기업에 아이디어를 개발하라고 격려했다. (전기 자동차에 관한) 혁신적인 아이디어도 구상했지만, 이 아이디어를 추진할 수 있는 기업가는 많지 않았다.

연구 개발 지원 과정을 길고 힘들게 만드는 관료주의와 싸울 만큼 라비의 영향력은 크지 않았다. 수많은 기업이 수석 과학관의 예산을 받으려고 애썼지만 지나친 관료적 형식주의에 부딪혀 포기했다. 수석 과학관실이 운영되던 초기 몇 년 동안 자금 지원 예산은 대부분 이용되지 않았다. 야차와 라비는 재정 연도가 끝날 무렵이면 재정부로 자금을 돌려주지 않기 위해 더욱 안정된 기업에 도움을 청했다. 서둘러 지원할 만한 연구 개발 계획서를 제출하라고 그야말로 애원해서 예산이 남는 상황을 피하려 했다.

나는 수석 과학관실에 들어가서 직원들은 물론 다양한 기업의 CEO와 몇 차례 만났다. 그리고 몇 주 후, 수석 과학관실의 투명성이 부족하다는 주장은 근거가 없다고 결론 내렸다. 하지만 관료주의와 지나친 형식주의에 관한 여러 가지 주장은 타당해 보였다. 나는 이런 취지에서 장관과 정책 담당관에게 권고 사항을 전달했다. 수석 과학관실의 문제에 내가 관여하는 것은 이것이 마지막이라고 생각했다. 그러나 권고 사항에 대해 논의하려고 만난 자리에서 파트 장관은 내게 예상 밖의 말을 건넸다.

"수석 과학관실에 남으세요. 라비는 분명 떠날 거고, 우리가 그 직책을 맡을 교수를 찾을 때까지 관리할 사람이 필요합니다."

실제로 라비가 사직서를 제출하고 몇 주가 지났을 때 장관은 내게 그 자리를 임시로 맡아 달라고 요청했다. 나는 라비와 사이가 좋지 않았던 파트 장관이 라비를 낡은 마파이 체제의 잔재로 보고 물러나게

했다고 짐작했다. 어쩌면 리쿠드 당과 관련 있는 누군가를 신임 수석 과학관으로 영입하려 했다가 적임자를 찾지 못했을지도 모른다.

어느 날 나는 파트 장관과의 면담에 불려 갔다. 내 이력서를 훑어보던 장관은 내가 화학자라는 사실을 발견하고는 놀랐다. 그는 "당신이 경제학자인 줄 알았다"고 말하더니 그 자리에서 내게 일자리를 제안했다.

그렇게 해서 1983년 12월 나는 공직에서 예상치 못했던 직책, 수석 과학관직을 맡게 되었다.

'수석 과학관'은 직책에 다소 어울리지 않는 이름이다. 이 직책은 과학 연구나 컨설팅을 하지 않는다. 수석 과학관은 스타트업에 연구 개발 자금을 지원하는 산업부의 집행 조직이다. 대부분의 경우 혁신은 위험한 계획이다. 따라서 개발자의 두려움을 누그러뜨려 그들이 모험적으로 혁신 활동을 확대하도록 격려하기 위해 국가가 자금을 지원한다.

수석 과학관은 프로젝트 비용의 최대 50퍼센트까지 자금을 지원한다. 지원할 가치가 있는 분야를 정해 두지 않고 혁신, 새로운 개발 마케팅의 실행 가능성, 차후 개발을 위한 자금 확보 가능성 등을 지원의 기준으로 정한다. 프로젝트가 실패하면 보조금은 탕감되고 개발자에게는 어떤 요구도 하지 않는다. 반면에 스타트업이 성공하면 개발자는 국가에 로열티를 지불해야 한다.

혹자는 수석 과학관이라는 직책을 '과학과 기술 문제에 대한 컨설팅을 하는 자리'로 규정하라고 조언했다. 하지만 수석 과학관이 반드시 학계 출신이거나 산업에 몸담은 유명한 과학자여야 한다는 필요조건은 없었다. 물론 특정한 능력은 갖추어야 했지만 1983년에는 어떤 능력이 필요한지 명확하지 않았고, 이 직책을 둘러싼 전후 상황은 시시각각으로 변했다. 특히 이스라엘의 공직이 으레 그렇듯이 누군가를 임명하는 일은 인간관계의 영향을 받았으며 자존심과 내부 경쟁 관계, 직장 내 정치에 좌우되었다.

나는 결국 직책을 수락했지만, 결정을 앞두고는 고민이 많았다. 나는 공직에서 물러나 다른 일을 찾고 싶었다. 공직은 오해의 소지가 따르는 자리이다. 공직이라고 하면 대중은 흔히 책상에서 빈둥거리다가 졸거나 차를 홀짝거리며, 이따금 똑같이 빈둥거리는 다른 공무원과 회의하는 수많은 공무원을 떠올린다. 이런 분위기는 관리 능력이 뛰어난 인재를 양성하는 데 도움이 되지 않는다.

그렇지만 다른 곳과 마찬가지로 공직에도 업무 윤리가 탄탄한 매우 유능하고 의욕적인 소수의 사람이 존재한다. 공직자의 결정은 민간 부문의 직책과는 달리 이스라엘 사회나 이스라엘 시장에 포괄적으로 영향을 미칠 수 있다. 당시 수석 과학관은 지금만큼 명성이 자자한 자리가 아니었기 때문에 내 영향력은 포괄적인 영향을 미치는 수준에 이르지는 못했다. 수석 과학관으로서 그만한 영향력을 얻을 수 있다는 확신도 없었다. 내가 파트 장관에게 이런 의심이 든다고 털어놓았을 때 그의 답변도 그리 고무적이지는 않았다.

"3개월만 시험 삼아 맡아 보시오. 그동안 적절한 후보자가 있는지 찾아보겠소."

확실히 내가 오랫동안 성공적으로 재임할 수 있을 것이라는 징조는 아니었다.

내가 재량껏 쓸 수 있는 연간 예산 2,000만 달러가 이스라엘 경제에 중대한 변화를 일으킬 만하지 않을 것 같아서 걱정스러웠다. 관료주의적인 장애물이 존재하고, 민간 부문의 CEO들이 이런 장애물 때문에 분통을 터트린다는 사실 또한 걸림돌이었다. '굳이 이 일을 맡을 필요가 있을까?'

하지만 새로운 도전인 것은 분명했다. 더군다나 그 무렵 나는 공직 이외에 어떤 일자리도 제안받지 못한 상태였다. 나는 길어야 2~3년 정도 수석 과학관을 맡을 것이라고 예상하고 임기가 끝나면 이력서에 경력이 한 줄 늘어나니 훨씬 더 좋은 자리를 찾을 수 있으리라 생각했다. 이때만 해도 수석 과학관실의 역할이 다소 미미했기 때문에 운영 상태를 변화시키고 개선할 수 있을 것이라는 기대도 있었다. 그래도 중대한 걱정거리가 남아 있었다. '내가 그곳에서 의미 있는 발자취를 남길 수 있을까?'

나는 당시 재정부 예산국 부국장이었으며 훗날 국장을 맡는 아론 포겔에게 조언을 구했다. 포겔과 나는 예전에 제약 시장의 이전(정유 회사에서 석유화학 회사로의 원자재 판매) 가격을 정하는 위원회에서 공동 작업을 하면서 친분을 쌓은 사이였다. 내가 수석 과학관직에 대한 고민을 털어놓았을 때 포겔의 답변은 의외였다. 포겔은 다음과 같이 단언했다.

"난 이 자리가 이스라엘 경제에서 가장 중요한 직책이라고 생각하네. 자네는 해낼 수 있을 거야."

그 시절 수석 과학관의 이미지는 지금과 사뭇 달랐으나, 포겔은 수석 과학관이 모든 경제 분야의 발전에 엄청난 촉매제가 될 수 있다고 설명했다. 그리고 수석 과학관의 업무가 투명하지 않아서 예산을 확대하기가 조심스러웠다고 해명하면서 "예산을 확대해 주겠다"는 중요한 약속까지 덧붙였다. 내가 그 직책을 수락한다면 1,000만 달러(기존 예산의 50퍼센트)가 즉시 증액될 터였다. 새로운 직책을 맡기 전날 재정부 예산국 부국장으로부터 이런 약속을 받는 공무원은 그리 많지 않았다. 포겔은 약속을 지켰다.

예산을 확대할 수 있을지 여부는 하나의 조건에 좌우되었다. 보조금의 수혜자가 수석 과학관이 수여하는 금액만큼의 가치가 있어야 한다는 것이었다. 이 조건 때문에 산업부 수석 과학관은 정부의 여타 부처 수석 과학관보다 한 가지 면에서 더 유리했다. 다양한 프로젝트에 제공하는 여타 부처의 보조금에는 투자 자금이 포함되지 않았으므로 어쩔 수 없이 정부가 전체 비용을 충당해야만 했다. 이것이 다른 부처에 비해 산업부 수석 과학관실의 예산이 더 많은 주된 이유였다. 나는 마음이 동했다.

나는 1984년 임시 재임자로는 처음으로 수석 과학관으로 부임했다. 당시 이스라엘은 역사상 가장 심각한 경제 위기에 직면해 있었다. 따라서 수석 과학관실에서 내가 마주한 개인적인 도전은 한층 더 힘겨운 것이었다.

제2장
경제적 격동기와 '금융의 사나이'

현재의 관점으로 1980년대의 이스라엘 경제 상태를 이해하기는 어렵다. 경제 위기는 하룻밤 사이에 일어나지 않았다. 규제가 많고 자본 시장이 불안했던 이스라엘은 세계 경제의 변화에 적절히 대처하지 못했다. 1983년 10월 은행 주식 규제로 말미암아 위기가 발생해 공공 투자와 구제를 크게 줄여야 했고, 은행이 입은 손실을 국가가 대부분 떠맡았다. 하지만 더 큰 위기는 아직 닥치지 않은 상태였다. 1984년이 되자 450퍼센트에 이르는 초인플레이션이 이스라엘을 강타해 경제가 완전히 붕괴할 위험에 처했다. 이런 상황에서 연구 개발이나 혁신적인 기업가정신을 생각하기란 거의 불가능했다.

깊이를 알 수 없는 심연 속으로 시장이 추락할 것이라는 예상이 사실로 다가왔다. 위기에 대처하는 일은 재정부의 책임이었지만, 우리 산업부 역시 이스라엘에서 용케 자리를 잡았던 몇몇 하이테크 기업이 붕괴의 벼랑 끝에서 비틀거리는 모습을 겁에 질린 채 지켜보았다.

일부 기업은 살아남지 못했다. 이를테면 의료영상(초음파 단층촬영 장치 등의 기계를 이용하여 체내의 상태를 영상화하는 방법—옮긴이) 분야의 세계적인 선두 주자 엘신트Elscint가 그랬다. 고급 프린팅 시스템 제조 및 개발 회사 시텍스Scitex 또한 결국 무너졌다. 텔레커뮤니케이션 회사 타디란Tadiran은 좀 더 오래 버텼지만 그것은 회사를 작은 규모의 여러 회사로 분해한 덕분이었다. 비교적 안정적인 기업은 수입 제한을 강화해 제조업을 보호해 달라고 산업부에 끈질기게 요구했다.

리쿠드 정부는 노력했지만, '사람들을 구제하고' 마파이 정부가 실시했던 일부 경제 제한 조치를 철폐하는 데는 실패했다. 1977년 정계가 대변동을 겪기 전부터 이스라엘은 국가 예산과 국제 수지(일정 기간 한 나라가 다른 나라와 행한 모든 경제적 거래를 체계적으로 분류한 것—옮긴이)의 적자를 기록했고, 무엇보다 매년 끝없이 인플레이션이 일어나 그 수치가 세 자리 숫자에 이르렀다. 이런 여러 가지 현상이 경제 발전에 걸림돌이 되었다. 이스라엘은 미래에 대한 계획이나 예측 없이 여러 가지 무리한 조치를 취하면서 이런 제한을 철폐하려고 애썼지만, 이스라엘의 경제 정책은 정치 상황에 좌지우지되었다. 정부와 대기업(주로 국가 소유이거나 소멸하기 직전의 히스타드루트Histadrut, 총 노동 연합General Labor Federation이 관리했다)이 팽팽하게 대립함에 따라 민간 부문이 성장하기가 매우 어려웠다. 리쿠드 당이 민영화를 추진하고자 노력했지만 히스타드루트가 이를 반대했고, 법적 구속력이 있는 임금 협정이 체결되면서 경제가 순조롭게 성장하기는 더욱 어려워졌다.

이스라엘의 중앙 집권 경제 구조는 국민에게 심각한 피해를 줬으며, 국민의 수입과 생활 방식은 이스라엘이 본받으려고 애쓰는 대부분의 서구 국가에 비해 크게 열악했다. 이스라엘 사람들은 저소득층 주택 단지 아파트에 거주했고, 해외여행을 갈 여유가 있는 사람은 드물었다. 1983년 무렵의 이스라엘에는 자동차를 소유한 가구가 거의 없었다.

아이들도 주머니에 휴대폰을 넣고 등교하는 현재의 이스라엘은 텔레커뮤니케이션 강국이다. 그러나 1980년대 초반만 해도 전화망에 연결되지 않은 가정이 많았다는 사실을 잊어서는 안 된다. 1964년에 이미 관련 보고서가 정부에 제출되었으나, 텔레커뮤니케이션 서비스는 그때까지도 별도의 관영 기업으로 이전되지 않았다. 전화선을 집에 들이기 위해 기다려야 하는 평균 대기 기간은 1년이 넘었다. 인맥이 있어야만 대기 기간을 '단' 몇 개월로 단축할 수 있었다.

수석 과학관으로서 내가 맡은 책임은 새로운 연구 개발 이니셔티브를 지원하는 것이었다. 그래서 내 책상에는 보조금 신청서가 가득 쌓였다. 이 외에 기존 기업을 구제하는 임무도 맡았다. 새롭게 맡은 임무는 두 가지였는데, 첫 번째는 어려운 상황에서도 연구 개발에 투자하려는 기업을 우선하여 지원하는 일이었다. 그리고 두 번째는 재정부로부터 추가 자원을 확보하는 일이었다.

이는 이중적인 도전이었다. 기업에는 연구 개발에 투자해 자사의 미래를 보장하고 기술 역량을 확보하라고 요구하는 한편, 대중이 사업가를 무조건 의심스럽게 여기고 가능한 모든 분야의 예산이 삭감되던 시기에 추가 예산을 요구해야 했다. 지금 이 시점에 왜 연구 개발에 대한 투자를 늘리는 것이 중요한가를 국가 공무원과 정치가에게 설명하는 일은 쉽지 않았다. 하지만 나는 예산국 동료들의 도움을 받아 이 임무를 성공적으로 수행했다.

내가 새로운 직책을 맡을 무렵에 경제 위기는 더욱 심화되었다. 하지만 나는 용기를 잃지 않았다. 오히려 아드레날린이 솟구쳤다. 기업들은 회사의 미래를 걱정해야 할 위기 상황이었지만, 정부 입장에서는 파격적인 변화를 단행할 기회가 왔다고 생각했다.

요직에 앉아 대규모 예산을 감독하면서 대기업 CEO의 환심을 사기에 급급한 이들은 자신이 공무원이라는 사실을 곧잘 잊곤 했다. IDF에서 고위 장교로 복무한 후 정치적으로 공직에 임명된 사람의 경우 특히 이런 오류에 빠지는 경향이 있다. 그들은 마치 일반인보다 우월하다는 듯이 행동하고, 약속을 미루며, 불필요한 장애물을 만든다.

일을 하다 보면 가끔 어떤 사람들을 물리쳐야 할 필요가 있다(모든 사람을 만날 수는 없는 데다가 개중에는 터무니없는 생각에 사로잡힌 사고뭉치가 상당히 많다). 그러나 나는 언제든 편하게 만날 수 있는 사람이 되려고 노력했다. 지원자 대부분과 이야기를 나누고 가능하면 조속하게 만날 약속을 정했다. 수석 과학관실을 찾는 모든 사람에게 나는 다른 사람의 시간을 허투루 쓰지 않는다는 사실을 보여 주고 싶었다. 그래서 초기부터 약속을 많이 잡았다. 이런 방식은 그 시절의 고위 공무원 세계에서 이례적이었기 때문에 많은 사람이 기분 좋게 놀라곤 했다.

나는 일부 과학 분야와 투자에 대한 전문 지식이 충분하지 않은 상태에서 수석 과학관의 임기를 시작했다. 과학자가 아닌 사람을 수석 과학관에 임명했다는 사실을 학계가 비판하는 것도 모르지 않았다. 파트 장관이 "관리 경험과 기술을 갖춘 사람을 선호한다"고 나를 지지했다는 사실에서 위안을 얻었다.

신청서를 제출한 사람들은 수석 과학관이라면 모름지기 높은 학위를 소유하고 있어야 한다고 믿었다. 그래서 수석 과학관실에 도착하는 여러 편지에는 '에를리히 박사, 혹은 교수에게'라고 쓰여 있었다. 처음에 나는 웃으면서도 호칭을 바로잡아야 한다고 주장했으나 시간이 가면서 익숙해졌다. 나는 본의 아니게 '박사'나 '교수'라는 칭호를 얻으면서 자문들의 전문 지식을 믿고 의지하며 겸손한 자세를 잃지 말아야 한다는 사실을 깨달았다.

나는 수석 과학관으로 재임하는 내내, 보조금 신청서의 1차 조사를 맡은 심사관들과의 회의가 특히 즐거웠다. 직원회의는 내가 잘 모르는 과학 분야에 대한 속성 교습과도 같았다. 이 과정에서 나와 심사관들은 우리가 모든 주제에 정통할 수는 없다는 깨달음을 얻었다. 아울러 수석 과학관의 역할이 심사관에게 이의를 제기하는 것, 그리고 모든 신청서의 단점을 확인한 뒤 혁신 방안을 강조하는 것이라는 점도 깨달았다. 특정 분야에 대한 포괄적인 지식이 부족하다는 사실은 오히려 장점으로 작용했다. 세부 사항으로 가득한 신청서에서 문제점을 확인하고, 연구 위원회Research Committee의 승인 단계를 더욱더 철저하게 준비하는 데 도움이 되었기 때문이었다.

이스라엘에는 이스라엘 특유의 또 다른 도전이 존재하는데, 이는 그 자체로 특별한 전문 분야라 할 수 있다. 바로 그 도전이란 '금융의 사나이들'과의 논쟁을 말한다. 유력한 정책 담당관을 포함해 공공 분야의 관리자라면 누구나 예산국의 젊은 경제학자들과 한바탕 전쟁을 치른 경험이 있을 것이다. 이 젊은 경제학자들은 공직의 정예 전사라는 자부심을 가지고 있었다. 이들은 공무원 시험에서 경제학과 경영학 교육 기관 출신의 졸업생 수백 명을 물리치고 합격한 특출한 인재들이다. 합격하고 불과 몇 달 만에 정부 부처나 국영 기업의 예산을 책임지며 수백억 NIS의 거금을 주무른다. 그렇다 보니 자연스럽게 자신을 대중의 돈을 지키는 수호자라 생각하고 부처의 활동 자금을 신청하는 장관들의 요구까지 거절하기 일쑤다.

에후드 올메르트Ehud Olmert 전 총리는 보건부 장관으로 재임하는 동안 '금융의 사나이들'과 대립한 경험에 대해 이렇게 말했다.

"국가의 우선순위 결정에 재정부의 심사관이 장관보다 더 큰 영향을 미친다. 내 말은 불평이 아니라 사실을 있는 그대로 진술한 것이다."

제약 회사 테바Teva의 전 CEO 겸 회장인 엘리 호로비츠Eli Horowitz는 이보다 더 신랄하게 표현했다.

"이는 비상식적인 일이며 금융의 사나이들이 이 나라를 운영한다는 증거다."

'금융의 사나이'란 이 나라를 지배했고 지금도 지배하는 예산국 직원을 일컫는 말이다. 물론 이처럼 비난의 화살이 쏟아져도 예산국이 정치적 의견을 제시하지 않는 객관적인 전문 기관이라는 사실 자체는 아무도 부인하지 않는다. 이스라엘에서 경제 정책을 체계적이고 전문적으로 운영하려면 이 방법밖에 없을 것이다.

예산국의 젊은 심사관은 사명감에 깊이 고취되어 있을뿐더러 자신의 중요한 위치를 제대로 인식하고 있다. 정부로부터 받는 보수는 많지 않지만, 그들은 몇 년 안에 이스라엘 경제가 정상으로 향하는 관문이 열릴 것을 안다. 그때가 되면 그때껏 축적한 지식과 인맥에 힘입어 상당한 보수를 받을 것이다.

나는 개발 계획에 대한 지원을 확보하기 위해 금융의 사나이들을 내 편으로 만들어야 했다. 나는 장관이나 정책 담당관은 아니었지만 금융의 사나이인 아론 포겔을 친구로 두고 있었다. 내게 금융의 사나이들이 어떤 식으로 사고하는가를 설명해 준 사람은 다름 아닌 포겔이었다. 포겔은 다음과 같이 말했다.

"어떤 프로젝트 예산을 승인받으려면 말단부터, 그러니까 심사관에서부터 시작하고 두 가지 중대한 사실을 명심해야 한다네. 첫째는 계획서를 제출할 때 완벽한 투명성이 필요하지. 재무 공무원은 의심이 많고 항상 숨겨진 세부 사항과 데이터가 없는지 찾거든. 둘째는 재정부 고위 공무원의 승인을 받기까지의 과정(승인을 받는 비율은 10퍼센트가 채 되지 않는다)을 처리하는 의사 결정권자들에게도 잇달아 신청서를 제출해야 한다는 것이네."

첫 번째 결정은 대개 낮은 단계에서 이루어진다. 예산국 심사관의 힘은 막강하다. 마음대로 자금을 풀거나 막을 수 있다. 예산국에서 승진해 고위직에 오르고 싶은 심사관이라면 예산 신청서를 상사에게 퍼붓는 일은 피해야 한다. 자신에게 도착한 신청서 가운데 상당한 비율을 미리 기각시키고 단 10퍼센트만 긍정적으로 상사에게 추천한다. 그렇게 하면 허황한 아이디어와 개념에 현혹되지 않고 가치 있는 프로젝트만 추천하는 진지한 경제학자라는 평판을 쌓는다. 실제로 재정부의 고위 공무원 역시 젊은 심사관이 불필요한 예산 신청서를 막는 역할을 수행하기를 바란다. 물론 가치 있다고 판단되는 계획이라면 용감하게 제출할 수도 있어야 한다. 재정부의 사다리를 올라 승진하려면 이런 요건을 충족시켜야 한다.

내가 재정부 예산국장들과 원만한 관계를 맺은 것은 수석 과학관실의 업무에 도움이 되었다. 보조금 예산은 매년 증가했으나 한편으로는 이견에 부딪히기도 했다. 금융의 사나이들과 친분을 쌓지 않거나, 대화를 나누지 않거나, 혹은 앞서 설명한 방식대로 승인 제안서를 제출하지 않은 이들은 거의 난공불락의 장벽에 부딪혔다. 제안서가 금융의 사나이들이 정한 원칙에 어긋나는 경우에 말이다. 예산국의 업무는 공적 자금 보호를 위해 매우 중요하며 심지어 절대적으로 필요하다고 말할 수 있다.

다음 이야기는 이 원칙을 잘 보여 준다.

수석 과학관으로서 나의 첫 도전은 새로운 기술 개발에 투자하기를 두려워하는 기업 CEO의 인식을 바꾸는 것이었다. 그것은 정부가 기꺼이 위험을 분담할 준비가 되어 있다는 것을 보여 주는 일로 가능했다. 경제 위기가 심화됨에 따라 연구 개발 종사자가 일자리를 잃지 않도록 보호하는 것도 중요했다. 그렇기 때문에 나는 소규모 신생 기업을 장려하면서 오래되고 안정된 기업에도 예산을 할당하려고 노력했다. 정부 내외부의 의견은 각기 달랐지만, 안정된 기업에 연구 보조금을 제공하기를 주저하지 않았다.

나는 심사관이 추구하는 원칙, 즉 투명성을 완벽하게 보장한 상태에서 열 개의 계획 가운데 한 개만 승인한다는 것을 이해했다. 그래야 공직의 관리자가 금융의 사나이와 원만한 관계를 유지할 수 있는 것이다.

수석 과학관으로 부임했을 때 나는 재정부 공무원과 민간 부문 CEO의 인식을 바꾸고자 했다. 그에 앞서 고려해야 할 첫 번째 요소는 수석 과학관실의 직원들이었다. 그 수가 많지는 않았지만 대부분 베테랑 공무원이며 헌신적이고 가치 있는 사람들이었다.

그들은 국가 복지를 위해 일한다는 사명과 의무를 다하려다 보니 누군가 지원을 요청했을 때 아무런 대가를 치르지 않고 대중의 돈을 탐내는 사기꾼이라고 의심하는 일이 없지 않았다. 이런 태도는 어느 정도 이해할 만했다. 공무원 업무는 위험 회피 성향과 과도한 관료주의적 절차라는 특징을 갖고 있다. 공무원들의 동기는 순수했으며, 그들은 흔들리지 않는 가치관에 따라 행동했다. 하지만 그들의 위험 회피 성향과 과도한 관료주의적 절차는 이스라엘 경제를 발전시킬 기회를 놓치게 했다. 그 결과 본인들이 그토록 지키고 싶었던 국익에 해를 끼치고 말았다.

복도의 한쪽 끝에는 행정부의 부수석 과학관이 앉아 있었다. 그는 얼마 남지 않은 퇴직과 연금을 흐뭇한 마음으로 고대했다. 그는 관료 체제의 변화에 정통했을 뿐만 아니라 중앙 기관의 관리들과 밀접한 관계를 맺고 권력의 심장부에서 수년 동안 어렵사리 경험을 쌓아 현재의 직책에 올랐다. 이런 사람은 새롭게 부서를 맡은 관리자가 업무를 좀 더 빨리 익힐 수 있게 돕는 중요한 자산이 된다. 하지만 공식적인 절차에 따라 업무를 처리하지 않고 서류 작업을 다른 사람에게 미루는 장기근속 고위 공무원이라면 부서를 혁신하고 간소화할 때 방해물이 될 수도 있다.

복도의 다른 한쪽에는 보조금 할당 행정관이 있다. 행정관 또한 베테랑 공무원으로, 지독한 근시였다. 그는 안경을 들어 올리거나 서류에 코를 처박고서 중대한 문서에 습관적으로 몰두했다. 그의 행동, 업무 환경, 그리고 모든 것을 상세하게 검토하고 연구하는 방식은 마치 고골(Gogol, 러시아의 소설가 겸 극작가—옮긴이)의 희곡에서 따온 것처럼 보였다. 그는 누구와도 견줄 수 없는 헌신적인 공무원이지만, 반면에 자신의 힘을 이용해 모든 신청서를 지연시키는 일을 즐겼다. 이 과정에서 일부 지원자를 거의 미치게 할 정도로 아주 사소한 세부 사항까지 자세히 검토했다.

그는 스스로 대중의 지갑을 지키는 수호자라고 자부하면서 지원자들이 하나같이 자신을 속이려 한다고 믿었다. 지원자들을 고통스러운 가시밭길로 내몬 다음에야 보조금 승인서에 비로소 서명함으로써 그들을 해방시켜 주었다.

수많은 지원자가 불필요한 지연과 방해에 불평하고 공무원들이 관할권을 놓고 싸우는 상황이 벌어지면 매번 수석 과학관이 개입해야 했다. 내 책상 위에는 문제를 해결하는 속도보다 더 빠른 속도로 새로운 문제들이 쌓였다. 두 고위 공무원은 의견을 진술하고 나서 "나는 내 의견을 말했으니 이제 결정은 당신 몫"이라고 결론 내리곤 했다. 그들은 힘을 과시하는 걸 좋아했지만 그에 대한 책임은 지지 않았다. 그 결과 내 임기가 시작되기도 전에 사무실은 업무 마비의 분위기에 휩싸였고, 보조금 예산을 지출하기까지 엄청난 기간이 소요되었다.

이런 상황은 끝나야 마땅했다. 나는 신속하게 모든 직원과 개인 면담을 진행했다. 사무실의 현재 상황과 내게 일상적으로 전달되는 수많은 불만 사항을 고려한 후 시급하게 수행해야 할 임무를 전달했다. 활동 분야를 전문화해서 유망한 지원자가 가진 수석 과학관실에 대한 이미지를 개선하는 일이 무엇보다 시급했다. 그러려면 일부 직원을 교체할 필요가 있었다. 지식과 기술 이해도가 지원자들과 맞먹는 새 팀을 꾸려야 했다. 지원 회사의 대차대조표와 경영을 조사할 임무를 경제학자에게 맡기는 것은 물론, 불필요한 관료주의를 간소화해야 했다. 무엇보다 나는 직원들이 본인의 전문적인 아이디어와 건의 사항에 대해 책임지는 법을 배워야 한다고 강조했다.

1980년대 중반 공직 분야에서 이런 메시지는 새롭고 획기적이었다. 적응하지 못하는 직원들도 있었다. 몇몇 고위 직원을 포함한 일부 직원들은 퇴직해야 했다. 어렵고 불쾌하지만 꼭 필요한 작업이었다. 수석 과학관실의 이미지를 쇄신하기 위해서는 상당한 노력이 요구되었다. 당시 공직은 평생 고용을 보장하는 자리로 생각되었기 때문에 나는 노동조합 대표단과 힘겨운 대화를 나누어야 했다.

결국 나는 열 명가량의 직원을 퇴직시키고 보다 적절한 후보를 찾아냈다. 직원들을 이동시키는 동시에 아웃소싱outsourcing(당시에는 낯선 용어였다)을 진행했다. 직무 기술과 합격 기준을 처음으로 규정한 공고를 통해 외부인을 기술 자문으로 채용했다. 그뿐만 아니라 회계 사무실을 지정해서 보조금 할당과 자금 사용 내용 조사, 연구 개발 프로젝트의 성과, 로열티 징수의 모든 단계를 감독했다. 회계사들은 보조금 신청 규칙을 수정함으로써 관료주의를 간소화하는 임무를 처리했다.

  사무실 운영을 바꾸는 이 혁명은 순조롭게 진행되지 않았다. 적잖은 내부 저항을 극복해야 했고, 산업부의 고위층에게 내가 시작한 다양한 과정을 지원해 달라고 부단히 설득해야 했다. 산업부의 승인을 얻어 내기는 쉽지 않았지만, 혁신에 대한 믿음이 있는 직원이 필요했기에 절대 포기하지 않았다. 두 과정(직원 이동과 아웃소싱)을 완수하기 위해 여러 달 동안 노력해야 했다. 결국 '나는 믿는다'가 '우리는 믿는다'로, 그리고 마침내 '우리 모두 믿는다'로 바뀌었고 수석 과학관실은 새로운 이미지를 얻게 되었다.

제3장
이스라엘 : 혁신의 DNA

> "우리는 기적적인 약진의 시대에 살고 있다. […] 이스라엘은 삶의 모든 분야에 과학을 강요하지는 않지만 역사적인 사명(개발 프로젝트를 수행하고 대량 이주를 흡수하는 일)을 지지하길 게을리하지 않을 것이다. 첨단 과학과 기술 분야의 성과를 바탕으로 농업, 산업, 제조, 운송, 항공, 주택 사업을 발전시키고 이론과학이든 응용과학이든 상관없이 모든 과학자가 더 큰 성과를 거두도록 장려해야 한다."
>
> – 1948년 12월, 다비드 벤구리온David Ben Gurion 총리

천연자원은 부족하지만 완전 고용을 열망하고 인력 자원을 개발하며 국민의 복지와 삶의 질을 개선하는 일에 전념하는 국가의 세계화된 경쟁 경제. 이것이 이스라엘의 혁신 전략이며, 이 전략은 국가의 건설과 동시에 수립되었다. 바로 이 전략에서 혁신을 이룩할 모든 계획 과정과 메커니즘이 시작된다. 나아가 난관과 이견, 논쟁과 장애물에 직면할 때도 이 전략이 문제를 해결할 수 있는 거의 유일한 도구가 된다.

이스라엘 정부는 수년 동안 이 단순한 원칙을 토대로 과학과 기술 연구 개발, 교육, 학계, 방위, 산업에 막대한 예산을 투자했다. 이 과정의 정점은 1985년의 산업 연구, 개발, 기술 및 혁신 장려법Law to Encourage Research, Development and Technological Innovation in Industry(R&D 법)의 탄생이다.

R&D 법에 따르면 수석 과학관은 이 원칙을 수행할 책임자로서 다른 정부 기관의 활동과는 독립적으로 1년 이상 자금이 필요한 중요한 연구 개발 프로젝트에 지속해서 보조금을 지원할 수 있었다. R&D 법은 내가 개인적으로 추가한 목표를 달성하는 데도 이로웠다. 보조금 신청 과정을 명확하고 쉽게 이해할 수 있는 체계를 수립하겠다는 것이 나의 또 다른 목표였다. 아울러 나는 연구 위원회의 권위를 강조하는 동시에 연구 개발 분야의 중요성과 연구 개발 추진 과정에서 수석 과학관이 맡아야 할 역할에 대한 대중의 인식을 넓히고 인정받아야 했다.

수석 과학관으로 갓 부임했을 때 나는 앞서 밝힌 사명을 완수하고자 바삐 움직였다. 이를 위해 이스라엘 및 유대인 출신의 기업가와 해결사, 변호사로 행동 집단을 조직했다. 이스라엘과 미국 하이테크 분야의 협력 과정을 선도하는 아놀드와 포터 법률 회사Arnold and Porter Law Firm와 이 회사의 정력적인 CEO 폴 버거Paul Berger가 이 행동 집단을 지휘했다. 이들은 미국 조세법을 수정함으로써 이스라엘의 신생 하이테크 기업을 장려할 방법을 모색했다. 이 수정안은 기업이 보조금이 아니라 상환할 융자로 자금을 확보한 경우 연구 개발 경비를 해당 연도의 소득 공제 가능 경비로 인정할 수 있었다. 그러려면 미국 이외의 지역에서 유한 파트너십을 맺어야 했다. 기업가들은 이처럼 유한 파트너십을 맺어 융자받는 방법으로 이스라엘 정부의 지원을 받아 이스라엘과 미국 간의 R&D 협력 관계를 형성하고 미국의 지식과 투자를 유치할 구상안을 선보였다.

당시 재정부의 회계 담당관이었던 에이탄 라프Eitan Raf(훗날 나와 막역한 친구가 된다)는 수석 과학관의 연구 보조금을 연 금리 6퍼센트의 24년 분리 비연계 융자로 전환하는 조치를 승인했다. 융자는 NIS로 제공되었는데, 당시 인플레이션 상황을 고려하면 사실상 보조금이나 다름없었다. 1984년 폴 버거는 이런 상황을 고려해 수석 과학관 융자를 달러 융자로 전환할 것을 권했다. 이런 조치가 필요했던 것은 미국 조세 당국이 평가 절하된 NIS로 상환이 가능한 융자를 실제 소득 공제가 가능한 비용으로 보지 않았기 때문이었다.

그러나 애초에 미국 투자가들을 매료시킨 것은 평가 절하될 가능성이 있는 NIS 융자였다. 그렇다 보니 이 융자를 토대로 삼은 미국과 이스라엘 기업 사이의 유한 파트너십은 중단되었다. IRS가 곧바로 미국 투자가들(이스라엘 기업을 돕는 것이 주된 동기였던 유대인이 대부분이었다)이 사실상 그들의 돈을 파트너십에 전혀 투자하지 않았다고 주장하면서 곤경에 몰아넣었기 때문이었다.

유한 파트너십을 맺은 미국 관리자들은 이스라엘에서 R&D 프로젝트를 추진하려는 기업을 찾기 시작했다. 그러다 보니 내가 부임하자마자 이들의 융자 승인 신청서가 책상에 쌓였다. 회사 선정 과정은 나의 선임 수석 과학관인 이차하크 야아코브 준장이 맡았다. 당시 야아코브는 미국에서 활발하게 기술 기업을 설립하는 한편 젊은 기업가들에게 조언을 아끼지 않았다. 수정된 법률을 이용해 파트너십을 맺는 방법에 대해 알려 준 것이다. 1983년 후반 몇 주 동안 수많은 열혈 연사들이 내 앞에 나타났다. 그들은 유한 파트너십의 개념을 설명하고 프로젝트 승인과 융자(비용의 최대 90퍼센트) 신청서에 내가 서명하기를 기다렸다.

나는 1983년 12월 중순에 수석 과학관으로 임명되었다(1984년 4월에 승인되었다). 미국의 조세 혜택을 받을 수 있는 최종일이 1983년 12월 31일이었으니, 내가 융자 신청서의 승인 여부를 결정 내릴 여유는 단 며칠에 지나지 않았다.

한편, 미국 소득세 입법의 전개 상황은 여전히 불확실했다. 나는 이처럼 제안된 프로젝트의 실행 가능성을 검토할 시간이 촉박한 상태에서 결정을 내려야 한다는 것이 걱정스러웠다. 내가 지원하기로 한 프로젝트로 말미암아 이스라엘 정부와 미국 조세 당국이 분규에 휘말릴 수 있기 때문이었다. 하지만 미국으로부터 투자를 유치해 해외 시장에 진출하고 이스라엘의 연구 개발 분야를 활성화할 뿐만 아니라 유례가 없는 규모로 지식을 유입할 기회가 내 손안에 있었다. 내가 망설이면 이 기회가 사라질지도 몰랐다. 제출된 신청서를 승인하는 결정권은 대개 내게 있었다.

보통 우리는 융자 신청서를 승인할 때면 법률 고문과 조세 전문가로 산업부 내부 위원회를 구성해 시간에 구애받지 않고 몇 달 동안 문제를 검토하며 상반되는 주장을 심의했다. 그러나 시간이 촉박했다. 내게 믿을 만한 조언을 할 사람은 재정부 법률 고문 타미 벤다비드 Tami ben David뿐이었다. 타협을 모르는 청렴함으로 널리 알려진 벤다비드는 공공서비스 분야에서 두각을 나타내는 인물이었다. 그녀는 공공서비스와 관련된 중대한 문제에 대해서는 자신의 의견을 표현하거나 전문가로서 모험하기를 두려워하지 않았다. 벤다비드는 시간이 부족해서 신청서와 예상 결과를 빠짐없이 검토하지는 못했다고 말했다. 하지만 내가 내린 결정이라면 무엇이든 지원하고, 나중에 유한 파트너십 계약서와 융자 계약서의 세부 사항을 검토하겠다고 약속했다.

내게 허락된 시간은 얼마 되지 않았다. 나는 기간 내에 프로젝트를 검토하고자 신청서의 세부 사항을 파고들었다. 그리고 마침내 12월 31일이 왔을 때 나는 모든 계약서에 서명했다. 내가 내린 결정이 칭찬을 받을지 비난을 받을지는 내 소관이 아니라고 생각했다. 나는 유한 파트너십 문제를 살펴보면서 한 가지 큰 깨달음을 얻었다. 이스라엘 기술 분야에 해외 투자의 문을 여는 과정과 이를 적절히 진행할 재정 메커니즘을 확인하는 일이 얼마나 중요한지를 말이다.

이 일을 더욱 훌륭하게 처리할 방법을 배우기까지는 몇 년이 더 걸렸다.

유한 파트너십 문제에 참여한 일부 이스라엘 관련자는 이스라엘 신경제의 스타가 되었다. 이 가운데 가장 유명한 사람은 컴버스Comverse의 전신인 텔레커뮤니케이션 회사 에프라트Efrat의 창립자 코비 알렉산더Kobi Alexander이다. 알렉산더는 훗날 회사의 스톡옵션을 거짓으로, 또는 애매모호하게 등록했다는 미국 검찰의 기소를 피해 남서부 아프리카의 나미비아Namibia로 자발적 망명을 하게 된다. 눈이 부리부리하고 한결같은 미소를 지닌 미남이었던 그는 30대 초반이었을 당시 에프라트 퓨처 테크놀로지Efrat Future Technology의 파트너 보아즈 미숄리Boaz Misholi와 함께 나를 찾아와 디지털 녹음 및 음성인식과 관련된 혁신적인 프로젝트를 지원할 융자를 승인해 달라고 부탁한 적이 있었다.

그런 한편, 야차 그룹은 1984년 초반에 에프라트-컴버스, 테크노매틱스Technomatics, 라네트Lanet, 텔레데이터Teledata 등과 성공적인 파트너십을 맺었다. 이들은 모두 성공적인 일류 기업으로 발전했다. 능수능란한 변호사 이스라엘 로센Israel Rosen이 인터팜InterPharm이라는 파트너십을 도모할 목적으로 융자를 신청한 것도 이 무렵이었다. 와이즈만 연구소 미헬 레벨Michel Revel 교수의 특허를 확보해 인터페론Interferon 단백질을 제조하기 위해 맺은 파트너십이었다.

인터페론 단백질은 다발성 경화증을 비롯해 기타 질병을 치료하는 의약품의 핵심 구성 요소였다. 인터팜은 스위스 세로노Swiss Serono에 매각된 이후 이 분야의 선두 기업으로 손꼽히게 된다. 하지만 안타깝게도 인터팜은 수석 과학관실과 몇 년 동안 힘겨운 갈등을 겪은 끝에 이스라엘을 떠났다. 이스라엘 정부의 지원을 받아 국내에서 개발된 지식은 수출할 수 없다고 수석 과학관실에서 주장했기 때문이었다.

1984년 초반 유한 파트너십 문제를 처리한 나는 마침내 나의 첫 번째 사명, 즉 수석 과학관실을 이스라엘 하이테크의 영향력 있는 주체로 변화시키는 일에 착수했다.

당시 나는 수석 과학관실의 대대적이고 체계적인 변화를 시도하는 한편으로 또 다른 도전에 직면했다. 수석 과학관의 지위를 특별법으로 규정하는 일이었다. 법률 초안은 이미 내 책상 위에 놓여 있었지만 크네세트에서 법안을 통과시키기까지 가야 할 길은 여전히 멀고 험난했다.

1974년에 수석 과학관으로 임명된 야차에게는 본인이 맡은 지위를 규정할 법이 필요하지 않았다. 야차는 방위 기관에서 복무하면서 명성을 얻고 정부와 민간 부문에서 친밀한 인맥을 쌓은 인물이었다. 적어도 노동당이 집권하는 동안에는 그의 직위가 공격당할 가능성은 없었다.

반면 야차의 후임인 아리에 라비는 상황이 달랐다. 앞서 언급했듯이 라비는 산업부 장관인 기데온 파트나 산업부 공무원들과 원만한 업무 관계를 유지하지 못했다. 중요한 과학 프로젝트를 개발하려고 노력했으나 산업부 고위 공무원들에게 발목을 잡히자 심하게 좌절했다. 그래서 라비는 수석 과학관법을 추진함으로써 독자적으로 연구 개발 보조금을 승인할 수 있는 지위를 확보하고자 노력했다. 아무리 고위직이라 해도 국가 공무원은 장관과 정책 담당관의 승인이 없으면 본인의 이니셔티브와 관련된 법률을 추진할 수 없다. 아쉬리는 이 법안에 반대했으나 라비는 경제 위원회 회장인 가드 야아코비Gad Yaakovi를 통해 개인 법안으로 크네세트에 상정했다. 그의 사퇴가 앞당겨진 것은 아마도 이런 행보 때문이었을 것이다.

나는 법률 초안을 마련했다. 라비가 추진했던 형태의 초안으로는 절대 통과되지 않으리라 생각했다. 수석 과학관의 권력이 지나치게 커질 수 있는 법안이니 장관이나 정책 담당관이 동의하지 않을 것이 분명했다. 때마침 경제 위원회에서 입법 과정이 시작되었는데, 나는 놓칠 수 없는 기회라고 판단했다. 야아코비와 만나 수석 과학관법과 입법 추진에 관심이 있다고 전했다.

파트는 반대 견해를 바꾸지 않았다. 그래서 나는 거슬리지 않게 그를 설득했다. 우리는 이전의 초안을 검토했다. 이 초안은 수석 과학관에게 보조금 할당 승인 과정에 대해 거의 독점적인 권한을 부여하는 반면 최종 권한은 연구 위원회에 맡겼다. 그렇다고 해도 수석 과학관 역시 위원회 임원이었기 때문에 수석 과학관이 의제와 진행 과정에 상당한 영향을 미칠 수밖에 없었다. 그러나 최종 결정은 위원회 전체의 몫이었으며 위원회는 근본적으로 정치적인 영향력과 무관했다. 우리는 여기에 재정부를 참여시켰다. 재정부는 수석 과학관이 전문적인 의견을 토대로 보조금을 할당할 수 있도록 보장하는 이 법안에 관심을 보였다.

내가 수석 과학관으로 임명된 지 1년 남짓 지난 1985년 초반 무렵, 마침내 정부는 이 민간 입법 이니셔티브를 채택했다. 이처럼 현행 R&D 법은 여러 사람의 알력이 존재하는 상황에서 탄생했다. 그러나 이 과정은 이스라엘이 어떻게 해서 R&D를 우선시하게 되었는지를 보여 준다.

입법 과정은 몇 달을 끌었으나 이를 위해 노력한 보람이 있었다. R&D 법 덕분에 수석 과학관실은 장관이나 정책 담당관의 간섭을 많이 받지 않고 업무를 수행할 수 있게 되었다.

하지만 크네세트와 재정부, 산업부 사이의 정치적인 줄다리기는 오랫동안 계속되었다. 나는 이 일을 통해 정부 조직에서 기업가정신을 장려하는 것이 무척 어려우며, 모든 성공은 많은 고통과 노력을 통해서만 성취할 수 있다는 사실을 다시금 깨달았다. R&D 법을 통과시키는 과정에서는 1975년 제조업체 조합과의 협력을 통해 설립된 정부 협회 마미토프MAMITOP(이스라엘 연구 개발 산업 센터Israel Industry Center for Research and Development) 대표들에게 도움을 받았다.

수석 과학관의 활동에 대한 업계의 지지를 얻고자 설립한 마미토프는 사실상 정부나 정치적 기관을 대상으로 활동하는 일종의 압력단체였다. 마미토프의 CEO 겸 창립자 야이르 아미타이Yair Amitay는 침착한 전문가라는 전형적인 이미지를 가진 공무원이었다. 아미타이는 30년 넘게 이 직책을 맡았는데 어떤 사람들은 "직책을 견뎌 냈다"고 표현했다.

초창기 조합원 중에는 엘론Elron의 창립자인 퇴역 소장 댄 톨코우스키Dan Tolkowsky, 엘비트Elbit의 CEO 우시아 갈릴Uzia Galil, 엘신트 창립자 아브라함 수카미Abraham Suchami, 엘리스라Elisra의 창립자 살만 샬레브Zalman Shalev, 이스카Iscar의 창립자 스테프 베르트하이머Stef Wertheimer, 훗날 테크니온 사장을 맡게 되는 맥스 라이스Max Rice가 있었다.

마미토프는 다양한 활동을 했으며 국내외에서 강좌와 전시회를 열고 이스라엘과 해외 기업의 공동 작업을 조직했다. 특히 수석 과학관실의 영향력이 아직 부족했던 1970~1980년대에 마미토프는 관료주의적인 제한과 승인 과정의 지연을 피하는 역할을 담당했다. 조합원 중에는 정부에서든 민영 분야에서든 상관없이 돈독한 관계를 맺은 베테랑들이 있었다. 마미토프는 이들을 통해 연구 개발을 장려하는 압력단체를 구성했다. 내가 재임하는 동안 야이르 아미타이와 마미토프의 지원은 매우 유용했다.

1985년 초반, R&D 법안을 신청하고 조직적인 변화를 실행하면서 수석 과학관으로서 1년가량을 보낸 후의 수석 과학관실 운영은 전반적으로 만족스러웠다. 그러나 수석 과학관실이 연구 개발의 중추적인 자극제로 기능하기 위해서는 여전히 갈 길이 멀었다. 1984년 내내 인플레이션이 계속 기승을 부렸다. 1985년 6월에는 역대 최고치에 이르러 월간 인플레이션이 27.49퍼센트를 기록했다. 이미 보조금을 받은 기업은 보조금을 받을 무렵부터 적어도 3분의 1가량 평가 절하될 것으로 예측했다.

연말이 가까워지면서 거국 중립 내각(1984~1988년에는 두 거대 정당인 노동당과 리쿠드 당이 권력을 공유하고 교대하는 거국 중립 내각을 통해 이스라엘을 통치했다)이 지휘하는 경제 안정화 조치가 결실을 보기 시작했다. 이에 따라 인플레이션이 어느 정도 누그러졌으나 이스라엘 화폐인 셰켈로 지급하는 보조금이 확실한 유인이 되려면 어느 정도 시간이 지나야 할 터였다.

R&D는 주로 군사 분야에서 강조되었고, 민간과 사업 부문의 R&D는 무시되었다. 민간 기술을 개발하고자 지속해서 노력한 기업 가운데 일부는 경제 위기를 넘기지 못했고, 소기업은 초기 자본 마련을 위한 자금원을 확보하지 못했다. 수석 과학관실에도 경제 위기로 타격 받은 기업을 회복시키거나 야심 찬 프로젝트를 장려할 자금이 없었다. 그런데도 우리는 어느 정도 추진력을 만들었다. 기존의 타디란

Tadiran과 비교적 신생인 텔레라드Telerad와 ECI가 수석 과학관으로부터 보조금을 지원받아 성공을 거두었고, 일부 기업은 세계적인 명성까지 얻었다.

나는 임기 초기에 또 다른 변화를 시도했다. 보조금 수혜자들에게 로열티를 징수하자고 주장한 것이다. 모든 기업이 로열티 계약서에 서명한 상태였지만 나의 두 선임자는 로열티를 징수하기 위해 노력하지 않았다. 수익을 창출한 개발 사례가 드물었고, 기업이 R&D 보조금을 신청하도록 장려한 정책이 효과적이지도 않았기 때문이었다.

소기업에게 로열티를 징수하지 않자, 재정부는 물론 로열티를 징수당한 대기업도 비난을 퍼부었다. 요구 조건 없이 보조금을 받은 소기업이 사실상 부당 이익을 취하고 있다고 주장했다(그렇다고 대기업이 보조금에서 발생한 로열티를 즉각 지불한 것도 아니었다).

징수된 로열티는 처음에는 보잘것없는 수준이었다. 하지만 이것이 공적 자금이라는 원칙을 세우는 것이 중요했다. 우리는 연구 개발 프로젝트에 위험을 감수한 채 투자하고 이 프로젝트가 상업적인 성공을 거두지 못할 경우 투자 비용을 떠맡았다. 그런데 로열티를 받으면 위험을 어느 정도 상쇄할 수 있을 뿐만 아니라 우리의 지원으로 연구 개발 프로젝트가 성공했다는 것을 인정받을 수 있었다. 그래서 우리는 (후속 조사와 로열티를 징수하는 방안을 결합해) 보상 펀드 Compensation Fund를 조성했다.

1984년에 로열티로 징수한 액수는 100만 달러에 지나지 않았는데, 3년이 채 지나지 않아 400만 달러에 이르렀다. 내가 수석 과학관실을 떠날 무렵에는 연간 2,500만 달러(**그림 2** 참고)에 이르렀다.

여러 나라의 관련 기관과 면담할 때 나는 왜 로열티를 징수했느냐는 질문을 자주 받았다. 연구가 결실을 맺었다고 해도 로열티를 징수하는 것은 관례가 아니기 때문이다. **우리에게는 보조금의 토대를 이루는 한 가지 중요한 공적 원칙이 있다. 우리는 기업이 감수하는 위험에 참여하고 기꺼이 그들과 함께 손실을 부담하는 동시에 성공 또한 함께 나누고자 한다. 로열티 징수는 위험을 감수하는 기업을 지원하기 위해 자금을 쓴다는 사실을 대중에게 입증할 수 있는 강력한 근거였다.** 대중은 당연히 자신의 돈이 민영 기업을 부유하게 만드는 데 쓰일까 봐 걱정한다. 하지만 민영 기업이 성공하면 정부가 투자금을 부분적으로 회수할 수 있다는 사실을 알면 한시름 놓을 것이다.

나는 나를 수석 과학관에 임명한 기데온 파트 장관과 9개월 동안 협력했다. 이 기간에 파트는 11대 크네세트 의원 선거 운동과 장기 연립 반대 운동에 참여했다. 1984년 9월 시몬 페레스Shimon Peres와 이차하크 샤미르Yitzhak Shamir의 주도하에 거국 중립 내각이 수립되어 이 두 사람이 차례로 총리직을 맡았다. 거국 중립 내각에서 리쿠드 당 출신의 장관이 맡은 부처의 수는 이전에 비해 줄어들었다. 그때껏 정치계의 떠오르는 별로 여겨지던 파트는 비교적 중요하지 않은 직책인 과학부 장관으로 만족해야 했다. 게다가 강력한 경쟁자인 이차하크 모다이Yitzhak Moda'i가 재정부 장관으로 임명된 것은 큰 충격이었다.

파트가 맡았던 산업부의 직책은 이후 아리엘 샤론Ariel Sharon이라는 논란 많은 인물에게 돌아갔다. 아리엘 샤론은 직업 군인으로, 1950년대 이스라엘 국경 전쟁, 1956년과 1967년 전쟁, 그리고

1973년 욤 키푸르 전쟁에서 명성을 얻었다. 리쿠드 당에 입당해 국방부 장관이 되었고, 1982년 제1차 레바논 전쟁First Lebanon War에서 핵심적인 역할을 수행하는 동시에 논란을 일으키기도 했다. 2001년 이스라엘 총리로 선출되었다.

제4장
아리엘 샤론의 정치 학교와 관료주의 장벽을 무너트리는 방법

관리직에서 성공한 주된 요인이 무엇이냐는 질문을 받을 때 관리자들 대부분은 "경험이 핵심"이라고 답한다. 야심만만한 젊은이에게 세월이 흐르면 필요한 기술을 체득할 수 있을 것이라고 안심시키듯이 말이다. 적절한 결정을 내려야 할 때 직관이나 직감을 따른다고 노골적으로 말하는 이들도 있다. 나는 이따금 직관이나 직감이 어디에서 오는지 곰곰이 생각해 봤는데, 상식과 경험이 결합되었을 때 생긴다는 결론에 이르렀다. **자신의 상식을 이용해 관련 경험에서 결론을 도출할 수 있는 능력이 있는 사람이라면 정확한 직관을 가지고 있을 가능성도 더 높을 것이다.**

요즘 다양한 분야에서 이 원칙을 최적의 디지털 해결책으로 바꾸고자 노력하는 기업이 있다. 그들은 '대중의 지혜'*와 컴퓨터 분석이라는 막대한 힘을 바탕으로 방대한 양의 정보를 처리하고 최적의 결론에 도달한다. 아리엘 샤론은 군인과 장군을 거쳐 마침내 총리가 된 인물이다. 그는 정치적인 상황을 파악해서 본인에게 가장 유리한 방향으로 이를 이용할 수 있는 직관과 일반 상식, 경험과 능력을 갖추고 있었다.

이스라엘 최초의 우익 리쿠드 당 출신 총리(1977~1983년 동안 재임) 메나헴 베긴Menachem Begin은 샤론을 "탱크로 정부 공관을 에워쌀" 능력이 있는 사람이라고 묘사했다. 민간 조직이든 군대 조직이든 항상 큰 논란을 일으킨 후 비난을 받으며 사임했던 샤론은 안정성과 지속성이 요구되는 복잡한 경제부를 운영하기에 부적합한 사람처럼 보였다.

그러나 이미지와 현실은 판이하게 달랐다. 샤론이 산업부에서 재임한 5년은 환상적인 기간이었다. 그와 함께 일한 경험은 정부 기관에서 내가 경험한 어떤 일과도 비교할 수 없을 만큼 독특했다. 놀랍게도 이 기간에 산업부는 발전했다. 물론 샤론이 산업부 장관으로 재임한 기간은 길고도 다채로웠던 그의 경력에서 핵심적인 시기였다고 말할 수 없다. 그러나 군대와 정부를 통틀어 그가 가장 오랫동안 맡은 직책

---

* '대중의 지혜'는 고대 그리스의 아리스토텔레스로부터 비롯된 개념이다. 이 원칙에 따르면 특정한 상황에서 대중의 지혜가 전문가 개인의 지혜보다 더 훌륭하다. 오늘날에는 빅데이터 정보 처리 능력으로 말미암아 특정한 주제에 관한 의견을 모두 수집해 의사 결정이 가능한 방식으로 제시하는 메커니즘이 경험과 일반 상식을 대체한다.

은 산업부 장관이었다.

　그와 함께 일하는 것은 정치란 무엇인가를 배우는 지혜로운 가르침과도 같았다. 나는 그에게서 많은 것을 배웠고, 많은 좌절을 경험했다. 샤론은 이스라엘의 기술 개발을 추진하는 과정에서 수석 과학관이 어떤 역할을 해야 하는지 이해하려고 애쓰지 않았다. 수석 과학관실의 운영에 관여하는 일도 거의 없었다.

　아리엘 샤론은 1984년 9월에 수립된 거국 중립 내각의 산업부 장관으로 임명되었다. 이에 산업부 직원들은 착잡해하며 적잖이 걱정했다. 하지만 아리엘의 공적인 이미지는 개인 면담에서 보인 행동과는 확연한 차이가 있었다. 나를 비롯해 1950년대의 신생 이스라엘에서 성장한 세대에게 아리엘은 '낙하산 부대원 아리크Paratrooper Arik'의 후광으로 빛을 발하는 인물이었다. 우리는 그가 사령관으로 이끌었던 101부대의 공훈을 들으며 자랐다. 1973년 욤 키푸르 전쟁의 남부 전선에 예비군으로 소집되었던 나는 아직도 샤론의 목소리를 기억한다. 샤론은 사단 지휘관으로 임명되어 이집트와의 전투를 역전승으로 이끌었을 뿐만 아니라 수에즈 운하Suez Canal 횡단을 앞두고 우리에게 자신감을 한껏 불어넣었던 주인공이었다.

　욤 키푸르 전쟁이 끝나고 11년이 지났을 무렵에는 아리엘 샤론에 대한 인식이 달라졌다. 레바논의 유혈 사태에 이스라엘을 휘말리게 만든 전쟁 도발자로 생각하는 사람이 많았다. 사브라Sabra와 샤틸라Shatila 난민촌에서 팔레스타인의 마론파 팔랑헤 당원Maronite Phalangists 학살을 조사했던 카한 위원회 보고서Kahan Committee Report가 대표적이다. 이 보고서가 발표되었을 때 아리엘의 평판은 회복 불능이라고 생각할 만큼 큰 타격을 입었고, 그는 결국 국방부에서 사퇴했다.

이 사건으로 샤론의 정치 생명이 끝났다고 판단한 이들이 많았다. 그러나 그는 조직에 머무르며 자신은 여전히 무시할 수 없는 정치권력을 가지고 있다는 사실을 리쿠드 당원에게 입증했다. 게다가 새로운 정부가 구성되었을 때는 주요 장관직도 맡았다. 그럼에도 레바논 전쟁이 끝난 이후 샤론은 수많은 이스라엘 사람에게 버림받았으며 정치계와 대중에게서 이미지를 회복하기까지 멀고도 험한 길을 걸어야 했다.

반면, 샤론에게는 개인적으로 만난 사람에게 무관심하지 않은 따뜻함이 있었다. 그와 대화를 나누어 본 사람은 다정한 태도와 온유함에 놀라곤 했다. 언론에서 만든 이미지와 사뭇 다르게 그는 세련된 사람이었고 언제나 몇 발자국 앞을 내다보았다. 무엇보다 효과적으로 업무를 처리하고 성공을 거둔 행동가였다. 어떤 정부 기관에서든 일관적으로 행동했다. 결속력이 강한 소수의 보좌관과 자문을 채용해 전적으로 지원했다. 비록 그의 정무관들은 산업부의 전문직 공무원을 매우 고압적으로 관리했어도 그는 달랐다.

나는 점차 샤론의 성격에서 매력적인 면, 특히 예리하고 냉소적인 유머 감각을 발견했다. 샤론은 우스갯소리를 하지 않았으나 재미있는 상황을 알아보고 즐길 줄 알았다. 일례로 어느 날 나는 영문도 모른 채 그의 접견실로 불려 갔다. 프랑스어를 쓰는 아프리카의 어떤 나라에서 온 세 사람이 풀을 먹이고 다림질을 한 정장을 입고 탁자에 둘러앉아 있었다. 어떤 까닭인지 샤론은 이 외교 사절단이 실수로 자신의 집무실에 들어왔다고 여겼다. 그런데도 상황을 매우 즐기면서 한참 동안 다정하게 그들과 잡담을 나누었다. 그러던 중에 다음과 같이 쓴 쪽지를 내게 건넸다. "우리는 저 사람들에게 제공할 것이 없소. 당신이 합동 연구 개발 계약서를 제안하면 어떻겠소?" 나는 터져 나오는 웃음을 참을 수가 없었다.

아리엘 샤론이 산업부에서 보낸 5년은 내게 정치 교습 기간과도 같았다. 나는 정치인, 다시 말해 권력과 영향력을 획득한 사람들과 협력하는 법을 배웠다. 그러나 국익과 그들의 정치적 이해관계를 구별하거나 그들의 한계를 파악할 수 있는 지혜를 완벽하게 얻지는 못했다.

나는 샤론과 함께 일하면서 결코 장관에게 딱 잘라서 '아니오'라고 말하지 말아야 한다는 중요한 교훈을 얻었다. 노련한 관리는 장관의 요구를 품위 있게 피할 수 있는 답변을 빠른 순발력으로 찾아낸다. 장관들이 얼토당토않은 과도한 요구를 하면 나는 대개 "지당한 말씀입니다. 조사하겠습니다"라고 답하곤 했다. 대부분의 경우 이 말이면 충분하다. 그들은 자신의 요구 사항이 실행되었는지 항상 확인하지는 않는다. 설령 요구가 실행되지 않은 것을 발견하게 되면 나는 문제를 다시 살펴서 그럴 수밖에 없는 이유를 설명한다. 장관들은 이런 결과를 불만스러워했지만, 적어도 불필요한 마찰을 피할 수는 있었다.

샤론과 나 사이에 마찰이 적었던 또 다른 이유는 연구 개발 프로젝트를 검토하고 승인하는 것이 수석 과학관의 주된 책임이라는 사실 때문이었다. 프로젝트와 관련된 문제를 추적하려면 수석 과학관의 전문 지식이 필요했는데, 샤론을 포함해 대다수 정치가에게는 이런 지식이 부족했다.

이를테면 1981년에 산업부 장관이 밝혔던 한 사례를 보자. 장관의 막역한 친구 한 명이 장관을 찾아왔다. 친구는 자신에게 라마트 간 Ramat Gan(텔아비브의 작은 교외 지역) 전역을 전구 하나로 밝힐 수 있는 특허가 있다고 말했다. 그러나 과학자도 아니고 관련 지식도 없는 장관이 특허의 적용 가능성을 검토하기는 힘들다. 그렇기 때문에 수석 과학관이 업무를 수행하기가 상당히 유리해진다. 장관이 따라 하거나 개입할 수 없는 전문적인 분석을 토대로 나름대로 결정을 내릴 수 있으니 말이다.

샤론의 정무관들은 몇 가지 임무를 수행했다. 산업부 내 여러 부서의 활동을 감독하고 보고했으며 추진하는 계획이 신속하게 실행되는지 확인했다. 그들은 산업부 공무원이 무언가를 요청하면 고압적인 태도를 보이며 결코 타협하지 않았다. 그러다 보니 종종 샤론이 '좋은 경찰' 역할을 맡을 수 있었다. 사실상 정무관들은 샤론의 지시에 따라 거칠게 행동한 것이었지만, 그는 일단 겉으로는 전문직 공무원을 대하는 정무관의 행동을 나무라곤 했다.

이런 관리 방식은 대단히 냉소적이지만 반면에 매우 효율적이었다. 샤론이 복잡한 프로젝트를 추진하고 산업부를 거의 전적으로 통제하는 불도저라는 이미지를 얻은 것은 이런 접근 방식 때문이었다. 하지만 R&D 법 덕분에 독특한 자율권을 보장받았던 수석 과학관실까지 그의 통제권이 연장되지는 않았다. 물론 샤론이나 그의 정무관들은 이 자율권을 못마땅하게 여기곤 했다.

어떤 정부 부처든 그 안에서는 으레 긴장감이 감돌게 마련이다. 수십 년 동안 같은 직책에서 근무하는 전문직 공무원과 비교적 근무 기간이 짧은 데다가 정치적 의제에 초점을 맞추는 장관이나 장관 참모 사이가 특히 그렇다. 세련되고 영리한 장관(샤론은 이런 부류에 속한다)은 대개 자신의 정무관과 전문직 공무원 사이의 마찰에 관여하지 않다가 중요하다고 판단되는 경우에만 개입한다.

샤론은 보좌관들을 통해 사무실의 일상 업무를 관리했다. 당시 가장 눈에 띄었던 이들로는 이스라엘 카츠Israel Katz, 우리 샤니Uri Shani, 그리고 오데드 샤미르Oded Shamir를 꼽을 수 있다. 강인하며 이따금 상대를 압도하는 성격의 이 세 사람은 장관의 지지를 굳게 믿고 전적으로 충성했다. 물론 이 충성에는 보상이 따랐다. 샤론의 곁을 지키던 샤니는 샤론이 총리로 부임했을 때 그의 참모가 되었고, 이후 계속해서 이스라엘 경제의 고위직을 맡았다. 오데드 샤미르는 대기업을 관리했으며, 카츠는 이 책을 쓰는 현재 이스라엘 교통부 장관으로 재임 중이다.

샤론의 정무관들은 산업부 정책 담당관 슈키 포레르Shuki Forer의 지원을 받았다. 포레르를 임명한 사람은 기데온 파트였으나 포레르는 이내 샤론과 막역한 친구가 되었다. 샤론은 이른바 '다수 참가자 시찰'이라는 독특한 방식으로 관계를 유지하고 영향력을 발휘했다.

모든 장관은 현장을 시찰하는데, 특히 장관이 외딴 지역을 방문할 때면 더욱 이목이 집중된다. 그러나 샤론의 특허 공장과 개발 도시 시찰은 일반적인 장관의 시찰과는 확연히 달랐다. 샤론은 모든 산업부 공무원에게 시찰에 참석할 것을 요구했는데, 항상 수십 명의 사업가, 경영자, 리쿠드 당 운동가를 시찰에 대동했다. 통상적인 시찰에서 장관의 행렬에 동원된 차량만 20대가 넘었다. 산업부 일각에서는 이 시찰을 '남아메리카 장군의 방문'에 비유했다.

시찰에는 일종의 극적인 요소가 포함되어 있었는데, 단순히 지역 주민에게 깊은 인상을 남기는 것이 목적은 아니었다. 그것은 프로젝트를 추진하고 관료주의 논쟁을 해결하는 엔진 역할을 담당했다. 샤론은 시찰에서 본인의 정책과 우선 사항을 매우 분명하고 명확하게 전달했다. 지역의 재계 인사나 시장과 만나는 자리에는 "이 일을 성취해야 한다!" "방법을 찾아라!" "일을 시작하라!" 등의 문구가 어김없이 등장했다. 그러면 모든 참석자가 곧바로 장관이 중요하게 여기는 것이 무엇이며 어떤 식으로 업무의 우선순위를 정해야 하는지를 이해했다.

시찰은 표준적인 절차에 따라 진행되었다. 공장 시찰을 빠른 속도로 끝내면 장관을 위한 환영회와 호화롭고 긴 식사가 이어졌다. 그다음에는 장관의 고위 공무원과 직원, 해당 지역에 이해관계가 있는 지역 사업가와 경영자가 모여 참가자 회의를 열었다. 지역 의회 의장과 장관이 국가 개발 구역(중심지와 멀리 떨어져 있지만 국가 차원의 이유로 정부가 개발을 우선시하는 주변 지역)과 산업 증진의 중요성에 대해 연설하면, 다른 연사들이 장관에게 요구 사항을 제시했다.

연사가 공장과 프로젝트의 수립과 운영을 위해 정부 보조금을 확보하는 과정에서 겪은 어려움을 토로하고 난 후에는 대개 관련 직원이 불려 나와 지원을 제공하는 과정에 따르는 어려움을 설명했다. 설명이 만족스럽지 않으면 샤론은 금세 화를 내며 모든 청중이 보는 앞에서 직원을 나무랐다. 이런 식으로 신속하고 공개적인 토론이 끝나면 그 자리에서 결론을 내리고 실행 일정을 정하면서 이렇게 마무리했다.

"내게 보고해 주세요. 어려운 점이 있거나 지연 사태가 벌어지면 즉시 나를 불러 주십시오."

프로젝트 보조금을 거부할 수밖에 없는 갖가지 이유를 장황하게 늘어놓는 데 이골이 난 가장 노련한 공무원이라도 수십 개의 눈, 특히 샤론의 눈이 뚫어지게 쳐다보는 상황에서는 금세 고분고분해져서 해결책을 내놓곤 했다. 사람들이 보기에 샤론은 '관료적 형식주의를 퇴치하는 사람'이자 국가 주변 지역과 이스라엘 산업을 발전시키는 지도자였다.

이런 방법은 특히 과도한 관료적 형식주의를 근절하는 데 효과적이었다. 그러나 장관이 내린 결정을 실행에 옮기려면 장관실에 거듭 압력을 행사해야 한다는 사실을 기업가들은 모두 알고 있었다. 그뿐만 아니라 이런 고압적인 시찰 방식 때문에 불쾌한 상황이 벌어지고 심지어는 심각한 혼란이 초래되기도 했다.

시찰은 거의 2주마다 열렸는데, 시찰에 도사리고 있는 잠재적인 함정을 익히 알았던 나는 갖은 수를 써서 시찰에 참석하지 않으려 했다. 산업부의 다른 고위 공무원도 나와 다르지 않았다. 하지만 시찰에 빠지는 것 역시 위험하긴 마찬가지였다. 수많은 사람이 모인 곳에서 내가 불참했다는 사실을 샤론이 발견하기는 어려웠지만, 그에게 귀띔할 사람들이 반드시 있었으니 말이다.

한번은 내가 베트셰안Beit She'an에서 열린 시찰에 참석했을 때였다. 탄원의 무대가 시작되고 방위 산업 제품으로 수석 과학관실에 보조금을 신청했던 한 기업의 CEO가 자리에서 일어났다. R&D 법에 따르면, 방위 산업 개발에 대한 보조금은 최대 30퍼센트로 제한하지만 국가 개발 구역에서 운영하는 기업은 최대 60퍼센트까지 보조금을 받을 자격이 있다. 법률 고문들이 이 차이를 놓고 논의한 적이 있었다. 첫 번째 조항이 두 번째 조항에 우선하기 때문에 아무리 국가 개발 구역에서 운영한다 하더라도 군수품을 개발하는 기업이 프로젝트 비용의 30퍼센트가 넘는 보조금을 받을 수는 없다고 결론 내렸다.

샤론은 평소 진행 방식에 따라 책임 공무원인 내게 답변하라고 요청했다. 나는 법적 딜레마와 결론을 간단히 설명했지만, 샤론이 원한 만큼 참석자들을 만족시키지 못했다. 샤론은 탁자를 주먹으로 내리치며 벼락같이 호통을 쳤다. "차별은 금물입니다! 즉시 이 문제를 바로잡고 60퍼센트 보조금이 가능하게 만들어야 합니다." 이럴 때는 토를 달아 봤자 아무 소용이 없었다. 문제를 제기한 CEO조차 마음이 편치 않아 보였다.

그것은 흔히 일어났던 '쇼'의 한 과정이었다. 샤론은 이전에도 관리들을 똑같은 방식으로 대했다. 하지만 나는 시찰을 여러 번 피했다는 이유로 그가 나를 제물 삼아 즐기는 것 같다는 느낌이 들었다. 회의가 끝나 수십 명의 참가자가 자리를 뜨고 회의장이 비었을 무렵 등을 철

썩 때리는 손길이 느껴졌다. 고개를 돌렸을 때 옆에 서 있는 장관을 보고 나는 깜짝 놀랐다. 장관은 "이 사람들을 도와야 한다"고 말했다. 나는 방침을 바꿀 수 없는 법적인 이유를 재차 설명하고 싶지 않았다.

이런 생각을 읽었는지 샤론은 "내가 뒤를 받쳐줄 테니" 걱정할 필요가 없다며 나를 안심시켰다. 나는 문제를 해결하려는 의지와 노력이 부족한 것이 아님을 분명히 밝히고 다음 날 재정부에 관련 법률 수정안 작성을 제안하겠다고 했다. 샤론은 그 과정이 얼마나 오래 걸리고 실현될 가능성은 또 얼마나 희박한지 익히 알았다. 그는 웃음을 지으며 자신의 자동차 쪽으로 계속 걸어가면서 "내일 이 문제를 처리하라"고 말했다. 장관도 나도 이 요구 사항이 실행되는 일은 거의 불가능하다는 사실을 알았지만 나는 입을 다물었다.

샤론은 주로 대규모 공장과 자신이 후원하는 투자 센터에 관심을 쏟았고 연구 개발 분야에는 관심이 적었다. 이는 내게 다행스러운 일이었다. 아마 그랬기 때문에 내가 비교적 그와 충돌하지 않고 산업부에서 오랫동안 살아남을 수 있었을 것이다.

이따금 정치가는 예산이 책정되지 않은 사항을 요구한다. 1985년 내가 참석한 한 대규모 회의에서 당시 총리였던 시몬 페레스는 이스라엘이 프랑스와 합동 연구 펀드를 조성해야 한다고 주장했다. 그는 내게 이 일에 얼마나 많은 자금을 할당할 수 있냐고 물었다. 나는 이 질문이 빈말임을 확실히 알았지만 200만 달러"라고 대답했다. 그러자 페레스는 이렇게 말했다. "그리 큰돈은 아니군요. 200만 달러를 지급하십시오." 나는 이의를 제기하지 않고 "틀림없이 지급하겠습니다. 재정부가 예산을 할당한다면 말입니다"라고 대답했다. 나는 아무

일도 일어나지 않을 것을 알았다. 재정부는 결코 이 돈을 예산에 포함시키지 않을 터이니 말이다. 그러니 굳이 총리와 논쟁을 벌일 필요가 있겠는가?

정치가는 주의 집중 시간이 매우 짧다. 그들은 금세 입장을 바꾸고 재량껏 쓸 수 있는 시간이 많지 않은 데다가 정치 문제든 전문적인 문제든 동시에 수십 가지 문제에 관여하기 때문에 중대한 이니셔티브를 추진하지 못한다.

그렇다고 장관이 수석 과학관실에 불필요한 사람이라고 섣불리 단정해서는 안 된다. 반대로, 강인한 장관만이 수행할 수 있는 중요한 역할이 있다. 추가 예산을 확보하고, 산업부의 원활한 운영에 악영향을 미치는 정부의 결정에 반대하며, 법률 개정에 필요한 사항을 지원해야 할 때 재정부에 맞설 수 있는 사람은 장관뿐이다. 또한, 장관은 채용과 해고를 담당하는 정책 담당관 후보자를 추천한다. 자유롭게 장관과 접할 수 있는 관리라면 정책 담당관을 통해 본인이 원하는 바를 얻어 내는 편이 훨씬 더 쉽다고 생각할 것이다.

나는 샤론이 원칙적으로 어떤 정무관도 전문적인 직책에 배정하지 않기 위해 노력했다고 생각한다. 자신의 당과 관련된 어떤 인물도 정책 담당관으로 임명하지 않았다. 그가 했던 말 중 지금까지 뇌리에 남아 있는 것이 있다. 반박하기 어려운 말이었다고 기억한다. 특정한 개인을 정치적인 직책에 임명해 비난을 받을 때면 샤론은 흔히 다음과 같이 말하곤 했다.

"그 사람이 리쿠드 당원이라고 해서 그 자리의 적임자가 아니라는 의미는 아니다."

🌍 🌏 🌎

늘 그랬듯이 장관의 보좌관들은 내 집무실에 들러 이렇게 말했다.

"흥미로운 프로젝트가 있는데, 장관님께서 보조금을 할당할 수 있는지 검토를 요청하셨습니다."

나는 적절한 경로를 통해 해당 문제를 연구 개발 위원회에 상정했다. 위원회는 전문적인 기준에 따라 프로젝트를 검토했다. 장관이 추진하고 싶어 하는 프로젝트가 항상 위원회의 승인을 받은 것은 아니었는데, 장관은 이를 내 탓이라고 생각했다. 물론 노골적으로 표현하지는 않았지만, 자신의 부처에 예산을 분배하는 것은 물론 자신의 요청을 완벽하게 수용하지 않는 기관이 있다는 사실이 못마땅한 것 같았다. 이런 상황이 일어난 것은 R&D 법 때문이었다. 하지만 나는 정치가들의 변덕에 휘둘려 그 법을 바꿀 생각은 없었다.

나는 샤론의 시찰에 불참하고 수석 과학관실의 다른 직원을 대타로 보낸 탓에 장관 보좌관들의 공격을 받기 십상이었다. 어느 날 부서 회의에서 나와 업무 관계가 매우 돈독했던 정책 담당관 슈키 포레르가 다음과 같은 쪽지를 건넸다. '장관의 시찰에 불참하다니 당신은 지금 불장난을 하고 있는 거요.' 산업부 도처에 내게 만족하지 못한 샤론이 신임 수석 과학관을 임명하는 문제를 고려하고 있다는 소문이 무성했다. 아니나 다를까 며칠 후 포레르가 나를 불러서 경질을 진지하게 고려하고 있으니 자리에 남고 싶으면 행동거지를 바꾸어야 한다고 솔직하게 전했다. 나는 시찰에 불참하는 것이 해고당할 이유라고 생각하지 않는다고 답했다. 포레르는 "아리크에게 가서 이야기를 나누라"고 조언했다. 나는 그의 조언에 따라 장관에게 개인 면담을 신청했다.

나는 장관과 개인적으로 만난 자리에서 모든 것을 솔직하게 이야기했다. 나는 "왜 내 행동이 못마땅하신 겁니까?"라고 물었다. 장관은 뜻밖에도 시치미를 뗐다. "누가요? 내가요? 누가 그런 말을 하던가요? 나는 매우 만족하오. 당신에 대해 좋은 얘기만 들었소." 그는 계속해서 나와 수석 과학관실의 활동을 칭찬하더니 다음과 같은 말로 마무리했다.

"이해하시오. 장관은 대개 자신의 요청이 정당하다고 생각하지요. 그러면 당신은 능력이 닿는 한 그 요청을 수행해야 합니다. 정치적인 이유에서 비롯된 것이라고 해도 말이오. 내 보좌관이 무언가를 요청하면 내가 직접 요청하는 것이라고 생각하시오."

샤론은 자신의 요구를 점잖게 설명했다. 위협을 하거나 해고하겠다는 무기를 휘두르지는 않았다. 하지만 나는 샤론이 직접 얼음 밑으로 밀어 버리지 않았을 뿐 얄팍한 얼음 위를 걷고 있다는 사실을 분명히 깨달았다.

나와 수석 과학관실 직원들의 예상과는 달리 나는 샤론이 산업부에 재임했던 5년 반 동안 살아남았다. 내가 생각하기에 그 이유는 사임을 요구할 만한 실질적인 빌미를 주지 않은 데다가 결국 사무실의 핵심 자금, 즉 샤론이 몹시 소중하게 여기는 투자 센터를 관리하지 않았기 때문일 것이다.

1990년 초반 샤론이 이차하크 샤미르 총리와의 정치적인 갈등으로 산업부에서 사임했을 때도 나는 여전히 수석 과학관으로 남았다. 하지만 그가 정부에서 자리를 비운 기간은 매우 짧았으며 고작 몇 달이 지난 후에 주택건설부 장관으로 임명되었다. 그러고는 곧바로 수십만 명에 이르는 소련 이주민*을 위한 주택 공급 해결책을 모색하는 일에 집중했다. '불도저'에게 완벽하게 어울리는 일이었다.

이후 10년 동안 샤론과 내가 만나는 일은 극히 드물었다. 2001년 초반 샤론이 총리로 선출된 후 그는 나와 몇몇 하이테크 기업가들을 그의 농장**에 초대했다. 나는 대화를 나누면서 선거에서 에후드 바라크Ehud Barak 같은 경쟁자를 어떻게 이길 수 있었느냐고 물었다. 그의 대답은 간단했다. "경험이 핵심이죠." 샤론은 자신이 경쟁자를 물리칠 특별한 자질을 가지고 있다고 말하지 않았다. 그저 정상에 오르는 과정에서 축적한 길고 다양한 인생 경험을 강조했다.

돌이켜보면 그의 말이 옳았다는 생각이 든다. 그는 총리가 되기까지 군대와 정계라는 험난한 길에서 경험을 많이 쌓았다. 심지어 그의 대표적인 자리가 아닌 공직에 몸담았던 비교적 긴 기간에도 귀중한 경험을 축적했다. 그를 가치 있는 지도자이자 최고의 이스라엘 총리로 만든 것은 경험과 지혜(상식)였다.

---

* 1989년부터 고르바초프Gorbachev의 개혁이 시작되고, 1991년 소비에트 사회주의 공화국 연방USSR이 붕괴했다. 이후 USSR에 거주하던 유대인의 이주 제한이 철폐되었다. 10년도 채 지나지 않아 압도적인 다수가 이스라엘로 이주했다.

** 샤론이 양을 키우는 '시카모어 농장Sycamore Farm'은 특히 총리 시절에 수많은 비공식 정치 활동이 진행된 현장일 뿐만 아니라 그의 상징이었다. 미국 부시 패밀리Bush Family의 크로포드 목장Crawford Ranch과도 비교된다.

제5장
전구 하나로 라마트 간 도시를 밝힐 수 있을까?
거절하는 방법과 다발성 경화증과의 관계

이스라엘에는 독창적인 아이디어를 가진 훌륭한 과학자가 절대 부족하지 않았다. 이스라엘의 고민거리는 다른 데 있었다. 관리 능력과 더불어 혁신 제품의 마케팅에 관한 전문 지식이 충격적일 만큼 부족했다. 자신의 창작품에 감탄하며 소기업을 설립한 연구원과 엔지니어들은 종종 어려움에 처했다. 개발 단계에서 제조와 마케팅 수출 단계로 넘어갈 때 필요한 자본을 확보하는 일이 힘들었기 때문이었다.

잇따른 실패에는 몇 가지 요인이 있지만, 사업에 문외한인 개발자와 정부가 주된 원인이다. 정부는 연구 개발을 장려하는 과정에 상당한 자금을 투자할 마음은 있었으나 이스라엘의 스타트업이 성공할 수 있는 길을 설계할 방법을 알지 못했다. 반면에 테바Teva와 시텍스 같은 대기업은 정부와 달랐다. 수석 과학관실은 이처럼 도전적인 시기에 무대에 등장했다.

1980년대 후반은 이스라엘 경제의 과도기였다. 1985년 경제 안정 계획은 마구 날뛰던 인플레이션의 고삐를 잡았고 국가 예산 적자를 줄였으며 조세 제도와 정부 지출에 제한을 가했다. 하지만 이전 수십 년과 다름없이 이스라엘 경제는 정부나 히스타드루트가 소유한 소수의 대기업에 의존하고 있었다.

1990년대에 이룩하게 되는 성공을 예고한 첫 징후는 인텔Intel과 모토로라Motorola 같은 국제적인 기업의 등장이었다. 이들은 1970년대에 이스라엘에 지사를 설립했는데 대부분 디스카운트 인베스트먼츠 컴퍼니Discount Investments Company(I.D.B 홀딩 코퍼레이션I.D.B Holding Corporation의 전신)가 소유한 하이테크 회사의 형태였다. 하지만 하이테크 혁명은 아직 먼 미래의 일이었다.

그 무렵 이스라엘 경제의 진화 과정은 과거 수 세기 동안 형성된 과학 원칙과 유사하다. 17세기 초반 갈릴레오 갈릴레이Galileo Galilei는 운동량 법칙을 정의했으며 훗날 아이작 뉴턴Issac Newton이 이를 정립했다. 고전 물리학 분야의 이 원칙에 따르면 모든 물체는 현재 상태를 유지하려는 경향이 있다. 움직이지 않는 물체는 계속 움직이지 않을 것이다. 반면 움직이는 물체는 속도를 유지하려 할 것이다. 다시 말해, 외부의 힘이 물체에 가해지지 않는 한 물체의 속도는 변하지 않는다.

19세기 프랑스 화학자 르 샤텔리에Le Shatelier가 규정한 원칙에 따르면 균형 상태의 화학 체계에 어떤 외부 요인이 영향을 미칠 때 그

화학 체계는 외부 요인이 일으킨 변화를 최소화할 수 있는 방향으로 기울어진다. 이스라엘 경제와 이스라엘 정부(당시 정부의 공공 부문이 이스라엘 경제를 지배했다)는 이런 원칙을 토대로 발전했다. 다시 말해, 이미 인프라가 존재해 위험이나 혼란이 일어날 가능성이 많지 않은 분야에 초점을 맞추었다.

변화를 일으킨 통찰력은 1980년대에야 비로소 등장하기 시작했다. 1980년대 초반에 어떤 이들은 이스라엘이 반도체 개발과 제조 분야의 강대국으로 변모할 것이라고 믿었다. 하지만 그러기 위해서는 작은 이스라엘 시장을 뛰어넘는 크기의 제조업 규모가 필요했다.

그 시기에는 유대인이 특유의 천재성을 발휘해 기발한 특허를 내고 값비싼 수입 석유에 의존하는 상황을 해결한 다음 아랍 국가로부터 핵심적인 경제 자원을 빼앗아 세계 경제를 변화시킬 것이라는 믿음이 널리 존재했다. 1981년 '라마트 간 전역을 밝힐 전구'의 발명에 관한 산업부 장관의 다소 과대망상적인 발언에서도 이런 믿음이 드러났다. 물론 이 아이디어는 터무니없는 것으로 판명되었지만, 이런 맥락의 신청서가 수석 과학관실로 줄기차게 쇄도했다. 작가 겸 극작가인 이갈 모신손Yigal Mossinson처럼 과학과는 무관한 이들이 영감을 받아 이 같은 신청서를 보냈다. 모신손은 바다의 조수에서 에너지를 얻을 수 있는 기기를 개발하기 위해 지원금을 신청했다(지금은 어느 정도 실행 가능성이 있는 대체 에너지 기술이지만 당시에는 괴상한 이야기로 들렸다).

내가 수석 과학관으로 부임하고 첫 2년 동안 수석 과학관실에서는 선임 과학자와 고위 공무원이 함께 모여 이스라엘의 과학적 역량을 입증하고 나아가 이를 바탕으로 경제적으로 성공할 가능성이 있는 분야를 확인하고자 노력했다. 이 단계에서도 전자와 통신 기술의 잠재력이 가장 큰 것으로 보였다. 이스라엘이 이 분야에서 많은 지식과 전문 기술을 축적한 것은 주로 군대와 방위 산업을 떠난 엔지니어들 덕분이었다. 그러나 우리가 기업가정신을 장려하는 가장 효과적인 도구는 중립 정책이었다. 이 정책이 있었기에 (혁신과 상업화 실행 가능성, 자부담 펀드가 존재한다면) 어떤 분야든 상관없이 기업가와 기업이 보조금을 신청할 수 있었다.

당시 우리는 성장을 유도할 수 있는 환경을 조성하려고 노력했다. 재정부에 있는 우리의 동지들은 다른 경비는 거의 삭감하면서도 우리가 쓸 보조금 예산은 꾸준히 확대했다. 보조금 승인 절차를 간소화할 목적으로 우리가 주도했던 개혁이 결실을 맺기 시작했고 산업 분야의 수요가 점차 증가했다. 수석 과학관실의 모습도 조금씩 바뀌었다. 행정 절차가 체계화되어 더는 신청서가 접수원의 책상에 쌓이지 않았다. 다양한 과학 분야의 전문 조사관으로 구성된 새로운 팀의 경험이 쌓이고 이 팀에 대한 신뢰도가 높아졌다. 나는 그들의 전문적인 의견이 신뢰할 만하다고 생각했다. 기업가들은 이따금 수석 과학관실의 조사관에 대해 불평하기도 했지만, 수석 과학관실 직원들이 공평하게 조사를 수행했다는 사실은 분명했다.

하지만 우리는 이 과정을 자사에 유리하게 만들려는 기존 대기업의 압력과 맞서야 했다.

나는 테바 컴퍼니가 유력한 다국적 제약 회사, 국제적으로 인정받는 이스라엘 브랜드, 그리고 이스라엘 투자 컨설턴트들이 가장 많이 추천하는 주식으로 부상하기 전에 산업부 제약 분야의 책임자로서 그 회사의 고위 간부 엘리 호로비츠와 친해졌다. 호로비츠는 1976년에 CEO로 승진했다. 시험관 세척 직원으로 입사해 혜성처럼 부상한 것이다.

2011년 지병으로 세상을 떠난 호로비츠에 대한 나의 존경심은 그의 경영 기술에만 한정된 것은 아니었다. 1973년 초반 욤 키푸르 전쟁이 발발하기 직전 시나이Sinai 사막에서의 첫 만남이 계기였다. 그때 나는 포병 지원 부대의 정찰대 소속 예비군으로 박격포 소대 지휘관인 호로비츠 소령과 교류했다. 우리는 대규모 사단 훈련 작전에 참여했는데 작전 중에 수에즈 운하를 건널 가능성도 있었다.

두 번째 만남은 몇 개월 후였다. 수십만 명의 여느 예비군이 그랬듯이 나는 평온했던 속죄의 날(Day of Atonement, 유대교 최대의 명절—옮긴이)에 전투에 동원되었다. 아내와 몇 주 전에 태어난 우리 아기에게 황급히 작별을 고한 다음 임시로 구한 차량을 타고 시나이 모래 언덕을 향해 출발했다. 전쟁이 일어난 지 사흘째 되던 날 우리는 수에즈 운하에 접한 이스마일리아Ismailia 바로 동쪽의 타사-바룰자Tasa-Baluza 도로를 지나고 있었다. 그런데 전혀 예상치 못한 상태에서 느닷없이 박격포 부대(병사들은 '엘리 부대'라고 불렀다)의 굴착정과 맞닥뜨렸다. 우리는 부대 지휘관과 이야기하고 싶다고 요청했다. 병사들은 바로 전날 지휘관이 도착했다고 말했다. 그는 아프리카로 출장을 다니는 사업가였는데, 전쟁이 일어나자 이스라엘로 돌아왔다고 했다.

어둠 속에서 방탄조끼를 입은 엘리 호로비츠의 형상이 나타났다. 먼지투성이였지만 기품이 있었다. 이 만남은 이후 우리의 관계에 영향을 미쳤다. 엘리는 그 일을 자주 상기하면서 우리가 포탄이 터지는 사막에서도 자신을 찾아냈다고 감탄했다. 그 시절에는 전쟁이 일어나자 고국으로 돌아와 참전한 이스라엘인이 많았다. 나는 엘리가 그런 헌신적인 이스라엘인의 모습을 대표하는 본보기였음을 입이 마르도록 이야기하곤 했다.

엘리 호로비츠는 지금까지도 내게 이스라엘의 진정한 지도자 모습을 보여 주는 본보기이다. 그는 대차대조표와 수익뿐만 아니라 이스라엘의 혁신적인 기업을 지키기 위한 진짜 헌신을 보여 주었다. 테바가 이스라엘 최대의 영리 기업이 되기 훨씬 전부터, 그리고 1981년 호로비츠가 경영자 연합Industrialist Association 회장으로 임명되기 전부터 우리는 늘 자유롭게 교류했다. 나는 호로비츠라는 한 인간과 그의 독특한 카리스마, 표현력과 설득력을 매우 존경했지만 그의 요구를 항상 받아들일 수는 없었다.

호로비츠는 수석 과학관실 조사관들의 전문성을 의심하지 않았고 원칙에 근거한 주장을 내세웠다. 이스라엘의 어떤 기업이 새로운 개발을 위해 위험을 감수하고 사모 펀드에 자금을 제공하기로 결정했다면, 국가가 이를 지원해야 한다는 것이 그의 입장이었다. 그는 고위 공무원이나 장관이 참석한 회의든 공개된 무대든 상관없이 열정적으로 주장했다.

"연구 개발의 위험과 잠재적 이익을 평가하는 일에 대해서는 민영 기업이 어떤 정부 기관보다 더 정확히 알고 있습니다. 그러니 정부에서 위임한 조사관의 전문 조사는 불필요할 뿐이죠. 정부는 오로지 예산 지출, 감독에 초점을 맞추어야 합니다."

굳은 확신을 가지고 주장한 입장은 수석 과학관실의 방침과 완벽하게 상충되었다. 보조금을 할당하는 과정에서 특정한 프로젝트나 기업을 선호하지 않고 중립성을 유지한다는 것이 수석 과학관실의 방침이었다.

호로비츠는 테바 컴퍼니를 비롯한 이스라엘 대기업의 위치를 이용해 자신의 주장을 관철하려고 노력했다. 그는 테바의 프로젝트가 정부의 지원을 받을 만한 가치가 있는지 결정하기 위해 자신이나 회사를 두고 고민할 필요가 없다고 했다. 테바는 이미 프로젝트에 돈을 투자했고 투자의 실행 가능성을 보증할 전문 지식과 이해관계도 확보하고 있었기 때문이었다. 반면 소기업은 자사의 돈을 투자하지 않았고 현명하게 투자할 전문 지식이 부족했다. 그러니 감독이 필요한 대상은 소기업이라는 것이었다. 나는 지원금은 공공 자금이므로 안정된 기업과 신생 기업 사이의 차별은 수용할 수 없으며, 모든 지원자가 수석 과학관실의 조사단이 정한 기준을 충족시켜야 한다고 맞섰다.

대기업이 압력을 행사해도 나는 중립성과 공평성의 원칙을 고수했다. 이따금 내가 이끄는 조사 위원회의 조사관들이 부정적인 의견을 제시하기라도 하면 대기업 대표단은 거침없이 항의하며 조사관의 전문적인 의견을 훼손하기 위해 수단과 방법을 가리지 않았다. 사실 호로비츠의 주장에 근거가 없는 것은 아니었다. 그러나 나는 국가 자금을 할당할 때는 반드시 모든 이들에게 평등한 규칙을 적용해야 한다고 믿었다.

나는 호로비츠의 주장은 정부가 대기업에 ATM 카드를 무상으로 제공해야 한다는 요구나 다름없다고 했다. 테바 컴퍼니가 제출한 보조금 신청이 그리 많지 않았음에도 호로비츠는 수석 과학관실의 정책에 반대하는 입장에 서서 제조업체 연합의 주장을 대변했다.

그런데 호로비츠가 '전략적인 토론'을 열자고 내게 요청했던 날 상황이 완전히 바뀌었다. 회의가 시작되자마자 그는 매우 다양한 제네릭 의약품(generic medicine, 오리지널 약품의 특허가 만료됐거나 특허가 만료되기 전이라도 물질특허를 개량하거나 제형을 바꾸는 등 모방하여 만든 의약품—옮긴이)을 개발하겠다는 테바의 전략을 설명했다. 다른 기업이 이미 개발했던 것 중 특허가 만료되었거나 곧 만료될 의약품들이었다. 테바는 특허 보호가 만료되는 순간 곧바로 그 의약품을 제조해서 전 세계에 선보이고자 했다. 호로비츠는 이 계획에 신제품 개발은 포함되지 않는다고 인정했다. 그렇지만 이스라엘 과학자와 약사들이 연구를 진행하니 테바와 이스라엘은 큰 이익을 얻을 것이라고 했다. 따라서 프로젝트를 지원해야 한다고 주장했다. 그뿐만 아니라 "수석 과학관실에서 확실히 로열티를 징수할 수 있는 것은 물론이고, 로열티가 거액에 달할 가능성도 있다"고 덧붙였다.

나는 그의 전략이 재정적으로 탄탄해 보이긴 하지만 정부가 그런 프로젝트를 지원해서는 안 되는 이유가 바로 그것이라고 답변했다. 수석 과학관실의 보조금은 제네릭 제품이 아닌, 오직 혁신적인 개발을 위한 모험만을 지원하기 때문이다. 그러나 호로비츠는 이런 반론을 이미 대비해 둔 상태였다.

"테바는 제네릭 의약품 분야를 장악하는 데만 매달릴 생각이 없소.

우리가 원하는 건 다른 세계적인 일류 제약 회사와 마찬가지로 수년 동안 독점적으로 특허를 받는 의약품을 개발하는 것이라오."

그리고는 테바가 이미 '블록버스터' 제약 회사가 될 수 있는 개발품, 다시 말해 총수입이 연간 10억 달러가 넘을 의약품을 확보했다고 폭탄 발언을 했다. 테바는 세계 5대 연구소의 하나인 이스라엘 와이즈만 연구소로부터 코팍손Copaxon 분자의 기술 권리를 이미 매입한 상태였다. 코팍손 분자는 다발성 경화증 환자 수천만 명의 고통을 경감시켜 퇴행성 질환의 진행 속도를 대폭 늦출 수 있는 잠재력이 있었다. 나는 수석 과학관실에서 이 개발 과정을 지원해야 한다는 사실을 믿어 의심치 않았으나, 적절한 경로를 통해야 했다.

테바는 신속하게 보조금 신청서를 제출했다. 하지만 수석 과학관실의 조사관은 세부 사항을 검토한 끝에 코팍손 분자가 실제 의약품으로 완성되지 못할 것이라는 결론을 내렸다. 나는 갈등했다. 한편으로는 호로비츠를 믿고 이스라엘의 일류 제약 회사를 지원해 국제 시장에 진출할 기회를 만들고 싶었다. 다른 한편으로는 조사관의 전문적인 의견과 상반되는 연구에 보조금을 할당하고 싶지 않았다.

나는 결국 '거부' 파일에서 코팍손 신청서를 빼내기로 했다. 그리고 이미 실시한 코팍손 대상 시험을 토대로 무소속 임상의의 추천서를 받고자 보건부에 연락했다. 몇 주가 흘러 내 책상에 추가 전문 소견서 세 통이 놓였다. 세 통의 소견서는 모두 우리 조사관의 전문 소견을 지지했고, 코팍손이 다발성 경화증에 효율적이거나 이로운 약품이라는 증거가 없다고 했다. 그런데 임상의들은 이렇게 결론을 내려놓고도 보고서 마지막에 건의 사항을 짤막하게 덧붙였다. '현시점에는 아무 효과도 인식되지 않았으나 실험을 계속할 것을 추천한다.' 나는 이 건의 사항이 앞으로 성공할 것이라는 예측이라기보다 이스라엘 경제의 핵심 주체와 대립하는 것에 대한 두려움에서 비롯됐다고 느꼈다.

나는 호로비츠에게 내 딜레마를 털어놓았다. 호로비츠는 격노해서 우리 조사관에게 혹독한 비난을 퍼부었다.

"당신네는 이 약품의 수요가 얼마나 많은지 전혀 모르는군요. 이 병은 불치병인 데다가 쓸 수 있는 약품이 없소. 그래서 정식 시험이나 승인을 통과하지 못했는데도 사람들이 코팍손을 제공해 달라고 애원하고 있단 말이오."

그는 이 약품의 효과가 다발성 경화증의 진행을 약간 늦추는 데 그칠지언정 수요는 엄청날 것이라고 주장했다. 나는 흔들렸다. 결국 우리는 무소속 임상의의 대단히 절제된 건의 사항을 토대로 코팍손 개발에 대한 지속적인 지원을 승인했다. 신약 개발에는 어마어마한 거액이 필요하다는 점을 고려할 때 우리의 지원금은 소소한 수준에 지나지 않았다. 그래서 테바는 다른 곳에서 추가 자금을 모아야 했다.

얼마 지나지 않아 호로비츠가 옳았음이 입증되었다. 1996년, 수년간의 개발 끝에 코팍손은 FDA로부터 사용 승인을 받았고 곧이어 그야말로 블록버스터가 되었다. 2012년, 이 약품의 매출은 연간 37억 5,000만 달러에 이르렀다.

이처럼 좋은 성과를 거두는 사례가 있지만 나는 공공 자금을 분배하는 정부 기관이라면 테바와 엘리 호로비츠처럼 신뢰와 존경을 받는 대상이 제안한 프로젝트라고 해도 원칙에서 벗어나 투자하는 일은 없어야 한다고 믿는다.

호로비츠라는 보기 드문 CEO가 있었다는 사실은 테바와 이스라엘, 그리고 전 세계에게 행운이었다. 호로비츠는 흔들리지 않는 확신으로 이사회와 투자가들을 설득해 수억 달러를 투자받았다. 그 결과 테바는 코팍손을 지속적으로 개발하고 FDA의 승인을 받아 마침내 시장에 출시하는 성과를 거두었다.

새로운 경제 부문의 성장을 위해 노력하는 정부가 어떤 어려움에 직면하는지 코팍손 이야기에서 확인할 수 있다. 정부는 법을 준수하며 회사 규모와 상관없이 모든 회사의 신청서를 공평하게 검토해야 한다. 그러나 절차만 고수한다고 해서 가장 적절하게 자금을 할당할 수는 없다. 이때 상식을 이용하면 도움이 될 것이다.

나는 엘리 호로비츠와 대립하며 코팍손 문제를 처리했다. 하지만 아무리 수석 과학관실의 운영을 개선하고 최적화하며 보조금 예산을 더욱 확대해도 문제는 있었다. 기술 기업을 다국적 거대 기업으로 발전시키는 과정에 정부가 이바지할 수 있는 것은 한계가 있다는 믿음이 더욱 확고해졌다.

수석 과학관의 정책에 맞선 CEO는 엘리 호로비츠만이 아니었다. 1980년대 중반은 이스라엘의 대규모 기술 기업, 특히 방위 산업체에 위기의 시기였다. 이들의 제품은 국제 시장에 성공적으로 침투하지 못했으며, 과거 IDF와 방어 시스템에 의존했던 기업은 방위 예산 삭감과 새로운 변화에 적응하느라 어려움을 겪었다. 그러다 보니 방위 시설의 상당 부분이 미국으로 이전되었다. 기업은 날로 늘어 가는 적자를 줄이고자 수석 과학관실을 포함한 정부 기관에 지원을 요청했다.

앞서 언급했듯이 우리는 대기업에 특혜를 주고 싶지 않았으나 진퇴양난의 문제가 하나 있었다. 대기업에서 신규 연구 자금보다는 연구 개발 부서의 대규모 해고 사태를 막아 보자는 심산으로 보조금을 신청하는 것이 아닌지 의심스러운 사례가 많았다. 물론 후자 역시 가치 있는 명분일 것이다. 하지만 일부 사람들은 수석 과학관실이 운영의 효율화(다시 말해 정리 해고)에 여념이 없는 대기업보다 성장 잠재력이 있는 소기업을 우선시해야 한다고 주장했다. 현재까지도 나는 대체로 소규모 신생 기업이 경제 성장의 엔진이라는 원칙을 지지한다. 그러나 1980년대 중반의 대기업은 살아남기 위해 이스라엘 경제의 여러 주체를 비롯해 정부를 설득하는 데 성공했다.

대기업과 협력하는 과정은 소규모 신생 기업보다 한층 더 까다롭다. 체계적인 대기업은 수석 과학관실에서 규정한 신청 요건을 충족시키면서 보조금을 신청하는 데는 능했지만, 기업 CEO의 포용력은 신생 기업보다 훨씬 부족했다. 신생 소기업은 국가에서 제공하는 지원이라면 언제나 감지덕지하며 받는다. 반면 대기업은 신청 금액도 많을뿐더러 보조금을 받고 나서도 금세 더 요구한다. 1985~1986년 무렵에는 대기업 CEO가 '조사 나부랭이'를 건너뛰고 즉시 지원해 달라고 요구하며 정부와 대립하는 상황이 다반사로 일어났다.

물론 모든 CEO가 무례하지는 않았다. 특히 엘비트, 타디란, 엘신트, IAI 같은 기업은 전문가다웠으며 정중하게 협력했다. 욤 키푸르 전쟁에서 이스라엘 공군 사령관이자 엔테베Entebbe 작전*의 설계자였던 퇴역 소장 베니 펠레드Benny Peled는 그중에서도 더 전문가다웠고 큰 존경을 받았다. 1985년까지 엘비트의 CEO로 재임한 펠레드는 새로운 프로젝트에 제공된 거액의 보조금이 헛되지 않았음을 거듭 입증하고 심지어 직접 자금을 모으기도 했다. 그는 욤 키푸르 전쟁에서 힘겨운 전투를 치르는 동안 유명한 이스라엘 공군가 〈이 음악은 멈출 수 없다This Music can't be stopped〉의 가사를 직접 썼는데, 이 노래의 '음악'이라는 가사를 '보조금'으로 바꾸어 엘비트에서도 사용했다.

그의 후임 CEO인 임마누엘 길Immanuel Gil은 군사 목적으로 투자한 개발을 민간 목적에 맞게 변경할 수 있다는 사실을 입증했다. 이를 테면 데이터 디스플레이가 있는 조종사 헬멧을 모터사이클을 탈 때 쓸 수 있게 한 것이다.

엘리샤 야나이Elisha Yanai도 마찬가지였다. 나는 야나이가 모토로라에서 관개 개발 전산 프로젝트를 지휘했던 시절부터 그와 알고 지냈다. 야나이는 혜성같이 부상해서 이스라엘 모토로라 그룹의 CEO로 임명되었다. 야나이가 보낸 보조금 신청서는 전문적이고 품위가

---

* 1976년 PLO는 좌익 독일 테러 조직의 도움을 받아 에어프랑스Air France 비행기를 납치해 우간다Uganda 엔테베로 몰고 갔다. 우간다의 변덕스러운 독재자 이디 아민Idi Amin은 이스라엘이 탄자니아Tanzania 침공에 필요한 항공기 제공을 거절했다는 것을 빌미로 이스라엘을 적대적으로 대했다. 납치범들은 이스라엘인과 유대인 승객을 따로 분리해 인질로 삼고 이스라엘에 수감된 테러리스트를 석방시키지 않으면 처형하겠다고 협박했다. 이스라엘은 구조 작전을 단행해 인질을 구했으나 이 과정에서 작전 지휘관이자 현 이스라엘 총리 빈야민 네탄야후Binyamin Netanyahu의 형인 요니 네탄야후Binyamin Netanyahu가 목숨을 잃었다.

있었지만 우리 측에서 긍정적인 답변을 보내기는 쉽지 않았다. 우리는 미국 기업의 자회사인 모토로라 이스라엘이 특허를 포함한 연구개발의 결실을 해외로 보낼까 싶어 걱정스러웠다.

기업가이자 뼛속까지 시온주의자인 야나이는 이 문제에 선례를 남겼다. 수석 과학관의 도움을 받아 이스라엘에서 개발한 제품은 이스라엘에서 제조할 뿐만 아니라 수익 일부도 이스라엘 모토로라 공장과 연구 센터 개발에 재투자할 것이라는 약속을 미국의 본사로부터 받아 낸 것이다. 야나이는 무엇보다 아라드Arad에 새 공장을 설립함으로써 기업 활동을 확대하겠다는 조항을 계약서에 포함시켰다. 우리가 모토로라를 지속해서 지원할 수 있었던 것은 이 계약서 덕분이었다.

고집불통의 아브라함 수카미는 손잡고 일하거나 유쾌하게 대화를 나누기 어려운 CEO였다. 그는 의료 장비 회사 엘신트를 설립하고 발전시켰으며, 또한 한때 쇠퇴하게 만든 장본인이었다. 수카미는 매우 유능했고, 당대의 존경받는 여러 인물에게 큰 영향력을 끼친 강인한 성격의 소유자였다. 그가 행사하는 영향력은 자신의 회사 안에만 국한되지 않았다. 이를테면 세금 공제를 통해 연구 개발을 장려하는 '엘신트 법Elscint law'을 막후에서 조종했다.

이 법에 따르면 주식에 일정액을 투자한 사람은 해당 연도의 소득에서 투자한 금액의 한계세액을 공제받을 수 있었다. 기업에서 할당한 주식 취득에 세금 특혜를 제공함으로써 연구 개발 기업이 필요한 자본을 대중으로부터 확보하도록 하는 것이 이 법의 목적이었다. 이 법과 관련된 규정에 따르면 (수출액이 2,000만 달러가 넘거나 연구 비용이 최소 700만 달러에 이르는) 소수의 기업만 필요한 자본을 모금할 수 있었다. 타디란, 엘타Elta, IAI, 엘로프Elop, 시텍스, 그리고 엘신트가 이 같은 증권을 발행했다.

그러나 입법자의 본래 의도와는 다르게 이 법을 이용하는 사례가 많았다. 기업이 직접 자사 주식을 재취득해 매입자에게 곧바로 배당금을 주는 편법을 쓰면서 복잡한 문제가 발생했다. 즉, 세금을 내지 않고 거짓으로 거래했기 때문에 실제로 연구 개발에 투자되는 액수가 줄어들었다. 이런 편법을 알아차린 조세 당국은 엘신트 법을 제한하고자 노력했으며, 결국 1986년에 이 법이 철폐되었다. 대기업에 할당됐던 거액의 예산은 수석 과학관에게 이전하는 것으로 결정되었다. 그 결과 대기업을 위한 연구 개발 자본을 확보하기가 어려워져 자금 구멍이 생겼고 이를 메우는 것은 재정부의 몫이 되었다. 대기업 지원 예산이 총예산에 흡수되자 이와 관련된 근본적인 문제가 다시금 수면으로 떠올랐다.

엘신트 법이 철폐되면서 대기업은 수석 과학관실에 주목했다. 가장 먼저 수석 과학관을 찾은 사람 중에는 아브라함 수카미가 있었다. 수카미는 늦은 밤에 비서를 통하지 않고 내게 직접 전화를 걸어 예루살렘에서 급히 만나자고 요청했다. 나는 선택의 여지가 없었다. 수카미가 나를 만나야 했던 것은 붕괴를 눈앞에 둔 엘신트에 즉시 보조금을 할당해 달라고 설득하기 위해서였다.

그의 화법은 흥미로웠다. 문장마다 한 단어를 두 번 이상 반복했는데, 나는 이것이 그저 독특한 화법인지 아니면 듣는 사람을 설득해 본인의 뜻을 관철하려는 시도인지 궁금했다. 어쨌든 이번에는 나를 설득하거나 우리에게 지원을 요청해 봐야 아무 소용이 없었다. 엘신트가 이미 어렵게 수출 자금을 융자받아 놓고도 상환하지 못한 상태였기 때문이었다. 우리는 결국 그의 간청을 거절했고 그는 곧바로 우리나라를 떠났다.

수카미가 떠난 일은 규모가 작고 불안정한 1980년대 하이테크 분야에 큰 충격을 안겼다. 1985년 3월 엘신트의 손실액이 1억 1,500만 달러라고 발표되면서 얼마나 심각한 재정 위기에 빠졌는지 만천하에 드러났다. 사람들은 엘신트 붕괴 여파로 엘론 지주회사의 여타 회사와 그룹, 그리고 이후 하이테크 분야까지 함께 무너질지도 모른다고 두려워했다.

엘신트는 1990년대에 들어서면서 한동안 재기했지만, 결국 몇 개 단위로 분해되었고 이 가운데 일부는 폐업하거나 매각되었다.

다른 기업에도 비슷한 운명이 기다리고 있었다. 가장 두드러진 기업은 과거 프린팅 분야에서 첨단 기술을 개발한 시텍스 컴퍼니로, 우수한 독학 엔지니어 에피 아라지Efi Arazi가 창립한 회사였다. 미국에서 훌륭한 성과를 거둔 아라지는 이스라엘로 돌아온 뒤 미국에서 모금한 자본과 디스카운트 투자로 시텍스를 설립했다.

이스라엘 하이테크 세계에서 잔뼈가 굵은 많은 이들이 아라지를 모범적인 기업가라고 생각했다. 아라지는 매우 유능했고 회사를 대기업으로 키워 낸 후에도 기술 혁신에 지속해서 참여하며 무한한 창의성을 발휘했다.

다른 여러 사람과 마찬가지로 나는 매우 재미있는 대화 상대이자 원칙주의자인 아라지가 무척 좋았다. 내가 수석 과학관으로 재임하던 초기에 시텍스는 보조금을 거의 신청하지 않아 우리가 만날 일은 거의 없었다. 아라지는 노골적으로 엘신트 법에 반대 입장을 취하며 그것은 비열한 속임수라고 주장했다. 그래서 시텍스는 요건이 충족되었음에도 그 법을 통해 자본을 모으려 하지 않았다.

그러니 1986년 후반 아라지가 황급하게 만나자고 요청했을 때 나는 놀랄 수밖에 없었다. 그는 한 번의 대화를 위해 예루살렘까지 찾아왔다. 그는 정부에 무언가를 부탁하는 것이 정말 싫고 실제로 여태껏 부탁한 적도 없지만, 회사 사정이 너무 좋지 않아 직원을 대량으로 해고해야 한다고 상황을 설명했다. 훌륭한 개발자를 해고하고 싶지 않았던 아라지는 내게 선택권을 떠안겼다. 그는 보조금 신청서를 제출하지 않았지만 만일 정부가 보조금을 제공한다면 기꺼이 받겠다고 말했다. 나는 수석 과학관실에 도움을 청하는 일이 그에게는 고역이라는 사실을 충분히 이해했다. 회사와 직원의 일자리를 구하고자 자존심을 버리겠다는 그의 의지를 존중했다. 나는 그에게 개발 계획서를 제출하라고 요청했다. 그래야만 최대한 조속하게 계획서를 검토해서 시텍스를 지원할 수 있었다. 아라지는 국가에 도움을 청하는 것을 꺼렸지만, 수석 과학관실에서는 아라지를 도와서 시텍스를 지원했다. 이후 2년 동안 이 회사는 다시금 성공 가도에 올라섰다.

시텍스와 달리 엘신트는 몇 년 동안 막대한 정부 지원을 받았다. 시텍스와 엘신트의 특성은 상당히 달랐는데, 그런데도 이 두 회사가 다소 비슷한 경로를 거쳤다는 사실은 흥미롭다. 1980년대 후반에 아라지는 시텍스를 안정시키고 다시 수익을 거두었지만 그의 후임자들이 이끌던 시텍스는 다국적 기업으로 살아남지 못했다. 결국 2005년 분해되어 여러 기업에 매각되었다.

🌍 🌎 🌏

　대기업 지원과 관련된 논란은 내가 수석 과학관으로 재임하는 내내 계속되었다. 재정부는 이 지원을 안정된 기업에 대한 장려금쯤으로 생각했다.

　반면, 대기업에 대한 지원을 찬성하는 몇 가지 주장도 존재했다. 이를테면 수출 시장 확보에 유리하고, 공공 기업의 자체 자금 조달 능력이 향상된다는 것이었다. 보조금(주로 연구 개발 보조금)을 통해 기업의 수지가 적자에서 흑자로 바뀐 사례가 있었다. 1985~1986년의 위기 동안, 그리고 이후에도 나는 대기업 지원 자금을 확보하기 위해 싸웠다. 이스라엘의 연구 개발 역량을 보존하려면 반드시 필요한 일이었다. 수석 과학관의 보조금은 이스라엘에서 노련한 엔지니어와 과학자를 지키기 위해 치러야 할 소소한 대가였다.

　대기업 지원을 찬성하는 또 다른 주장의 핵심은 로열티였다. 대기업은 수석 과학관에게 할당되는 연구 보조금 가운데 절반가량을 받는데, 대기업이 내는 로열티는 절반을 훌쩍 넘는다. 프로젝트가 성공할 경우 보조금 전액을 회수할 때까지 국가는 매출의 23퍼센트에 대해 로열티를 받는다. 이는 기업의 주식을 헐값으로 팔아 기존 주주가 보유한 주식의 가치를 떨어뜨리는 것보다 개발자와 투자가에게 한층 더 바람직한 자금 확보 방법이다.

　나는 부임하던 첫해에 조직 개편을 시행하면서 대기업에 초점을 맞추어 로열티를 징수하는 전담 부서를 신설했다. 원래 회계부의 계약 담당 직원이었던 보아즈 골드슈미트Boaz Goldschmidt를 이 부서에 배정했다. 골드슈미트가 이 직책을 맡기 전에는, 기업이 수석 과학관실에 로열티를 보내야 할 필요성을 다소 '잊고' 있었다. 골드슈미트가 지원 개발 프로젝트에서 수익이 발생하는지 여부를 확인하려 하자 기업들은 제품이 판매되지 않았다거나 더 큰 프로젝트에 돈을 투자했다고 둘러대며 로열티를 내지 않으려 했다. 이를테면 IAI 대표단은 소형 제트기 꼬리 날개를 개발하는 데 보조금을 사용했기 때문에 전체 프로젝트를 고려하면 수석 과학관에게 지불할 몫을 결정할 수 없다고 주장했다.

골드슈미트는 단호한 태도로 임무를 수행했다. 심지어 보조금을 전면 중단하겠다는 협박까지 불사했다. 기업이 스스로 소득을 보고하고 소득에 대한 로열티를 지급하도록 압력을 가하기 위해서였다. 정보를 신속하게 전달하지 않는 기업에 대해서는 프로젝트를 재검토할 준비를 하라고 전문 조사관에게 지시한 적도 많았다.

우리는 로열티를 통해 기업의 보조금 사용 방식을 좀 더 체계적으로 추적했다. 아울러 보조금 예산을 확대하면서 로열티의 주요 원천인 대기업을 지원하는 것이 중요하다는 사실을 입증했다. 그러나 로열티가 꾸준히 증가했음에도 어느 시점에 이르자 보조금 예산의 증가폭을 따라잡지 못했다. 일례로 1992년 보조금 예산은 약 2억 달러였는데, 로열티는 기껏해야 예산의 12퍼센트를 넘지 않았다. 연구 개발에 대한 수석 과학관실의 지원은 수익을 위한 것이 아니라고 규정되어 있어 원칙적으로 이 사실은 문제가 되지 않았다. 그러나 로열티 메커니즘은 지원받는 기업의 성과를 평가하는 수단이었다.

결론은 간단했다. 수석 과학관실은 다양한 영역에서 혁명을 이끌었고 전문적인 검토 과정 또한 최적화했으며 업계 지원자 수도 꾸준히 증가했다. 하지만 수석 과학관실의 지원을 받은 소기업 프로젝트 가운데 마케팅 단계까지 발전해서 실제로 이익을 거둔 사례는 극히 드물었다. 우리는 기술 분야에서 수천 개의 유망한 프로젝트를 지원해 강력한 추진력을 일으켰다. 그러나 경제적인 관점에서 보면 수익을 내는 데는 전반적으로 실패했다. 수석 과학관실이 기술 분야에 상당한 재정 지원을 제공하고 훌륭한 성과를 거두도록 도왔지만 혁명을 일으키기에는 역부족이었다.

제6장
1990년대 소련 이주 - 공산주의에서 자유 시장 경제로, 스타하노프가 이스라엘 기술 인큐베이터에 들어오다

1990년에 임명된 신임 산업부 장관 모셰 니심Moshe Nissim은 거의 모든 면에서 아리엘 샤론과 정반대였다. 니심은 수석 랍비 겸 변호사이자 산전수전 다 겪은 노련한 정치가의 아들이었다. 청년 시절부터 수완가였던 그는 스물네 살에 크네세트의 한 석을 차지했다. 훗날 그를 부총리로 임명하는 이차하크 샤미르와 가까운 사이였다. 니심은 진보당 지도층의 일원이었다. 비록 리쿠드 당에 흡수되기는 했지만, 진보당원들은 자유 시장과 민간 부문을 발전시켜야 한다는 포괄적인 경제 세계관의 대변자라는 사실에는 변함이 없었다. 그들은 수십 년 동안 이런 원칙을 옹호하고 이스라엘 전역에 널리 확산시켰다. 그러나 진보주의자들은 점잖게 행동하는 한편으로 과거사에 앙심을 품고 있었다. 이들의 케케묵은 경쟁 관계는 정부 행동에 지속적으로 영향을 미쳤다.

니심의 최대 경쟁자는 이차하크 모다이였다. 모다이는 거국 중립 내각에서 노동당이 탈퇴한 이후인 1990년 7월에 재정부 장관에 임명된다. 모다이는 진보당의 내부 인사로, 니심에 대한 앙심 때문에 재정부 업무에 큰 피해를 미칠 수 있었다. 모다이는 영향력 있는 장관이었지만, '무모하고' 예측할 수 없는 사람이라는 평판도 있었다. 반면 샤미르의 막역한 친구인 니심은 침착하고 분별력이 있는 사람으로 여겨졌다. 이렇듯 서로 다른 두 사람 사이의 싸움에서 승리를 좌우하는 요인은 (여느 때와 마찬가지로) 대개 총리와의 친분이었다. 재정부 장관 모다이에게는 매우 불쾌한 일이었지만 니심은 여러 가지 결정을 무사통과시켰다. 이는 산업부 예산이 증가했다는 사실에서 확연히 드러났다.

1990년 한 해는 인사이동, 그리고 분열되고 있는 소련으로부터의 거대한 이주 물결로 요약할 수 있다. 이 거대한 이주는 이스라엘에 기회와 도전을 동시에 선사했다. 기존 이스라엘 인구의 20~25퍼센트에 해당하는 100만 명이 넘는 사람이 이주해 온다면 이미 불안한 경제를 절벽으로 밀어 버릴 가능성이 있었다. 반면에 제대로 대처한다면, 특히 기술 부문에서 대대적인 경제 호황을 누릴 수 있었다. 엄청난 규모의 도전이었다. 이스라엘은 붕괴하는 제국이자 사회경제 체제로부터 이주하는 수십만 명의 사람들을 이송시키는 과정을 물리적으로 감독해야 했다. 그뿐만 아니라 이주민의 생활에 필요한 필수품과 주택, 일자리를 제공해야 했다.

뛰어난 분권적 관리 기술을 가진 탁월한 정치 수완가였던 니심은 이 시기에 반드시 필요한 인재였다.

그 시절 수석 과학관실에도 매우 중요한 역할이 있었다. 이주민의 특징은 학자와 과학자, 연구원의 비율이 매우 높다는 점이었는데 이들을 모두 고용 시장에 흡수해 통합하는 것은 수석 과학관실의 몫이었다. 이스라엘은 대학과 과학 연구 기관의 졸업생, 현직 과학자, 엔지니어, 컴퓨터 프로그래머, 경제학자, 그리고 음악가를 비롯한 예술가 수만 명을 선물로 받았다. 이스라엘 본토인들은 소련 이주민이 하나같이 악기를 손에 들고 비행기에서 내렸으며, 만일 빈손으로 내렸다면 짐칸에 있는 피아노가 도착하기를 기다리는 사람이라고 농담조로 말하곤 했다.

1990년 초반, 이스라엘과 소련의 얼어붙었던 관계가 풀리며 이주가 가속화되기 전부터 나는 러시아 과학 아카데미Russian Academy of Sciences의 초대 손님으로 모스크바를 방문했다. 흥미로운 두 인물이 나와 동행했는데, 소비에트 출신 물리학자 이르미야후 바르노베르Yirmiyahu Barnover 교수와 주로 개발도상국에 기술 학습 도구를 판매하는 데겜 시스템스Degem Systems의 창립자 겸 CEO 이스라엘 아셰르Israel Asher가 그들이었다. 신앙심이 깊은 바르노베르 교수는 항상 베레모를 쓰고 있었는데(제2차 세계 대전 때의 몽고메리 장군Gen Montgomery을 연상시킨다) 더 많은 유대인을 설득해 이스라엘로 이주시키는 것이 목적이었다. 반면, 다부진 체격에 의지가 강한 사업가인 아셰르는 새로운 시장을 찾아 나섰다.

우리는 공산주의 시대가 저물어 가는 시기에 모스크바에 도착했다. 당시 모스크바는 동시대의 다른 도시보다 훨씬 더 황폐했고 덜 복잡했다. 관리 상태가 형편없는 도로 위의 자동차는 대부분 낡은 라다(Lada, 러시아의 소형 승용차—옮긴이)로, 투박하고 촌스러운 깡통처럼 보였다. 사람들의 모습도 지금과는 달랐으며, 옷차림과 말투, 태도가 모두 비슷비슷했다. 껌이나 초콜릿처럼 사소한 서양 물품에 대한 호기심과 갈망이 무척 강렬해 사탕을 물물교환 수단으로 사용할 수 있을 정도였다. 예를 들어, 지나가는 차를 얻어 타고 껌 한 개로 대가를 지불할 수 있었다.

당시는 페레스트로이카Perestroika(개혁)의 시대였는데, 소련을 세계 시장에 적응시키려던 이 계획은 실패로 끝났다. 비틀거리는 제국을 여전히 지배하던 공산당 지도층은 개방을 최소화하고 형식만 바꾸면서 기존의 정치와 경제 구조를 유지할 수 있다고 믿었다. 하지만 경제 붕괴와 분열, 자유방임적인 자본주의로의 걷잡을 수 없는 변화가 소련을 기다리고 있었다.

우리가 만난 많은 사람이 부동산과 사업상 거래에 환상을 품고 있었다. 마치 우리를 구세주나 마법사처럼 생각했다. 우리는 모스크바 인근에 있던 과학 아카데미 소유의 소박한 호텔에 묵을 예정이었으며 운전기사 한 사람을 배정받았다. 그 지역 토박이인 바르노베르는 금세 친구들과 함께 자취를 감추었고 아셰르는 나와 함께 남았다. 나는 주변의 한적함과 호텔을 둘러싼 숲, 근처에서 흐르는 작은 시냇물이 마음에 들었다. 하지만 아셰르의 생각은 달랐다. 아셰르는 주최 측에 숙박료를 지불할 테니 다른 호텔로 옮겨도 되냐고 물었다.

거절당한 아셰르는 낯선 곳에서도 잘 지낼 방법을 알고 있다고 호언장담하며 도심에 있는 호텔을 같이 찾아보자고 했다. 허기를 느낀 나는 그 전에 요기를 하자고 말했고 아셰르도 동의했다. 꽤 친절한 호텔 직원이 고기를 비롯한 몇 가지 요리가 포함된 기름지고 맛있는 음식을 차려 주었다. 음식 대접은 놀라웠고, 밥값을 내야 한다는 사실도 놀라웠다. 주머니에 몇 루블이 있어서 음식값을 냈는데, 달러로 환산해 보니 놀랍게도 한 사람당 1달러 50센트에 지나지 않았다(현재 모스크바 중급 레스토랑의 평범한 식사 한 끼 가격은 적어도 100달러에 이른다).

식사를 마친 아셰르와 나는 운전기사를 대동하고 호텔을 찾으러 나섰다. 영어를 조금 구사하는 운전기사의 말에 따르면, 이 도시의 유일한 좋은 호텔(사실은 견딜 만한 수준을 충족시키는 유일한 호텔)은 스칸디나비아 항공사 SAS의 소유인데 숙박비가 비싸고 남은 객실이 있을 가능성이 적었다. 운전기사는 어쨌든 데려다주겠다고 말했다. 아셰르는 가격과 상관없이 SAS에 투숙하겠다고 딱 잘라 말했다. 그래도 나는 운전기사에게 우리가 문의하는 동안 기다려 달라고 부탁했다.

우리가 방을 구하지 못하고 운전기사에게 돌아갔을 때 그는 미국의 한 억만장자에 관한 도시의 전설을 전해 주었다. 한 억만장자가 우리와 똑같이 예약하지 않고 호텔방을 찾으려 했다. 결국 빈손으로 되돌아가야 할 상황에 이르자 호텔 소유주와 만나게 해 달라고 부탁했고 심지어 호텔을 사겠다는 제안까지 내놓았다. 이 제안까지 거부당했을 때 그는 결국 공원 벤치에서 밤을 보냈다고 한다. 다른 호텔은 낡고 위생 상태가 견딜 수 없는 수준이라 마음에 들지 않았기 때문이다.

우리는 모스크바 외곽의 호텔로 돌아왔다. 아셰르로서는 얼굴이 화끈거릴 수밖에 없는 상황이었다. 비록 과학 아카데미가 호화로운 호텔을 준비하지는 못했지만, 우리를 위해 매력적인 전문 프로그램을 마련해 놓았다는 걸 알게 되었다.

가장 인상적인 곳은 강력한 레이저를 전시하던 한 연구소였다. 레이저 개발자들은 전 세계 어디에도 이와 비슷한 레이저는 없다고 자랑했다. 다양한 보조 냉각 시스템이 딸린 레이저가 꽤 큰 구조물(바닥 면적이 적어도 2,000제곱미터인 2층 구조물)을 채우고 있었는데, 주최자들의 주장에 따르면 오로지 비군사적인 목적으로 설계한 것이었다. 소련 엔지니어들은 흑해Black Sea 조선소에서 건조하는 선박에 쓰일 대형 강철판을 자르는 일이 레이저의 첫 번째 용도라고 매우 진지하게 설명했다. 나는 아무 생각 없이 1,400킬로미터 떨어진 모스크바에 있는 거대한 레이저를 흑해로 운반하는지, 아니면 조선소가 거대한 강철 주조물을 모스크바로 보내는지 물었다. 과학자는 레이저 개발에 초점을 맞출 뿐 물류와 관련된 사항은 다른 사람이 고려할 테니 이는 그들에게 엉뚱한 질문이었을 것이다.

나는 방문 기간 동안 알렉세이 그리고르예비치 스타하노프Alexsei Grigoryevich Stakhanov의 거대한 동상이 있다는 사실을 짐짓 모른 척할 수 없었다. 스타하노프는 광부로, 1935년에 여섯 시간 동안 100톤이 넘는 석탄을 채굴해 소련의 아이콘이 되었다. 스타하노프의 성취(사실 스탈린 체제의 홍보 행위에 지나지 않았다)는 밤낮으로 지칠 줄 모르고 일하는 소련 노동자들이 본받아야 할 모범으로 남았다.

나는 러시아 과학 아카데미 소장 고리 메르초크Gori Merchok도 만났다. 메르초크는 러시아 아카데미가 영향력이 매우 크고 예산이 풍부할 뿐만 아니라 모든 과학 분야의 연구 개발을 활발히 추진하며, 응용보다는 기본 연구에 초점을 맞춘다고 설명했다. 여섯 개 정부 부처를 감독하는 부총리와의 면담에서는 이스라엘 에너지 기업과의 협력이 이미 태동 단계에 접어들었다는 사실을 알게 되었다. 이를테면 지열 에너지 개발을 다루는 오르마트 테크놀로지스 컴퍼니Ormat Technologies Company, 태양 에너지 분야가 전문인 루스Luz사와 협력할 예정이었다. 러시아 정당에서는 터빈과 열 교환을 제공했다. 당시 러시아는 서부 시베리아Western Siberia에 매장된 엄청난 천연가스를 대규모로 채굴하지 못한 채 서구의 여러 나라와 마찬가지로 값비싸고 오염을 일으키는 석유의 대안을 찾고 있었다.

나는 러시아 과학 아카데미가 중대한 과학적 성취를 거두어도 그것을 현장에서 실행하지 못한다는 인상을 받았다. 소련 과학계의 주된 자원은 수십만 명에 이르는 연구원과 과학자, 엔지니어의 방대한 지식이었다. 그 무렵에 이 가운데 많은 사람이 이스라엘로 이주하기 시작했다. 몇 달 후 이스라엘에서 이주민 과학자를 가장 효과적으로 흡수할 방법을 논의할 때 레이저 시설을 방문했을 때 깨달았던 사실을 전했다. 러시아의 과학 활동은 실용적인 경제적 고려 사항과 거의 완전히 분리되어 있었고, 소련에서 개발한 매우 인상적인 과학 기술은 대개 현장에서 쓰이지 않은 것이 분명했다.

니심 장관은 산업부의 주요 직원을 소집했다. 그는 특유의 유쾌하

면서도 평온한 태도로 유대인 수십만 명이 곧 도착한다는 소식을 전하며 기쁨을 함께 나누었다. 그리고 우리가 수행해야 할 임무를 대략적으로 설명했다. 곧이어 우리의 예산도 충분하다고 밝혔다. 이스라엘이 이미 최대 100억 달러의 담보를 확보했으니, 금융 기관으로부터 제법 매력적인 조건의 자금을 융자해 이주민 흡수 과정에 제공할 수 있다고 했다.

산업부는 산업계와 정부 기관에 이주민을 흡수시키기 위한 자금으로 10억 NIS를 할당받았다. 우리는 머지않아 도착할 전문 노동력에 초점을 맞추는 임무를 맡았다. 나는 전문 인력 고용국Academic Employment Office이 아니라 수석 과학관실의 책임자였지만 당시는 전 국가적인 도전의 시기라 형식적인 직책의 정의와 관할 영역을 엄격하게 준수하지 않았다. 어쨌든 결정권이 주어졌으니 이주민 과학자와 엔지니어가 전달하는 방대한 지식을 담을 프레임워크를 짧은 시간 내에 정의해야 했다.

국가의 임무는 노동 연령 이주민 약 50만 명을 위한 일자리를 찾는 일이었다. 이 가운데 약 3분의 1이 연구원, 과학자, 엔지니어, 기술자 등 과학 분야에 속했다. 이는 점점 확대되는 기술 분야에 엄청난 인력이 증원된다는 의미였으나, 기존의 연구 개발 센터에는 모든 사람을 위한 일자리가 충분치 않았다. 게다가 이스라엘 중심 지역의 부동산 또한 부족했다. 정부는 주변 지역을 장려하고 쇠락하는 개발 도시에 활력을 불어넣기 위해 많은 이주민을 이스라엘 북부와 남부로 보냈지만, 안타깝게도 이들 지역에서 활동하는 기술 기업이나 연구 센터는 거의 없었다.

기술 개발에 유리한 환경을 조성하고 이주민이 가져온 아이디어를 실행하며 전 세계에 판매할 수 있는 제품으로 바꾸기 위해 지원하려면 연구와 혁신, 기업가정신이라는 요소를 통합할 새로운 형태의 조직이 필요했다. 우리는 이주민에게 진정한 자부심과 자존심을 고취하고, 이와 동시에 이주를 발판으로 기술 분야에 새로운 추진력을 일으키고 싶었다.

나는 산업부 공무원이 함께 참석한 긴급 협의회에서 새로운 아이디어에 자금을 지원하고 장려하는 수석 과학관실의 방식을 지침 삼아 이주민 고용을 위한 해결책을 설계해야 한다고 주장했다. 하지만 이주민들이 살던 문화권에서는 과학자와 연구원이 대개 정부 기관에 속해 있었다. 그들은 상부에서 내려온 지시에 따라 국익을 위해 일하는 데 익숙했다. 연구의 실용성과 수익성을 고려하라고 요구하는 사람은 없었다. 그럼에도 불구하고 놓치면 후회할 만큼 매력적인 아이디어와 기술을 가진 사람이 많았다. 따라서 그들이 다른 환경(책임과 개인 및 회사의 기업가정신이 중요한 환경)에서 일하도록 돕는 일이라면 무엇이든 마다하지 말아야 했다. 이주민의 고용 문제를 해결할 방안을 공공서비스 분야에서만 제시할 수는 없었다. 학계와 재계가 긴밀히 협력해 해결책을 마련해야 했다.

그렇게 해서 1990년 후반 이주민 수천 명이 매일 벤구리온 공항에 도착했다. 이스라엘이 걸프 전쟁 Gulf War*에 대비해 방독면을 배포하기 시작하는 분위기 속에서 이스라엘 최초 기술 인큐베이터의 비전이 탄생한 것이다.

🌎 🌍 🌏

기술 인큐베이터라는 개념을 처음으로 제시했다고 주장하는 사람이 많지만, 사실 이는 새로운 개념이 아니다. 1959년 초반 미국에서 소기업과 신생 기업을 지원하는 '비즈니스 인큐베이터Business incubators'가 등장해 1980년까지 활약했다. 이스라엘에서는 재정부가 인큐베이터 설립을 지원하기로 했고, 1980년대 후반 국가 예산에서 3,000만 NIS가 이 목적에 할당되었으나 실제로 사용되지는 않았다. 소련에서 온 이주민을 통합하려면 산업계와 학계의 여러 기관이 적극적으로 참여해서 지금까지와는 달리 많은 보조금을 신속하게 지원해야 한다는 사실이 분명해졌다.

우리가 소련 이주민에 대한 대대적인 준비를 시작하기 전부터 기술 단지technological parks를 설립할 가능성이 논의되고 있었다. 원자력 연구 센터Nuclear Research Center의 이니셔티브에 따라 1차 지역 중 하나를 디모나Dimona에 설립할 예정이었다. 원자력 연구 센터에서는 민간 시장을 겨냥해 어플리케이션을 개발할 회사를 로템 파크 Rotem Park에 집결시키려 했다.

1990년 우리는 알 수파Al Sufa가 필라델피아Philadelphia에서 관

---

* 이라크의 사담 후세인Saddam Hussein은 쿠웨이트Kuwait를 침공한 이후 미국의 주도로 결성된 연합 세력과 맞닥뜨렸다. 철수하라는 연합 세력의 요구에 그는 군사력을 이용해 자신을 추방하면 이스라엘에 화학 탄두를 투하하겠다고 협박했다. 그러나 분쟁 기간 동안 실제로 이스라엘에 발사된 것은 재래식 미사일뿐이었다.

리하는 기술 인큐베이터를 방문했다. 독실한 시온주의자인 알 수파는 벤구리온 대학교Ben Gurion University와 협력해 이스라엘 남부 도시인 베르셰바Beer Sheva에 기술 인큐베이터를 설립하고자 했다. 남부의 두 인큐베이터, 즉 디모나의 로템과 베르셰바의 마아얀Maayan은 인큐베이터의 큰 물결이 시작되기에 앞서 같은 해 말에 이미 설립되어 우리 계획의 얼리 어댑터가 되었다.

우리는 학계뿐만 아니라 영리 회사와 협력해 연구원과 전문 관리자가 일할 수 있는 조직을 설립하고자 노력했다. 이 조직에서 전문 관리자들이 그때껏 급료를 수표로 받아 본 경험이 없는 과학자들의 멘토 역할을 담당할 예정이었다. 국가적인 총동원 분위기가 온 나라를 휩쓸다 보니 지원자는 전혀 부족하지 않았다.

공동 활동에 손을 빌려준 첫 번째 회사는 아프리카 이스라엘 컴퍼니Africa Israel Company였다. 이 회사는 이미 와이즈만 연구소 기술이전 지주회사 CEO 다비드 쉴라헤트David Shlachet와 함께 네스 치오나Nes Tziona에 과학 단지를 건설했다. 쉴라헤트에 따르면 와이즈만 연구소장 하임 하라리Haim Harari 교수는 이주민 과학자를 연구소에 통합하는 정부 계획을 못마땅해했다. 계약 기간이 길어야 2년뿐이라는 이유 때문이었다. 그럼에도 공동 목표를 위해서는 본인이 맡은 역할을 수행해야 한다고 생각했다. 그는 CEO 쉴라헤트와 함께 아프리카 이스라엘 컴퍼니의 대표단을 초대해 가능한 해결책을 제안했다. 실행 가능한 아이디어만 있으면 어떤 과학자라도 회사를 설립할 수 있으며, 와이즈만 연구소에서는 멘토 과학자를 파견해 이들을 지원한다는 해결책이었다.

아프리카 이스라엘은 즉시 동참해 네스 치오나 과학 단지의 기술 인큐베이터를 설립하는 과정에 일조했다. 나는 아프리카 이스라엘의 대표단과 와이즈만 연구소 경영진을 만난 자리에서 우리가 동일한 맥락의 계획을 준비하고 있으니 도울 수 있다면 기쁘겠다는 말을 전했다. 그러나 무엇보다 서둘러야 한다는 점을 지적했다. 시간이 관건이었다. 나는 며칠에 한 번씩 그들에게 전화를 걸어 계획이 실제로 모양과 윤곽을 갖추어 가고 있는지 확인했다.

하이파 테크니온Haifa Technion의 기술 실행 부서를 지휘하는 아비 골드소벨Avi Goldsobel도 이주민 과학자를 위한 기술 인큐베이터를 설립할 이니셔티브를 가지고 나를 찾았다. 테크니온 대표 제브 타드모르Zeev Tadmor는 심지어 이니셔티브를 추진할 목적으로 볼티모어Baltimore의 유대인 지역 사회로부터 성금을 모으고 유대인 기구Jewish Agency에 가입했다.

나는 계획을 수립할 팀을 구성했으며, 니심 장관은 아이디어를 열심히 검토하고 정부에 승인을 요청했다. 니심이 계획을 설명하기 시작하자 농업부 장관이었던 전 IDF 참모총장 라풀 에이탄Raful Eitan이 다음과 같이 소리를 질러 실소를 머금게 되는 상황이 벌어지기도 했다. "인큐베이터라고요? 그건 농업부 소관이오.* 왜 아무도 우리에게 이 문제를 얘기하지 않았습니까?" 이후 몇 년 동안 기술 인큐베이터의 관리자들은 토마토 재배에 관심이 있는 시민들의 전화에 시달려

---

* 히브리어로 기술 인큐베이터라는 용어는 기술 온실hamamot이다. 이는 적어도 라풀에게는 농업과 더 관련이 있는 용어처럼 보였을 것이다.

야 했다.

그러나 라풀의 이 재미있는 오해를 제외하면 기술 인큐베이터 프로젝트는 정부를 비롯해 학계와 재계의 여러 사람에게 상당한 지지를 받았다. 우리는 프로젝트를 조속히 활성화할 준비를 했다. 걸프 전쟁으로 말미암아 18개월 동안 이스라엘 사람들은 방독면을 쓰고 보호 공간으로 대피해야 했고 텔아비브에 재래식 스커드 미사일이 투하되었지만, 기술 인큐베이터 설립을 위한 준비 속도는 늦출 수 없었다.

텔아비브 하메레드Hamered(반항) 거리에 있는 유니온 빌딩Union Building의 마미토프 사무실에서 중대한 회의를 진행하던 중 미사일 공격 경보가 발령되어 회의가 중단되었다. 우리는 계단통에 있는 보호 공간으로 대피해 바닥에 앉은 채 인큐베이터의 사업 구조를 계속 기획했다.

한 명 혹은 소수의 사람이 제안한 혁신적인 아이디어를 개발하는 초기 단계(종자)에는 연구 개발 정책의 입안자가 어느 정도의 예산을 어떤 식으로 할당할지 결정하기가 어렵다. 사실 이 단계는 가장 위험한 단계이다. 확실한 정보와 데이터를 확보하지 못하면 예산 규모와 방식을 검토하는 도중 여러 가지 장애물과 곤경에 직면하기 마련이다.

기술 인큐베이터는 1차 단계에서 이 같은 초기의 어려움에 대처한다. 우리는 개발자(소련과 이스라엘 본토의 기업가)에게 2년에 걸쳐 연구 자금을 거의 전액(비용의 85퍼센트) 제공하기로 결정했다. 개발자는 상업적으로 실행 가능성이 있는 연구임을 입증할 의무가 있었다. 우리는 상세한 사업 계획을 요구하지는 않았는데, 이 때문에 기술 인큐베이터에 참여한 팀 가운데 이익을 거두지 못하는 기업이 생길 수 있다고 예측했다. 이는 다소 혁신적인 생각이었다. 정부는 돈을 잃을 수 있다는 것을 예상했지만 고용과 성장의 가능성을 창조하기 위해 이니셔티브를 추진했다. 기술 인큐베이터에 투자한 돈을 수업료라고 생각했다. 이 수업료는 우수한 과학자와 연구원이 이스라엘에 적응하도록 돕고, 세계에 개방된 서구식 사업 환경에서 일하도록 숨 쉴 공간을 제공할 것이다.

이런 방침은 수석 과학관으로 부임한 이후 내가 업무의 토대로 삼았던 지도 철학의 연장이었다. 이스라엘 경제의 마케팅과 사업 인프라를 수립하는 일에 초점을 맞추고 연구 개발을 위한 새로운 기회를 활용한다는 것이 내 지도 철학이었다. 우리가 아직 성숙하지 않은 기업을 이끌어 성과를 거두려면 수십 명의 이스라엘 지원자와 노련한 전문가가 필요하다는 사실을 깨달을 수 있었던 것은 이 지도 철학 덕분이었다.

계획을 실행하기는 쉽지 않았다. 국가 위기의 시기에도 공직에 새로운 직책을 만드는 일은 홍해를 가르는 것만큼 어려웠다. 우리는 절차를 간소화하고자 국가 공무원 법Public Service Statute에 적용되지 않는 마미토프에 의존했다. 마미토프는 기술 인큐베이터 프로그램의 핵심 협력 업체와 같은 역할을 담당했다. 공식적으로는 별도의 구성 단위이지만 실제로는 나의 지시를 받았다. 이런 외부 활동을 통해 프로그램을 시행하고 활성화하는 것이 가능했다고 여겨진다.

얼마 지나지 않아 프로젝트의 실행 규모를 넓힐 수 있겠다는 느낌이 들었다. 이미 다섯 개 집단이 우리가 정한 규칙을 따르는 기술 인큐베이터를 설립할 준비를 끝냈다. 나는 프로젝트를 관리할 적절한 후보를 물색하던 중 다행히도 완벽한 후보자인 리나트 프리도르 Rinat Pridor를 찾았다. 프리도르는 이차하크 야아코브가 재임하던 시절부터 수석 과학관실에서 일했다. 당시 그녀는 민간 부문에서 야아코브와 협력해 이스라엘 기업을 위한 투자자를 모집하던 중이었다.

프리도르는 미국에서 한 해를 보내고 1990년 후반에 이스라엘로 돌아왔다. 그녀는 기술 인큐베이터의 운영 규칙을 정하기 위해 수석 과학관이 지휘하는 운영 위원회를 구성했다. 학계와 산업계뿐만 아니라 예산국 대표단이 참여하는 운영 위원회에도 참여했다. 기술 인큐베이터를 설립하려는 사업가가 국가로부터 재정 지원을 확보할 수 있는 한계 조건은 간단했다. 3~5명(실제로는 다섯 명으로 구성할 준비를 했다)의 연구원으로 구성된 열 개가량의 소규모 개발팀을 담을 수 있는 웹 사이트, 행정을 처리하고 프로젝트를 진행할 작은 사무실, 임의의 경영진을 임명하는 것 등이 조건이었다.

경영진은 팀의 일원인 사업 전문 멘토와 수석 과학관실 운영 위원회의 승인을 받아 인큐베이터 이사회가 인정할 만한 프로젝트를 선택했다. 인큐베이터를 설립한 조직은 국가의 목표를 위해 활동한다는 사실을 이해하고 단기 수익을 기대하지 않았다. 한계 조건을 충족시킨 인큐베이터는 국가로부터 매년 20만 달러를 받았는데, 이 자금으로 주로 행정 업무인 관리 비용을 충당했다. 정부는 20년이 지난 후에 인큐베이터의 민영화 과정을 시작해, 인큐베이터를 관리할 프랜차이즈를 구하는 공개 입찰을 발표했다. 공개 입찰에 참여한 전문 집단은 8년 동안 자기 자금으로 인큐베이터를 관리할 의무가 있었다.

이들은 인큐베이터 활동을 진행하면서 매년 최대 15만 달러에 이르는 총예산에서 연구원의 급료가 포함된 개발 비용의 85퍼센트에 해당하는 보조금을 각 프로젝트에 할당했다. 보조금 기간은 2년으로 정해졌다. 나머지 15퍼센트는 인큐베이터 회사가 직접 모금해야 했지만, 사실상 인큐베이터 행정부에서 모금을 지원했다. 우리는 나아가 개인이든 팀이든 상관없이 모든 기업가에게 연구 초기 프로젝트 주식 가운데 최소한 50퍼센트를 보장하고, 나머지 직원이 추가로 10퍼센트를 보장할 것을 요구했다. 적어도 15퍼센트는 추가 투자가에게 할당되며 나머지 25퍼센트는 인큐베이터 소유로 계속 남을 터였다. 이 수치는 임의로 정해지겠지만 프로젝트의 다양한 참여자들이 협상할 여지가 충분히 있을 것이다.

그 결과 강렬한 반응이 일어났다. 몇 달이 채 지나지 않아 인큐베이터 열 개가 이미 활동을 시작했고, 이 과정을 시작한 지 2년 만에 전국적으로 스물네 개의 기술 인큐베이터를 만들 수 있었다. 각 인큐베이터에서는 CEO와 이사회의 지휘하에 조직 인프라를 구성했다. 우리는 기술 인큐베이터 연구원에게 2년 동안 안정되게 일을 보장하는 프로젝트를 제공했다. 이 기간에 연구원은 투자자를 모집하고 자사를 관리할 기술과 도구를 습득할 터였다.

니심 장관에게 제출된 프로그램은 그 범위 면에서 이례적이었다. 기업 프로젝트 자금의 85퍼센트를 지원하는 것은 흔치 않은 조치였다. 나는 이 프로젝트가 시험 운영되는 2~3년 동안 그렇게 높은 수준의 지원이 가능하다는 점에 주목했다. 이 기간이 끝나면 모든 기술 인큐베이터의 성과를 검토해 얼마나 많은 프로젝트가 상업적으로 결실을 맺는 단계에 이르렀는지 평가하자는 제안을 내놓았다. 그러면 프로그램 전반에 대한 정부의 지원 정도와, 특히 개발 비용 가운데 85퍼센트를 지원하는 것이 합당한지 평가할 수 있을 터였다.

사실 이 제안은 실행되지 않았다. 2년이 흘러 검토를 시행할 무렵에 나는 더 이상 수석 과학관이 아니었다. 후임자들의 입장에서는 인큐베이터 성패의 척도가 아직 마련되지 않았으니 지원 수준을 바꿀 이유가 없었다. 설령 바꿀 이유가 있었다 하더라도, 인큐베이터가 실시된 지역이 얻은 혜택 등 정치적인 고려 사항을 극복할 수 없었을 것이다. 어찌 되었든 간에 정부 지원은 변하지 않았다.

기술 인큐베이터가 미친 영향은 실로 대단했다. 우선 소련에서 이주한 수많은 과학자와 엔지니어를 수용하는 성과를 거두었다. 이들은 대규모 정부 연구소에서 은퇴할 때까지 일하다가 새로운 길로 향했다. 그뿐만 아니라 기술 인큐베이터를 통해 이스라엘의 선임 학자들 사이에 새로운 문화가 조성되었다. 그들은 대학에 남아 연구 개발 프로젝트를 추진하며 사업에 첫발을 내딛을 수 있었다. 이따금 자본주의 사업 환경에 맞춰 아이디어를 어떻게 수정해야 하는지 설명하려는 사업 멘토와 자신의 독특한 아이디어가 옳다고 고집하는 과학자 사이에 신랄한 논쟁이 벌어지곤 했다. 정부를 적이나 이용해야 할 기관으로만 보던 소련 이주민에게는 아이디어를 수정하는 문제가 간단하지만은 않았다.

리나트 프리도르는 이주민 과학자가 기술 인큐베이터 사무실의 전구와 커피, 설탕을 집에 들고 가는 이상한 상황을 목격하기도 했다. 소련에서는 직장의 물건을 슬쩍하는 것이 유일한 생존 방법이었기 때문일 것이다. 그러나 이주민 과학자들은 몇 달 지나지 않아 서구식 업무 환경에 적응하기 시작했다.

25년의 경험에서 얻은 안목으로 보면, 기술 인큐베이터로 거둔 성과는 비단 기업의 수나 매출 및 투자가 유치 현황을 나타내는 수치에 그치지 않는다. 기술 인큐베이터는 우선 수천 명의 이주민 과학자와 엔지니어를 흡수한다는 목표를 세우고 이를 성취했다(처음 5년 동안 기술 인큐베이터는 2만 명을 통합했다). 나아가 이스라엘의 하이테크 부문과 지역 기업 문화를 확립하는 과정에 중요한 공헌을 했다.

나는 기술 인큐베이터와 기술 인큐베이터 프로그램(TI Program)을 설립한 첫해에 여러 프로젝트를 승인했다. 기술 인큐베이터를 설립한 첫해에 여러 프로젝트를 승인했다. 하지만 이 프로젝트들은 대개 지역 산업이나 세계 시장에 어울리는 흥미진진한 연구 분야가 아니었기 때문에 우리가 만족스러운 성과를 거두었다고 자부할 만한 근거가 그리 많지 않을지 모른다. 이주민 과학자 중에는 금속공학과 산업화학 관련 기술을 보유한 사람이 많았는데, 이들이 현대 서구 방식을 활용한 연구에 적응하고 소프트웨어 같은 다른 첨단 기술로 초점을 바꾸면서 기술 산업화를 진행하기까지 시간이 필요했다. 하지만 기술 인큐베이터에 이스라엘 본토 연구원을 합류시키면서 서로 협력해 성장해 나갔다. 소련 이주민을 통해 개발 과정의 속도가 빨라졌으며, 이제 학계의 아이디어를 경제 분야에서 적용하는 일이 일상적인 현상으로 자리 잡았다. 이 과정에서 기술 인큐베이터를 중심지에 집중시키지 않고 전국적으로 산재시키면서 주변 지역에 여러 하이테크 기업을 설립할 수 있었다.

기술 인큐베이터 덕분에 지금껏 연구 개발 과정에만 관심을 두었던 수많은 연구원 사이에 정신 혁명이 일어났다. 연구원들은 시장의 니즈를 고려하고, 예산을 설계하고, 사업 계획을 수립하고, 마케팅 계획서를 작성하고, 효과적으로 목표를 성취하는 법을 배웠다. 자본주의에 적응하는 일은 쉽지 않았다. 특히 기술 인큐베이터를 떠날 시간이 가까워지면서 새로운 현실에 직면했다. 그러나 그들이 선택할 수 있는 현실은 그것뿐임을 조금씩 깨달았다.

기술 인큐베이터가 설립된 이후 1,600개가 넘는 기업이 탄생했고 정부는 약 10억 달러를 투자했다. 기술 인큐베이터에서 탄생해 좀 더 발전한 기업에는 민간 투자가들이 약 50억 달러를 더 투자했다. 그러나 많은 기업이 살아남지 못했다.

사실 수년 동안 기업가는 제2의 선택으로 인큐베이터를 찾았다. 벤처 캐피털 펀드, 혹은 다른 자금원을 찾다가 실패한 다음에야 비로소 눈을 돌린 것이다. 인큐베이터 프로젝트는 시장 법칙에 따라 자연스럽게 벤처 캐피털 펀드에서 투자한 연구만큼 인기가 많지 않은 분야의 연구에 초점을 맞추었다. 인큐베이터에서 개발한 프로젝트 가운데 3분의 1가량이 의학이나 생물공학, 혹은 클린테크(cleantech, 근본적인 오염 발생을 줄이는 환경 기술—옮긴이) 분야였다. 소프트웨어, 텔레커뮤니케이션, 미디어와 관련된 프로젝트는 나머지 3분의 1뿐이었다. 벤처 캐피털 펀드에서 지배적으로 나타나는 비율과 정반대였다.

이처럼 연구 분야가 다른 이유는 새로운 프로젝트가 성숙하기까지 걸리는 기간이 서로 다르기 때문이다. 개발 기간이 더 길거나, 아니면 특정한 면에서 일반적인 경로를 벗어난 프로젝트가 기술 인큐베이터를 찾는 경향이 있었다.

그래도 기술 인큐베이터에서 탄생한 몇몇 기업은 세계적으로 성공을 거두었다. 예를 들면, 1998년 나이오트 인큐베이터Naiot Incubator에서 설립한 엔지모텍 컴퍼니Enzymotec Company가 있다. 엔지모텍은 식품 원료, 보조 식품, 의료 식품을 토대로 특수 지질을 개발하고 제조하는 전문 회사이다. 2013년 후반 미국에서 엔지모텍 주식이 발행되어 최고 거래액이 6억 달러에 이르렀다. 직원 규모가 600명인 UAV 제조회사 에어로노틱스Aeronautics는 아리엘 인큐베이터에서 탄생했다. 항파킨슨 병 약물을 개발하는 뉴로덤Neuroderm은 오파킴 인큐베이터Ofakim Incubator 출신으로 나스닥NASDAC에 성공적으로 주식을 발행했으며 평가액은 3억 6,000만 달러였다. 이 밖에도 몇몇 성공 사례가 있다.

인큐베이터 계획을 처음으로 승인한 1차 정부 토론에서 참가자들은 농업부 장관 라풀의 항의를 진지하게 받아들이지는 않았다. 그러나 기술과 농업 인큐베이터 사이에 존재하는 유사점을 확실히 이해했다(사실 인큐베이터는 농업 유기체 생존의 첫 단계에 매우 중요한 요소지만 이것만으로는 충분치 않다). 묘목을 들판으로 옮기는 날에는 묘목이 바람과 햇빛에 노출될 땅을 준비해야 한다. 이와 마찬가지로 기술 인큐베이터는 이주민 과학자의 아이디어와 이주민 과학자 자신, 그리고 기업가로 거듭날 잠재력을 보이는 사람들을 발아시키는 보호 환경과 같다. 지금도 위험률이 매우 높은 개발 초기에는 인큐베이터라는 개념이 여전히 중요하다. 대부분의 경우 개발을 추진하는 과정에 위험을 무릅쓰고 뛰어드는 것은 정부뿐이다.

그 무렵 이미 명백해졌듯이 기술 인큐베이터가 거둔 성공에 안주하지 않고 신생 스타트업 기업을 설립하는 다음 단계로 넘어가야 할 때가 왔다. 그러기 위해서는 지금껏 정부가 맡았던 큰 짐을 재정과 사업 분야의 노련한 투자가가 떠맡아야 했다.

나는 1991년부터 줄곧 기술 인큐베이터를 통한 글로벌 기술 사업화 분야에 내 에너지를 바쳤다. 그동안 잠자고 있던 기술이 기술 사업화를 통해 생명력을 얻어 창업으로 연계되었다. 그렇게 이스라엘은 기술 창업으로 일자리를 창출할 수 있었다.

제7장
시장 실패? 요즈마!

1990년대 초반, 수석 과학관의 입장에서 보니 연구 개발에는 명석한 두뇌와 정부 개입 이상의 무언가가 필요했다. 국제 시장과 튼튼하게 연결된 금융, 그리고 사업 인프라였다. 그런 인프라는 저절로 생기지 않는다.

이스라엘이 '창업국가'로 널리 알려진 오늘날에는 다음과 같은 성공 가능 요소를 당연하게 여긴다. 사람들은 기업가정신 혁신의 문화, 이스라엘에 뿌리를 두고 전 세계로 가지를 펼치는 기업으로 발전할 수 있는 새로운 프로젝트를 위해 투자가를 모집하겠다는 결단력, 수백 개의 기업과 투자 펀드가 입주하고 있는 헤르셀리아Herzeliah와 텔아비브의 번쩍이는 사무실 건물, 예루살렘이나 레호보트Rehovot 혹은 하이파 교외에 있는 하르 호츠빔Har Hotzvim의 연구 센터, 수억 달러를 받고 국제 기업에 매각된 이스라엘 기업의 성공적인 수출에 대한 언론의 머리기사 등을 말이다.

하지만 1990년대 초반에 이스라엘의 기술 부문은 걸음마 단계에 머물러 있었다. 성장을 바라는 것은 요원한 비전에 지나지 않았다. 인터넷과 휴대폰이 현대 사회와 세계 경제의 모습을 바꿀 전자 통신 혁명으로 코앞에 다가왔지만 이스라엘이 그 선두에 설 것인지는 확신할 수 없었다. 이스라엘에는 매우 유능한 엔지니어와 연구원이 수만 명에 이르고 인텔, 디지털Digital, IBM 같은 다국적 기업의 본사를 비롯해 몇몇 우수한 연구 센터도 있었다. 심지어 세계적으로 훌륭한 성과를 거두는 국내 민영 기업도 몇 군데 있었다.

그러나 첨단 연구 개발의 알짜배기는 여전히 방위 산업에 집중되어 있었다. 국제적인 주체와의 협력은 드물었고, 이스라엘에 투자하려는 이들은 수익성이 있는 투자보다는 자선사업의 의미로 투자를 하는 유대인들이었다. 미국에 있는 유대인들은 이스라엘에서 적은 돈을 벌려면 큰돈을 투자해야 한다는 농담을 흔하게 주고받았다. 이스라엘이 잠재적 투자가를 확보하기 위해서는 미국의 유대인들을 설득하기 위해 끊임없이 노력하는 한편, 앞서 설명했던 1983년의 유한 파트너십 사례처럼 미국 조세법의 허점을 이용해야 했다. 이스라엘 연구 개발 분야에 사업적인 측면의 잠재력이 있는 것은 분명했다. 하지만 자원 부재, 관료주의적인 장애물, 관리 및 마케팅의 지식과 전문 기술 부재 등의 여러 요인이 잠재력의 발현을 방해했다.

지구 반대편의 실리콘밸리Silicon Valley는 이스라엘 변화의 모델이었다. 수년 동안 샌프란시스코San Francisco 남부 실리콘밸리는 기술 기업의 개발 활동을 위한 세계 중심지 역할을 담당했다. 그래서

1980년대에도 많은 이스라엘인들이 실리콘밸리에서 일하고 있었다.

그러나 실리콘밸리 기업들에게 이스라엘은 그저 테라 인코그니타(terra incognita, 미지의 땅—옮긴이)에 지나지 않았다. 캘리포니아 북부와 이스라엘은 물리적으로 거리가 먼 것은 물론이고 좁히기 어려울 만큼 인식의 차이가 컸다. 그런데 당시 이스라엘 연구 센터의 핵심 집단은 대인 관계를 활용해서 미국의 여러 대학과 국방부가 개발한 비트네트 bit-net(Because It's Time Network, 미국 대학 간에서 널리 쓰이는 광역 네트워크의 하나—옮긴이)를 이용할 수 있었다. 몇 주씩 기다려야 네트워크에 접속할 수 있을 때도 있었다. 네트워크가 개인 간의 커뮤니케이션이 아니라 데이터 파일을 전송하는 용도로만 쓰였던 그 시절, 사업 도구로 네트워크를 이용하는 사람은 없었다.

1980년대 후반 수석 과학관실은 다방면으로 노력한 끝에 대학 네트워크를 관리하는 한 회사로부터 아직 수익을 올리지 못한 소기업에 한해서 네트워크를 사용해도 좋다는 승인을 받아 내는 데 성공했다. 이 소기업들은 훗날 월드 와이드 웹World Wide Web으로 알려지는 비트네트 네트워크를 최초로 이용한 이들 중 하나가 되었다.

이스라엘의 전자와 컴퓨터 분야는 활발하게 움직였고 활기가 넘쳤다. 하지만 미국의 첨단 개발과는 거의 격리된 상태였다. 이스라엘은 기껏해야 세계 기술의 작고 외딴 변방에 지나지 않았다. 세계는 이스라엘에서 무슨 일이 일어나고 있는지 몰랐으며, 이스라엘의 기업가는 프로젝트의 투자자를 찾기 위해 해외로 나가야 했다. 하지만 소련에서 수천 명의 과학자가 이주하면서 이스라엘은 기회를 얻게 되었다. 이는 미국으로 두뇌 유출이 일어날 수도 있는 심각한 위험성이 도사리고 있었다는 의미이기도 하다.

　수석 과학관실에서는 연구 개발 보조금을 받은 기업, 특히 개발 프로젝트가 하나뿐인 소기업을 대상으로 후속 조사를 했다. 그 결과 대부분 기업이 상업적인 단계로 전환하지 못한 것으로 드러났다. 수석 과학관실의 심사관과 회의를 마무리할 때면 나는 심각한 좌절감을 느꼈다. 우리가 지원한 기업의 포트폴리오를 아무리 되풀이해서 검토해도 성공 스토리로 발전한 사례를 찾기 어려웠기 때문이다.
　게다가 우리가 제공한 예산은 턱없이 부족했던 것으로 나타났다. 기업가의 아이디어가 성공적이었거나 개발 단계와 출시, 완제품 단계까지 와 있던 사례도 마찬가지였다. 기업가가 다음 단계로 나아가기 위해 마케팅과 제조에 착수하려면 다시 투자자를 찾아야 했다. 이는 1990년대의 이스라엘에서는 어려운 일이었다. 기업가는 어디에 의지해야 할지, 마케팅을 어떻게 진행해야 할지 전혀 몰랐으며 마케팅 투어에 나설 자금이나 시간도 없었다. 개발자가 용케 세계의 잠재적인 투자자와 접촉했다 해도 작고 먼 나라에 투자하라고 설득하기란 여간 어렵지 않았다.
　정부와 산업계에는 나와 똑같은 좌절감을 느끼는 사람이 많았다. 재정부에서는 보조금 예산이 증가한 반면에 돈이 낭비되는 사례가 많다고 주장했다. 수년 동안 우리는 비교적 안정적인 대기업에 연구 보조금을 지원한다는 비난을 받았는데, 이제 와서 소기업은 관리와 금용 지식이 부족해서 실패할 운명이니 지원을 줄여야 한다는 정반대의 비난에 직면한 것이다.

수석 과학관은 최대한의 수익을 거두기보다는 연구 개발을 추진하고 지원하는 임무를 맡고 있었다. 나는 우리가 지원한 기술 기업이 빨리 문을 닫더라도 바로 그 점 때문에 경제에 유리하게 작용한다고 주장했다. 문을 닫은 기업의 연구 개발 과정에서 지식과 경험을 얻은 직원이 다른 기업의 프로젝트에서 이 지식과 경험을 활용할 수 있기 때문이었다(스필오버 효과).

비록 회사는 망했을지언정 수석 과학관실의 지원을 받아서 이스라엘 하이테크 부문의 부상에 이바지한 소기업은 매우 많다. 일례로 퀘비텔Quebitel이 있다. 1987년 엔지니어와 기업가로 구성된 소집단이 설립한 회사다. 이들은 정확한 3차원 맞춤 설계 모형을 제조할 첨단 공정을 개발하는 일에 전념했다. 매년 우리가 처리하는 보조금 신청서는 1,000건이 넘었기 때문에 우리는 모든 회사를 방문할 수는 없었다. 하지만 이 회사에 흥미가 생긴 우리는 몇 년 동안 퀘비텔 본사를 여러 차례 방문했다. 퀘비텔 CEO는 솔선해서 우리에게 연락해 조언과 지도를 부탁했다. 퀘비텔은 새로운 분야에 진출해 잠재력이 매우 큰 제품을 개발한 회사였기에 우리는 보조금을 몇 차례 승인했다.

시간이 지나면서 퀘비텔은 케터 플라스틱 컴퍼니Keter Plastics Company를 비롯한 몇몇 보험 회사 등 중요한 투자자를 확보하기 시작했다. 하지만 제조 기계가 여전히 육중한 데다가 오염물질의 배출도가 높아서 세계적으로 성공하지는 못했다. 결국 퀘비텔은 2003년에 문을 닫았다. 비록 살아남지는 못했지만 퀘비텔은 '3D 프린팅'이라는 기술로 세계에 진출한 최초의 기업으로 손꼽힌다.

그 시절에 수석 과학관의 지원을 받은 다른 여러 기업처럼 퀘비텔은 성공을 거두지 못했다. 그러나 이 회사가 개발한 기술 자산은 계속해서 이스라엘의 하이테크 부문을 풍요롭게 만들었으며 이 회사가 축적한 지식은 오랫동안 사라지지 않았다.

시텍스 컴퍼니와 (이 시기에 이스라엘에 우후죽순으로 생긴) 여러 벤처 캐피털 펀드를 포함해 투자가는 부족하지 않았다. 하지만 1998년 퀘비텔과 비슷한 목적으로 설립된 오브제트 컴퍼니 The Objet Company도 초기에는 고전을 면치 못했다. 오브제트는 투자받은 자금으로 퀘비텔의 특허들을 매입했다. 2012년 4월에는 경쟁사인 아메리칸 스트라타시스 컴퍼니 American Stratasys Company와 합병했는데, 합병으로 탄생한 이 신생 회사는 '아메리칸'이라는 이름을 그대로 썼다. 하지만 연구 개발 센터는 이스라엘에서 계속 운영하며 이스라엘 사람들을 신입 사원으로 채용했다. 합병 당시 평가액이 14억 달러에 달했던 이스라엘-아메리칸 스트라타시스는 3D 프린팅 분야에서 세계 2위의 기업이 되었다.

시장이 무르익기 전에 설립된 여러 첨단 기술 제조 기업과 마찬가지로 퀘비텔도 시대를 앞서갔다는 사실에는 의심의 여지가 없다. 퀘비텔보다 11년 늦게 설립된 오브제트는 기술이 성숙한 단계에 이르고 시장이 신기술을 수용할 만큼 무르익을 때까지 고군분투했다. 그리고 마침내 성공을 거두었다.

퀘비텔과 오브제트의 사례를 보면 정부 정책의 근본 원리를 알 수 있다. 투자 수익을 거둘지 장담할 수 없는 사례일지라도 기술 개발 지원에 역점을 두는 것이 이스라엘 정부의 방침이었다. 하지만 수석 과학관실의 자금은 퀘비텔과 오브제트를 구제할 만큼 충분치 않았다. 따라서 제품 개발 비용뿐만 아니라 마케팅과 행정 비용을 충당하려면 다른 민간 자금원을 확보해야 했다. 하지만 수석 과학관실의 지원 때문에 유능한 사람들이 장기적인 잠재력이 없는 프로젝트에 시간을 낭비하고 있으니 지원하는 것이 오히려 해롭다는 주장이 해가 갈수록 거세지는 상황이었다.

대기업에만 초점을 맞춘 반대 전략이 옳다는 증거 또한 없었다. 그 무렵 이스라엘에서 활동한 유수한 기술 기업이 있었지만, 이들은 스스로 기업가정신을 길러 새로운 기업을 발전시키고 장려하지는 못했다. 당시 활약했던 기업으로는 방위 부문을 이끌었던 관영 기업 집단인 IAI와 레파엘REFAEL이 있었고, 민간 부문에서는 엘비트-엘로프, 정밀 금속 절단 도구를 제조하는 이스카Iscar, 의약품 제조회사 테바 등이 있었다. 이 외에도 1990년대 초반 이스라엘의 첨단 투자 회사와 가장 비슷한 엘론 홀딩 컴퍼니도 있었다.

1962년 우시아 갈릴이 설립한 엘론 홀딩 컴퍼니는 디스카운트 인베스트먼츠가 소유한 회사로, 리카나티Recanati 가문의 탄탄한 경제적 지원을 받았다. 엘론 홀딩 컴퍼니는 1970~1980년대에 엘비트, 시텍스, 엘신트, 피브로닉스Fibronix 등 성공적인 기술 기업을 탄생시키고 세계 시장에 선보일 제품을 개발하며 해외 투자자까지 유치했다. 창립자 우시아 갈릴과 디스카운트 인베스트먼츠의 CEO(1985년까지) 댄 톨코우스키는 선지자였다. 두 사람은 건국 초기에 IDF에서 과학 개발을 주도했고, 이후에는 이스라엘 하이테크 산업의 발전을 이끌었다.

이들은 하이테크 분야의 발전에 독보적인 공헌을 한 건국 초기의 핵심 인물이었다. 그러나 하이테크 분야에 절실히 필요했던 추진력을 제공하지는 않았다. 사업상 잠재력을 발견했던 몇몇 분야에 직접 투자하며 해외에서 마케팅을 배운 소규모의 고급 관리자 집단을 구성했다. 새로운 아이디어에 자금을 지원하는 일에는 좀처럼 모험을 하지 않았고 몇몇 성숙한 자회사의 활동에 초점을 맞추었다. 디스카운트 인베스트먼츠 그룹의 중앙집권적인 관리 문화는 아이디어를 개발하고 그에 따라 보상받는 젊은 기업가를 육성하는 추세와는 어울리지 않았다. 그렇지만 엘론 홀딩 그룹이 1960년대 중반부터 1980년대 후반까지 민간 기술 분야의 가장 중요한 주체였다는 사실은 부인할 수 없다.

여태껏 1980년대 이스라엘의 기술 분야를 다룬 심층적인 학계 논문은 없었다. 설령 있다 해도 연구자는 이 시기 기술 산업의 상황에 대해 '시장 실패'라고 정의했을 것이다. 시장 실패란 사회주의 국가와 자유 시장 가운데 어느 편을 선호하든 상관없이 정부가 반드시 개입해야 하는 상황을 뜻한다. "이스라엘 연구원은 개발에는 능하지만 관리와 마케팅에 관한 아이디어는 부족하다"는 불만스러운 평가가 되풀이되었다. 가슴 아프지만 정곡을 찌르는 말이었다.

수석 과학관실에서는 개발과 마케팅의 격차를 좁힐 목적으로 '개발에서 마케팅으로의 진전Transition from development to marketing' 계획을 수립했다. 개발 단계를 끝냈으나 이를 실행할 투자자가 필요한 기업의 활동에 자금을 제공하는 계획이었는데, 연구 개발 단계 동안 효과적으로 지원할 가능성을 높이는 것이 목표였다. 마케팅 단계의 비용은 규모가 확실치 않은 데다가 지원 사례를 추적해서 결과를 확인하기도 힘들어 행정적으로 승인하기가 어려웠다.

문제는 자금의 부재가 아니었다. 내가 수석 과학관으로 재임하는 동안 연구 보조금 예산은 열 배까지 증가했다. 그러나 법적으로 승인할 수 있는 예산은 결국 연구 개발 비용뿐이었다. 산업부에는 시장을 형성할 또 다른 강력한 경제적 무기가 있었는데, 수석 과학관의 보조금보다 훨씬 더 강력한 이것은 바로 자본 투자 장려법The Law for the Encouragement of Capital Investments이었다.

하지만 이 법은 하이테크 부문을 지원하기에는 적절치 않았다. 주변 지역에 대규모 공장 설립을 추진하고 수천 명의 일자리 창출을 장려하는 것이 목적이었기 때문이다. 이 법으로는 새로운 회사를 설립하려는 기업가를 도울 수 없었다. 나는 수석 과학관을 맡은 지 6년이 지난 1990년 초반 무렵 나를 포함해 어떤 이스라엘의 관련자도 혁명을 일으킬 수 있는 필수 도구를 갖추지 못했다는 사실을 깨달았다. 이스라엘이 소련 이주 물결의 흡수라는 도전에 직면했을 당시 우리는 기술 인큐베이터를 설립하는 데 성공했다. 하지만 인큐베이터는 정확하고 구체적으로 정의된 문제만 해결했을 뿐, 포괄적인 시장 실패에 대한 해결책은 제시하지 못했다. 이스라엘에는 장기적으로 성공할 수 있는 사업 구조를 찾지 못한 개발자와 기업이 수천에 이르고 있었다.

이스라엘의 기술 부문을 발전시키려면 이스라엘을 넘어 전 세계와 더욱 폭넓게 관계를 맺는 방법밖에 없었다. 이스라엘은 약소국인 데다가 투자 집단이 부족했으며 이스라엘의 주요 금융 기관(연금 기금과 준비 기금)은 '위험하다'고 판단되는 분야에 투자하기를 꺼렸다. 그뿐만 아니라 이스라엘의 기술 제품 시장은 이스라엘 기업이 수익을 거둘 수 있을 만큼 넓지 않았다.

이스라엘이 직면한 난관을 해결할 방법은 2개국 연구 개발 협력을 형성하는 것뿐이었다. 이 방법의 원칙은 단순했다. 두 정부에서 승인을 받은 두 기업이 공동 연구 개발 계약을 맺고 비용을 공동으로 부담한다. 2개국 파트너십은 두 가지의 주요 모형으로 나눌 수 있다. 첫 번째 모형은 양국이 공동 메커니즘을 수립해 서로 합의한 예산을 관리하고 관리자들이 우선 투자 대상을 정하는 것이다. 두 번째 모형은 공동 자금 제공 메커니즘이 없는 상태에서 양국이 각자 자국의 대표 기업을 지원하며 공동 프로젝트를 진행하는 것이다. 현재 이런 종류의 펀드가 40개 이상 운용 중이다. 첫 번째 모형이 성공 확률은 더 높지만 처리해야 할 장애물도 더 많다. 각국이 예산을 더 많이 확보하고 비용 수준에 합의해야 하기 때문이다. 첫 번째 모형의 최고 사례로 미국과 버드-FBIRD-F의 협력으로 조성된 펀드를 꼽을 수 있다. 이 외에도 두 번째 모형을 이용한 네 개의 펀드가 현재 운용 중이다. 규모는 첫 번째 모형에 비해 훨씬 작다.

이스라엘과 미국의 기술 협력은 1970년대 초반부터 있었다. 이 무렵에 컴퓨터 분야의 두 선두 제조업체인 인텔과 IBM이 하이파에서 연구 센터를 운영하기 시작했다. 이로 인해 이스라엘과 미국 기업 사이에 공동 연구 개발 프로젝트를 진행할 토대가 마련되었다. 1974년 7월에 미국 재정부 장관 윌리엄 사이먼William Simon이 이스라엘을 방문하고 이차하크 라빈Yitzhak Rabin과 리처드 닉슨Richard Nixon 사이에 일련의 협정이 성사되었다. 이어서 1977년에는 버드 펀드 BIRD, Binational Industrial Research and Development Fund(2개국 산업 연구 개발 펀드)가 조성되었다. 펀드를 조성한 초기의 동기는 다분히 정치적이었다. 욤 키푸르 전쟁이 끝난 후에 미국 행정부가 이스라엘을 돕고 싶어 했기 때문이었다. 시간이 어느 정도 지나서야 비로소 사람들은 이 펀드가 양국 경제에 이로울 수 있음을 확실히 이해했다.

이 펀드는 35년에 걸쳐 미국 대기업과 이스라엘 소기업이 참여한 수백 건의 공동 프로젝트에 자금을 제공했다. 펀드가 승인한 제품의 연구 개발 과정을 돕기 위해 수억 달러가 이스라엘로 흘러 들어왔다. 버드 펀드의 계산에 따르면 지원받은 기업의 매출은 2012년 말까지 80억 달러에 이르렀다.

버드의 초대 관리자는 활동적이고 유능한 에드 말베스키Ed Malveski였다. 영국에서 태어난 유대인이자 독실한 시온주의자인 말베스키는 이스트코스트East Coast의 실리콘밸리라 할 수 있는 보스턴 128번 도로Route 128의 한 기술 기업에서 수십 년간 근무했다. 이 기간에 이스라엘과 미국에서 탄탄한 인맥 네트워크를 형성한 그는 양국의 기업들을 연결하면서 새로운 아이디어와 사업을 지원했다.

수석 과학관과 버드 펀드는 연구 개발 계획의 주요 자금원으로 수년 동안 돈독한 관계를 유지했다. 해외에서 펀드를 운용하는 방식에 정통한 이스라엘 관리자가 드물었던 시대에 말베스키의 인맥은 여러 이스라엘 기업이 미국으로 진출하는 데 돌파구를 제공했다. 일례로 1970년대 후반에 그간 아날로그 전화를 제조하던 텔레라드 컴퍼니의 젊은 개발자들이 디지털 스위치보드 제품을 구동시킬 수 있는 아날로그 전화용 전자 칩을 개발했다. 이 텔레라드를 펜타콤PentaCom에 연결한 사람이 바로 말베스키였다. 미국 기업인 펜타콤은 미국에서 새로운 스위치보드의 이용 가능성을 검토한 다음 (이스라엘은 그때껏 디지털 전화 네트워크가 없었다) 전 세계에 마케팅을 실시했다. 하지만 버드는 연구 개발을 지원하는 정부 간 펀드였기 때문에 초기 개발 단계에는 막대한 자금을 지원할 수 있었지만, 개발 단계를 넘어선 이스라엘 소기업에게는 일정 수준의 지원만 제공했다. 말베스키와 나는 투자가와 노련한 관리자의 부족으로 프로젝트가 더는 진전되지 않을 때 많은 자금을 지원하지 못해 큰 좌절감을 느꼈다. 하지만 이런 한계 속에서도 버드는 성공을 거두었다. 하이테크 분야에서 이스라엘과 미국이 맺는 사업 관계의 잠재력이 매우 크다는 의미였다.

리쿠드 당이 집권한 이후인 1970년대 후반부터 이스라엘의 경제 정책에는 정부 관여가 감소하고 점진적인 민영화가 진행되었다는 특징이 있다. 그러나 민간 부분이 하이테크 기업의 성패를 좌우한다는 주장과 함께 신생 스타트업 기업이 관리와 마케팅에 실패하면 정부가 나서서 돌파구를 마련해야 한다는 상반되는 주장이 대두되었다. 아마도 이것은 두 경제 철학 사이의 충돌이었을 것이다. 자유 시장을 강조하면서 정부가 경제를 직접 관리하지 말아야 한다고 믿는, 즉 민영화를 지지하고 새로운 관영 기업의 설립을 반대하는 자본주의와 정부가 경제에 적극적으로 관여하는 것을 선호하는 사회주의의 충돌이었을 것이다. 흔히 자본주의와 사회주의를 각각 우익 정부와 좌익 정부에 연결시킨다. 하지만 내가 관영 기업 '요즈마'를 설립하는 동안 깨달은 것은, 이스라엘에서는 두 이념이 선명하게 구분되지 않는다는 점이었다.

당시 이스라엘에 만연했던 시장 실패는 스태그네이션으로 발현되었다. 민간 부문은 스타트업 기업에 투자하기를 두려워했다. 투자에서 높은 이익을 거둘 가능성이 있는 반면, 보유 자금이 부족해 위험이 컸기 때문이었다. 그래서 (사회주의 성향이든 자본주의 성향이든 상관없이) 정부가 개입해야 했다. 시장 실패 상황에서는 이상하게 보일 수 있지만, 산업을 기반으로 기술을 혁신하기 위해 손해의 위험을 감수하고 투자할 수 있는 주체는 정부뿐이다.

시장 실패 상황에서는 자금을 비롯해 전문적인 관리 및 마케팅 지원과 멘토링을 제공할 수 있는 포괄적인 해결책, 다시 말해 게임의 규칙을 완전히 바꿀 수 있는 해결책이 필요했다.

이스라엘 기술 부문이 세계 무대의 주체로 우뚝 서는 혁명을 일으키려면 정부가 과감하게 개입해야 하며, 이것을 지휘하는 것은 수석 과학관의 몫이었다. 우리는 수석 과학관실 직원은 물론이고 다른 사람들에게도 몇 가지 행동 원칙을 강조했다. **첫째, 민영 사업 부문의 전적인 협력이 절대적으로 필요했다. 둘째, 민영 부문과 관영 부문의 역량과 역할을 정의해야 했다.** 이를 테면 정부는 목표를 설정하지만 투자 과정이나 기업 경영, 혹은 펀드 모금에는 간섭하지 않는다. 대신 민영 부문이 정부의 목표에 어긋나지 않는 방향으로 이 과정에 참여한다. **셋째 이 해결책은 임시 조처이므로,** 목표 달성의 성패 여부와 상관없이 정부가 무한정 시장에 관여할 수 없다는 사실을 강조해야 한다. 하지만 이것은 정부와 사업 부문의 공동 계획이므로 정부가 개입을 끝낼 출구 조건을 처음부터 알리고 합의할 것이다.

제8장
국가 목표 : 이스라엘의 기술 혁신에 자금을 지원하기 위한 시장(벤처 캐피털) 조성하기

20세기 중반 미국에서 벤처 캐피털 분야가 발달하기 시작한 배후에는 주로 영화와 석유 산업이라는 고위험 투자에서 재산을 모은 투자자들이 있었다. 이런 투자에는 커다란 금융 손실의 위험과 함께 막대한 수익 잠재력이 내포되어 있었다. 영화와 석유 산업에서 성공의 열쇠는 블록버스터로 발전할 가능성이 있는 대본이나 대형 유전을 뚫을 시추 지역을 확인하는 것이다. 그다음 위험을 무릅쓰고 자금을 투자한다. 대부분의 경우 기관 투자자와 부유한 가문, 그리고 대규모 헤지펀드 관리자는 이런 모험을 하기보다는 안정된 기업과 부동산, 정부 채권에 투자하는 편을 택한다.

이 시점에 벤처 캐피털이 무대에 등장한다. 벤처 캐피털의 설립 목적은 경제적 공백을 메우고 고위험 분야의 사업 성공률을 높이는 것이었다. 벤처 캐피털은 그 대가로 저위험 분야의 투자에 비해 높은 수익률을 보장받았다. 벤처 캐피털은 손실 가능성을 줄이고 성공 가능성을 높이기 위해 투자자 집단으로부터 자금을 모아 여러 회사에 투자했다. 이 같은 분산 투자 방식을 통해 투자와 투자자들의 위험을 줄였다. 하지만 실제 투자 사례는 많지 않았다. 실제 투자한 경우도 대개 기업이 단일 제품이나 서비스의 마케팅 단계를 진행하는 초기에 집중되었다. 이런 경우 펀드의 전문 관리자는 투자한 기업의 파트너로 주식을 보유하고 관리와 사업 개발 계획을 수립하는 과정에 적극적으로 참여했다.

특히 실리콘밸리와 보스턴을 비롯한 미국의 여러 하이테크 요지에서는 기술 기업이 발전함에 따라 자금을 제공한 금융 분야 또한 나란히 발전했다.

벤처 캐피털 펀드의 관리자는 스타트업과 긴밀한 관계를 맺는 것은 물론 투자한 기업과도 물리적으로 가까운 곳에서 펀드를 운용하며 지휘했다. 펀드 관리자들이 직접 밝혔듯이, 이들은 대개 자전거로 움직일 수 있는 거리에 있는 기업에만 투자했다. 물론 적절한 투자 대상을 찾기 위해 전국 어디든 기꺼이 날아가는 투자자도 있지만 예외적인 경우였다. 위험한 프로젝트에 돈을 댄 투자자들은 투자 대상을 가까이에서 감독하는 펀드를 선호했다. 벤처 캐피털 분야의 발전은 다른 나라에는 정착되지 않았던 미국 특유의 현상이었다. 대부분의 투자자들에게 이스라엘은 테라 인코그니타(미지의 땅)였다.

1980년대 후반 이스라엘에는 벤처 캐피털 펀드가 필요하다는 인식이 증가했다. 미국의 발전 사례를 아는 사람들, 이스라엘 연구 개발 분야의 큰 잠재력을 인정하는 사람들, 그리고 기술 분야의 발전을 가로막는 장애물을 정확하게 인식하는 사람들은 벤처 캐피털이 이스라엘 기술 부문의 장애물을 극복할 수 있는 금융 도구라고 판단했다. **벤처 캐피털이라는 개념은 기술 부문이 직면한 실패 지점(초기 단계의 소기업을 위한 자금 지원의 부재, 관리와 경영에 대한 지식과 경험 부족에서 비롯되는 어려움, 세계 시장에 대한 제한된 접근성)을 정확히 겨냥했다.**

이런 견해가 재정부 직원과 기업가, 학계 인사가 참석한 회의에 되풀이해서 등장하자 이에 대한 초기 조사가 시작되었다.

나는 수석 과학관으로서 이스라엘 하이테크 기업의 전반적인 그림을 파악하고 있었다. 이스라엘 벤처 캐피털 분야를 확립하는 과정에 이 그림은 상당히 중요했다. 현장 상황에 익숙했던 우리는 소기업의 연구 개발 프로젝트에 할당하는 보조금을 통해 상업적인 성공은 아니어도 기술적인 성공은 거둘 수 있음을 깨달았다.

이 깨달음으로 변화가 필요하다는 사실을 인식하게 되었다.

1985년에 퇴역 준장 댄 톨코우스키가 주도했던 아테나 캐피털 벤처 펀드Athena Capital Venture Fund는 이 장벽을 돌파하기 위한 첫 시도였다. 아테나 캐피털 벤처 펀드는 미국에서 가장 성공한 펀드 관리자로 손꼽히는 프레드 아들러Fred Adler와 공동으로 조성한 것이었다. 아들러는 본인이 이스라엘 하이테크 산업에 생명을 불어넣을 수 있다고 주장했다.

아들러는 매우 노련했고 또한 매우 오만했다. 그는 톨코우스키의 친구였는데 이스라엘 '본토인'에게 이 관계를 거들먹거리며 자랑했다. 그는 이스라엘에서 정부가 후원하는 벤처 캐피털 펀드를 조성하는 문제를 언급하며 한 가지 요구를 덧붙였다. 미국과 이스라엘 기업에 자유롭게 투자할 수 있는 펀드여야 한다는 것이었다. 우리로서는 받아들이기 어려운 요구였다.

게다가 아들러가 바로 얼마 전 조성한 아테나 펀드는 기술 기업에만 독점적으로 투자한다는 방침을 거부하고 일본에서 분재를 수입하는 일처럼 위험률이 적은 경로에 대한 투자를 모색했다. 아테나 펀드가 추가 자금을 확보하고 이스라엘 벤처 캐피털 부문의 발전에 중추적인 역할을 한 것은 사실이지만, 당시에는 아테나의 주된 운용 방식이 이스라엘의 게임체인저(game changer, 기존 시장에 엄청난 변화를 야기할 정도로 혁신적인 아이디어를 가진 사람이나 기업을 가리키는 용어—옮긴이)가 될 것인지 확실치 않았다. 그리고 1990년대에 이르러 이런 방식은 이스라엘에 적합하지 않은 것으로 판명되었다.

이 시기의 첫 번째 핵심 인물로 이스라엘 최대 규모 은행인 하포알림 은행Bank Hapoalim의 총재 야이르 세루시Yair Seroussi가 있다. 나와 세루시는 각자 재정부와 산업부의 공무원이었던 시절에 서로 친분을 쌓았다. 겸손한 세루시는 주목받으려고 애쓰지 않았지만 뛰어난 전문성을 갖춘 인물이었다. 세루시가 제시하는 의견은 그의 다정한 성격과는 상반되게 단호하고 근거가 확실했다. 그는 뉴욕 회계 담당관의 대리인으로 지명되었다.

야이르는 또한 러시아 이주가 진행될 무렵 이스라엘에 약속되었던 담보를 확보하고자 미국 행정부와 협력했다. 월스트리트Wall Street

에서 활동할 방법을 배우던 이스라엘의 첫 번째 임무는 담보로 얻어낼 수 있는 최고의 융자 조건을 찾는 것이었다. 야이르가 생각하기에 미국 금융 부문이 이스라엘을 대하는 태도가 바뀌기 시작한 것은 바로 이 무렵부터였다.

나는 1990년 뉴욕의 **월버그 핀커스** 투자 은행Warburg Pincus Investment Bank과 회의하는 자리에 야이르를 데리고 갔다. 월버그 핀커스 투자 은행은 이스라엘에 투자하는 데 전혀 관심이 없는 이유를 퉁명스럽게 설명했는데, 이런 태도에 우리 두 사람은 충격을 받았다. 투자자들에게 이스라엘은 그냥 너무 멀고, 낯설고, 매력이 없는 나라였다.

두 번째 핵심 인물은 예산 담당 부감독관으로 훗날 재정부 정책 담당관을 맡는 야롬 아리아브Yarom Ariav였다. 아리아브는 이스라엘의 벤처 캐피털 펀드 조성을 진심으로 지지한 믿을 만한 파트너였다.

벤처 캐피털 펀드 조성의 첫 단계는 녹록지 않았다. 이스라엘은 성공적인 기업을 설립하고 유지할 능력이 없다고 생각하는 의심의 골부터 메워야 했다. 유대 국가를 지원하고 싶어 하는 몇몇 유대인 자선가가 투자 의향을 내보였으나, 과연 투자에서 큰 수익을 거둘 수 있을지는 의심스러워했다.

이런 경험은 큰 좌절감을 주었다. 수석 과학관실은 수백 차례에 걸쳐 유망한 개발 사업을 지원했지만 세계의 투자자를 유치하는 과정에서 벽에 부딪힌 느낌이었다. 에후드 겔러Ehud Geller를 포함한 다른 사람들도 나와 다르지 않았다. 의학 분야의 뛰어난 관리자인 겔러는 그 무렵 테바 컴퍼니의 고위직을 거쳐 인터팜 연구소InterPharm

Laboratories CEO를 맡고 있었다. 인터팜 연구소는 내가 수석 과학관으로 부임한 초기에 미국의 한 기업과 유한 파트너십을 맺어 설립한 기업이었다.

겔러는 인터팜을 매입했던 세로노 컴퍼니Serono Company가 이스라엘 밖으로 활동 무대와 지식을 이전해야 한다고 요구하자 이 문제를 놓고 갈등하다가 결국 회사를 떠났다. 그는 이미 펀드를 조성하려고 시도했다가 두 번의 실패를 맛본 사람이었다. 첫 번째 시도에서는 퍼스트 보스턴First Boston 은행으로부터 투자를 거부당했다. 두 번째 시도에서는 이스라엘 학계와 밀접한 관계가 있던 부유한 프랑스계 유대인의 도움을 받았는데, 그는 개발 단계만 지원하고 사업적인 측면은 다른 사람에게 맡기자고 제안했다.

우리는 이스라엘 벤처 캐피털 펀드가 이스라엘 하이테크 발전에 가장 적합한 사업 모델이라고 확신했으며 이를 포기하지 않았다. 그러나 적어도 초기에는 민간이든 정부든 이스라엘 투자자의 도움을 받아 펀드를 조성해야 한다고 결론 내렸다. 우리는 우리 이니셔티브의 실행 가능성뿐만 아니라 잠재 투자자의 의향과 규제 환경을 검토하기로 했다.

우리는 당연히 디스카운트 인베스트먼츠를 찾아갔다. 디스카운트 인베스트먼츠는 이스라엘 기관으로는 유일하게 기술 기업을 관리한 경험과 자원이 있었다. 우리는 그들에게 정부와 파트너십을 맺어 이스라엘 벤처 캐피털 펀드를 조성하자고 제안했다. 당시로서는 정부가 어떤 형태로 개입할지 확실치 않았다. 어쨌든 디스카운트 인베스트먼츠 그룹의 관리자들은 이런저런 이유를 대며 우리의 제안을 거절했다. 자신들의 회사는 관련 경험도 부족하고, 안정된 기업에 투자하는 것이 방침이라고 말했다.

우리는 이후에도 계속 지식이 풍부하고 인맥이 좋은 사업가에게 접근했으나 이들 역시 벤처 캐피털 분야에 진입하기를 두려워했다. 이스라엘에서 활동할 미국 기업을 유치하는 건 녹록지 않았다. **이스라엘 하이테크가 처한 어려움에는 벤처 캐피털이 최적의 해결책이라는 데는 누구나 동의했지만 임무를 떠맡으려는 사람은 아무도 없었다. 내 인생에서 가장 공허하고 외로운 나날이었다.**

재정부나 산업부의 고위 공무원과 수없이 협의를 거치는 동안 나는 정부가 직접 펀드 조성에 투자해야 한다는 생각이 점점 커졌다. 이런 결론에 도달하기는 결코 쉽지 않았다. 1983년의 은행 주식 규제 위기가 아직 대중의 기억에 생생히 남아 있었다. 이 위기가 발생했을 때 정부는 직접 개입해 수십억 달러의 은행 부채를 떠안아야 했다. 오로지 긴축만이 심연으로 빠져들던 이스라엘 경제를 구할 수 있었다. 금융 부문에 대한 의심이 낳은 심각한 부담 또한 정부가 짊어져야 했다. 금융 관련 범죄 사건이 잇달아 일어나자 투자 관리자는 대중을 속이려는 음흉한 사람이라는 인식도 싹텄다. 대중은 탐욕스럽고 신뢰할 수 없는 것처럼 보이는 금융가를 의심했다. 정부가 새로운 투자 메커니즘을 수립해 적잖은 공공 예산을 쏟아부어야 한다고 주장하기는 어려운 상황이었다.

이스라엘과 해외 투자자를 설득하는 데 실패한 우리는 어쩔 수 없이 재정부의 협력자들과 힘을 모아야 했다. 정부가 주도한 해결책만이 현재 상황을 변화시킬 수 있다고 정치가들을 설득할 수 있었다.

이스라엘의 연간 국가 예산 구조는 상당히 탄탄했다. 지출 조항은 대개 영구적이다. 특정한 부서가 이런저런 예산 조항을 추가하기 위해서는 예산국의 승인을 받아 내고 오랫동안 논의하며 해결책을 찾아야 했다. 비교적 쉽게 새로운 예산 조항을 추가할 수 있는 것은 방위 시설뿐이었다. 그들은 보이지 않는 안보 위협에 대처하려면 새로운 무기 시스템이나 작전이 시급하게 필요하다고 주장했다.

비군사적인 정부 관청은 새 예산을 확보하기가 한층 어렵다. 나는 업무 관계가 비교적 원만했던 예산국의 몇몇 책임자로부터 도움을 받았다. 책임자들은 원칙적으로 정부의 후원하에 벤처 캐피털 펀드를 조성한다는 계획을 지원했다. 하지만 실제로 국가 예산에서 계획을 진행할 자원을 얻어 내기는 쉽지 않았다. 게다가 우리에게 필요한 것은 공무원의 승인 도장이 전부가 아니었다. 정부의 결정과 크네세트의 정치적 지원이 필요했다.

정부는 벤처 캐피털 펀드를 조성하기 위한 예산을 흔쾌히 할당하지는 않았다. 다만 기술 부문에 활기를 불어넣으려면 무언가 조치를 취해야 한다고 생각했을 뿐이었다. 소득세 감독관 모셰 가비쉬Moshe Gavish는 정부가 하이테크 시장에서 투자 보증인 역할을 맡는 방안을 제안했다. 혹시라도 실패한 엘신트 법의 전철을 밟을까 봐 두려웠던 가비쉬는 조세와 관련된 방안이라면 몸을 사렸고, 결국 관영 보험회사 '인발Inbal'에 이 사안을 떠넘겼다. 당시 인발은 회계 담당관이 지휘하는 재정부 산하 사업 기관처럼 움직였다.

나는 이 계획에 반대했다. 나는 정부의 담보가 있으면 투자자가 불필요한 모험에 뛰어들 가능성이 있다고 보았다. 반면에 담보가 없으면 손해를 볼까 봐 적절히 조심하면서 운용할 것이었다. 재정부의 몇몇 고위 공무원은 내 주장에 동의하고 가비쉬의 계획에 반대하려 했다. 하지만 재정부 장관 이차하크 모다이는 기어코 계획을 실행할 작정이었다.

모다이는 유대인 제프리 스타이너Jeffery Steiner와 매우 가까웠다. 프랑스와 미국을 오가는 시온주의 자선가 스타이너는 미국과 유럽, 아시아에서 여러 제조업 자회사를 소유한 페어차일드 코퍼레이션 Fairchild Corporation의 책임자였다. 스타이너와 그의 파트너 존슨 장군General Johnson은 이스라엘에 벤처 캐피털 펀드를 조성하도록 도우라고 모다이에게 압력을 가했다. 그러면서 위험을 최소화하기 위해 국가가 담보를 제공해야 한다고 했다.

마침내 '인발 펀드Inbal Funds'라는 이름으로 계획서가 작성되었다. 이 계획서에는 몇 가지 사항이 규정되어 있었다. 개별 펀드가 공개 주식 발행으로 최소한 2,000만 달러를 모금하고, 새로운 프로젝트에 투자하고, 투자하지 않은 자본은 공채에 맡겨 펀드 자금의 80퍼센트에 대해 국가 담보를 받아야 한다는 것이었다. 일반 공모를 통해 펀드를 조성하기로 한 것은 투자자 때문이었다. 그들은 주식 시장 투자와 달리 기술 프로젝트에는 자신의 돈을 투자하지 않는 경향이 있었다.

주식 시장과 달리 기술 프로젝트에 투자하면 처음 몇 해 동안은 투자금을 회수하기 어렵다. 신생 기업이 설립된 지 몇 년 이내에 수익을 거둘 것이라고 기대하기는 어렵기 때문이다. 더욱이 재정부에서는 이스라엘에서만 펀드를 운용해야 한다고 요구했는데, 이로 인해 잠재 투자자들이 투자를 망설였다.

1991년 초반, 나의 오랜 협력자이자 법률 부서의 고위 공무원인 타미 벤다비드가 인발 CEO로 임명되었다. 벤다비드도 국가가 보장하는 벤처 캐피털 펀드를 조성한다는 개념을 그리 달가워하지는 않았다. 하지만 그에게는 계획을 실행해야 할 의무가 있었다. 결국 페어차일드 코퍼레이션과 레우미 은행Bank Leumi의 협력을 통해 '테우사Teuza(용기)'라는 이름의 첫 번째 펀드가 조성되었다.

1992년 1월, 테우사 펀드가 공식적으로 출범했다. 이 펀드는 오래전부터 투자하고 싶은 프로젝트를 여럿 찾아 놓은 상황이었다. 하지만 투자자를 확보하는 과정에서 많은 고생을 했고, 첫 2년 동안에는 거의 진전이 없었다. 하지만 이 펀드는 인발 계획이 종료된 후에도 계속 운용했으며 지금도 여전히 공기업으로 활동한다.

몇 년 지나지 않아 인발 계획은 보류되었다. 테우사 펀드를 비롯해 모페트Mofet, 마라톤Marathon, 사도트Sadot 등 인발 펀드에서 조성된 소수의 다른 펀드는 모두 민영 벤처 캐피털 펀드로 바뀌었다. 관료주의와 재정부에서 부가한 갖가지 제한 조항에 시달린 펀드 관리자와 기업가들이 결국 독자적으로 활동하는 편이 더 유리하겠다고 판단했기 때문이었다. 게다가 벤다비드뿐만 아니라 당시의 회계 담당관 엘리 유네스Eli Yunes의 열의도 식어 버린 탓에 인발 계획은 결국 중단되었다.

그동안 나는 정부 파트너십 벤처 캐피털 펀드에 대해 야롬 아리아브와 계속 의논했다. 니심 장관이 은근하게 나를 지원했다. 그는 이니셔티브에 들어갈 예산 확보 약속은 못했지만 실행 가능성 조사에 도움을 주었다. 그 무렵 이스라엘은 이주민을 흡수하기 위한 목적으로 미국으로부터 10억 달러의 은행 융자 담보를 확보하려고 애쓰고 있었다. 담보를 확보하면 벤처 캐피털 펀드에도 자금을 지원할 수 있을 터였다. 하지만 미국 대통령 조지 부시George Bush와 국무장관 제임스 베이커James Baker가 이끄는 미국 행정부와 이차하크 샤미르 총리와의 관계는 그리 우호적이지 않았다.

미국 정부는 이스라엘에 담보 펀드를 요르단강 서안 지구West Bank 정착 계획에 쓰지 않겠다는 약속을 하라며 담보 승인을 차일피일 미루었다(20년 넘게 지난 일이지만 이런 일은 늘 반복된다). 재정부 장관 모다이는 산업부에서 제안한 이니셔티브에는 유독 유보적인 태도를 취하며 의심했다. 진보당 출신의 정적이 산업부의 수장이기 때문이었다. 나는 니심을 포함한 재정부 및 산업부 고위 공무원과 논의하는 자리에서 매력적인 조건을 제시해야 전 세계의 부유한 투자자와 금융 기관을 유치할 수 있다고 설명했다. 이를테면 정부가 민간 자본에 뒤지지 않을 만큼 자본을 제공한다(민간 투자가에게 더 큰 레버리지와 더 다양한 투자 포트폴리오를 제공한다)거나, 정부가 몇 년 동안만 개입한다는 제한 조건을 제시해야 했다. 그러면 해당 이니셔티브가 성공할 경우 이스라엘 정부에서 투자 대상을 매각하기 때문에 시장 실패가 해결되자마자 정부 개입에서 벗어날 수 있었다.

나는 투자자를 찾을 수 있다고 대놓고 약속하지는 않았으나, 그런 프로젝트라면 착수할 만한 가치가 있다고 확신했다.

우리는 다시 한번 프레드 아들러를 찾아갔다. 나는 예전에 아들러를 방문했을 때 그의 업무 방식을 직접 접할 기회가 있었다. 아들러는 젊은 기업가로부터 새로운 기술 개발에 대한 아이디어를 들으며 조바심을 냈다. 기업가의 말에 귀를 기울이는가 싶으면 곧바로 중간에 말을 잘라 버렸다. 그는 "알겠다"고 하더니 관련 분야에서 믿을 만한 식견을 가진 사람들에게 전화를 돌리기 시작했고 얼마 지나지 않아 결정을 내렸다.

기업가가 제시한 프로젝트가 아들러의 눈에 가치가 없어 보일 경우 단칼에 거절당했다. 반면에 아들러가 잠재력을 발견한 프로젝트의 기업가는 희소식이 담긴 전화를 받았다. 아들러는 투자자를 유치하기 위해 다시 한바탕 전화를 돌릴 때마다 "나는 그 아이디어가 마음에 든다"고 말하곤 했다.

당시 우리는 아들러의 행동 방식 탓에 상호 존중에 토대를 둔 관계를 맺는 건 어렵다고 생각했다. 아들러는 시온주의자이기는 했지만 이스라엘 사람들을 존중하지 않았고 특히 공무원을 무시했다.

우리는 오로지 사업 자체를 기반으로 함께 벤처 캐피털 펀드를 조성할 파트너를 찾아야 했다. 앞서 말했듯이 미국 펀드는 지리적으로 가까운 곳에서 운영하는 기업에만 투자하는 성향이 있어서 후보자가 많지 않았다.

우리는 이스라엘 대사관 파견 상무관들을 활용해 마침내 두 후보를 발견했다. 샌프란시스코의 H&Q 투자 은행H&Q Investment Bank

과 보스턴의 어드벤트 인터내셔널 코퍼레이션Advent International Corporation이었다. H&Q 투자 은행은 1986년에 아시아 기업 투자를 담당하는 부서를 만들기도 했다. 어드벤트는 세계적으로 활동을 확대하는 최초의 미국 투자 기업이었다.

어드벤트의 사무실에서 CEO 피터 브룩Peter Brook을 만났다. 브룩은 미국 벤처 캐피털 부문의 개척자로 손꼽혔다. 그는 친절했지만 다음과 같은 경고를 잊지 않았다.

"우리에게 이스라엘은 테라 인코그니타죠. 그런 지역에 위험을 무릅쓰고 진출할 때는 정부나 대형 은행 같은 핵심적인 기관과 거래해서 믿을 수 있는 파트너를 확보하는 방식을 택합니다."

어느 미국인이 그랬듯이 브룩이 이스라엘에 대해 아는 것은 이스라엘의 분쟁뿐이었다. 브룩의 태도로 판단했을 때, 그는 이스라엘이 제3세계 국가보다 나을 것이 없다고 생각하는 것 같았다. 물론 브룩은 이 분야의 전문가였으니 이스라엘의 첨단 기술 역량에 대해 들어 본 적은 있을 것이다. 하지만 아무리 유망해도 책임질 수 있는 주요 기관이 후원하지 않는다면 이스라엘 개발에 돈을 투자하라고 투자자를 설득할 생각은 없어 보였다.

한 가지 흥미로운 점은 그가 이스라엘의 한 민영 기업을 이니셔티브에 참여시키고 싶어 한다는 사실이었다. 사업 풍토가 낯선 곳에서 민영 기업하고만 파트너십을 맺는 방식은 조심스러웠고, 반면에 이스라엘 정부와 맺은 파트너십에만 의존하는 방식은 불편했기 때문이었다. 브룩이 원하는 것은 이스라엘 정부와 이스라엘 민영 기업, 그리고 미국 기업의 평등한 삼각 파트너십이었다. 그는 이런 파트너십을 이상적이고 균형 잡힌 구조로 보았다.

브룩은 이스라엘 프로젝트Israeli Project를 지휘할 클린트 해리스 Clint Harris에게 나를 소개했다. 해리스는 훗날 이스라엘의 벤처 캐피털 부문 설계자가 된다. 그는 장교로 근무하던 시절 미국 해군 잠수함의 잠망경으로 이스라엘 해안을 바라본 적은 있어도 이스라엘을 직접 방문한 적은 없었다. 외교관의 아들이었기 때문에 낯선 환경에서 일하는 데 익숙했고, 유럽과 일본에서 일한 경험도 풍부했다. 벤처 캐피털 분야에 몸담기 전에는 일류 컨설팅 회사 베인 캐피털Bain Capital에서 근무했다. 베인 캐피털은 미래의 이스라엘 총리 빈야민 네탄야후와 2012년 공화당 대통령 후보 미트 롬니Mitt Romney도 잠시 근무했던 곳이다. 이후 해리스는 어드벤트로 자리를 옮겨 해외 벤처 캐피털 펀드 개발 분야의 책임자가 되었다.

해리스는 하버드 대학교University of Harvard에서 만난 오리트 가디쉬Orit Gadish를 비롯해 이스라엘 사람들과 함께 일한 긍정적인 경험이 이미 있었던 덕분에 나와도 곧 원만한 관계를 맺었다. 오리트 가디쉬도 베인 캐피털에서 근무했는데 훗날 회장을 맡게 된다. 해리스는 독일 투자 펀드 TVMTechno Venture Management의 이사 마이르 바렐Meir Barel과 어드벤트가 투자한 유럽 회사의 경영자 쉴로모 도브라트Shlomo Dovrat와도 친분이 있었다.

해리스는 본인의 표현처럼 주로 '흥미로운' 소기업에 관심이 있었다. 해리스가 먼저 열정을 보였기 때문에 우리는 한 회의에 그를 초대했다. 경제 분야의 주요 인물, 재정부와 산업부의 정책 담당관, 기업가와 투자가들이 모여 사흘간 회의를 진행했다. 이 회의에서 이스라엘의 기술 부문이 꽤 발달했다는 사실을 발견한 그는 의외라고 생각했다. **"다른 나라에서는 하이테크 부문을 개발하기 위해 벤처 캐피털 펀드를 조성합니다. 이스라엘은 미국과 비슷하군요. 벤처 캐피털 사업을 확립하기 전에 하이테크를 먼저 발전시켰으니 말입니다."**

해리스가 이스라엘을 방문한 이후 진지한 협의가 진행되었다. 어드벤트 같은 미국의 유수한 기관이 참여하자 디스카운트 인베스트먼츠의 태도는 달라졌다. CEO 도브 타드모르Dov Tadmor와 보좌관 미카 안젤Micha Angel이 해리스를 만나기도 했다. 필요 자금 가운데 상당 부분을 정부가 제공한다는 조건이 충족되면 벤처 캐피털 펀드를 조성할 의향이 있다고 의사를 표현한 것이다.

우리는 디스카운트가 참여하면 기쁘겠지만 벤처 캐피털 펀드를 조성하는 과정에 참여한 것은 그들만이 아니라는 답변을 보냈다. 우리의 목표는 기술 기업 부문을 전반적으로 발전시키는 것이었다. 우리는 목표를 달성하기 위해서 여러 개의 펀드를 조성해야 한다고 설명했다. 하지만 디스카운트 인베스트먼츠는 이런 답변에 전혀 개의치 않았으며 내심 자신들의 힘과 자원, 축적된 경험으로 이 새로운 분야를 장악할 수 있을 것이라고 생각했다.

디스카운트 인베스트먼츠와의 협력은 '예측된 위험'이었다. 그들은 민간 부문에서 가장 강력한 플레이어였으니 우리에게도 필요한 존재였다. 시텍스, 엘신트, 엘론 같은 회사의 소유주였으며 국제적으로 인정받는 유일한 이스라엘 투자 그룹이었다. 간단히 말해, 이 회사는 우리가 어드벤트와 함께 조성하려고 하는 최초의 벤처 캐피털 펀드에 이상적인 파트너였다.

디스카운트 대표단은 시장에서 그들의 독점적인 위치를 영구히 유지하려는 속셈을 가지고 있었다. 우리는 그런 결과를 막고 싶었다. 벤처 캐피털을 조성하기로 결정했을 때 디스카운트 인베스트먼츠의 대표단은 자신들이 주도권을 잡고 지휘하기를 원했다. 이 회사의 지도층은 수석 과학관실을 건너뛰고 재정부 장관 모다이를 만나 대형 펀드 하나가 여러 개의 펀드보다 더 낫다고 설득하는 일도 서슴지 않았다. 만일 상황이 허락되었다면 이들이 벤처 캐피털 분야의 독점권을 확보했을 것이다.

나는 산업부 장관 모셰 니심을 찾아가 설득했다. 내가 생각하기에는 여러 펀드를 조성해 펀드 사이에 글로벌 네트워크를 형성하고 이를 통해 많은 관리자를 훈련시키는 것이 이스라엘 벤처 캐피털 산업의 인프라를 확립할 수 있는 최선의 방법이었다. 결국 디스카운트 인베스트먼츠의 대표단이 물러섰다. 이들과 협상하면서 나는 가장 기본적이고도 단순한 교훈을 얻었다. '모든 계획은 목적을 명확히 규정해야 하며, 원래 계획에서 벗어나려는 시도가 일어날 때마다 목적을 상기시킴으로써 이를 막을 수 있다.' 디스카운트 인베스트먼츠의 대표단은 자사가 대형 펀드 하나를 조성하면 이스라엘 벤처 캐피털 시장에 해결책을 제공할 수 있다고 설득했다. 그러나 이는 인력 자본과 투자자, 관리자의 폭넓은 기반을 창조함으로써 벤처 캐피털 산업을 위한 인프라를 확립한다는 원래 목적에 위반되었다. 이들의 시도는 결국 무산되고 말았다. 여러 집단에게 기회를 나누어 주는 편이 목적을 성취하는 데 유리하다. 전반적으로 공무원보다는 사업가에게 더 힘을 실어 주는 정치가나 장관들과의 협의에서도 목표를 정확하게 상기시

킴으로써 상대방을 설득하는 이 방법이 주효했다.

관료주의와 정치적인 이유로 말미암아 펀드 조성 과정은 지지부진했다. 하지만 결국에는 이것이 전화위복이 되었다. 체계적인 방식으로 어드벤트나 H&Q 투자 은행과 토론하는 과정을 통해 펀드 조성에 가장 적합한 모형을 확인할 수 있었으니 말이다. 우리는 초기 자본 1,000만 달러면 펀드를 조성하기에 충분할 것이라고 생각했지만, 미국인들은 모든 펀드의 초기 자본은 적어도 2,000만 달러가 되어야 관리 비용을 충당하고 투자할 돈을 충분히 남길 수 있다*고 주장했다. 게다가 그들은 정부에 이 금액의 80퍼센트를 투자하라고 요구했다.

나는 80퍼센트라는 수치에 대해 신중하게 생각했다. 계획 단계에서 1,500만 달러가 넘는 돈을 정부로부터 확보할 수 있다고 생각하지는 않았다. 이는 적어도 세 개 이상의 펀드를 조성할 수 있는 금액이었다. 나는 니심 장관을 다시 찾아가 내 고민을 털어놓았다. 장관은 다음과 같이 말하며 버티라고 했다. "힘냅시다. 머지않아 우리가 미국의 담보를 확보하게 된다오. 그러면 자금을 지원할 수 있을 거요."

나는 니심 장관의 낙관주의를 높이 평가하지만 이것이 근거가 있는 낙관주의인지는 확신이 없었다. 1991년 초반 걸프 전쟁이 발발했고,

---

* 관리 수수료를 연간 25퍼센트로 정한 계산이다. 2,000만 달러인 펀드라면 관리 수수료는 연간 50만 달러이며 이것이 펀드를 관리하는 데 필요한 최소 금액이다. 10년이면 관리 보수가 500만 달러에 이를 테니 투자에 이용할 수 있는 돈은 1,500만 달러이다. 10~15개 기업에 투자액을 나누어야 한다면 전체 기간 동안 한 기업의 평균 투자액은 100만 달러가 된다. 100만 달러라는 돈은 횡재할 수 있다는 생각으로 관심을 보일 것인지, 아니면 미래의 투자액이 줄어드니 신중한 태도를 취할 것인지 명확히 결정하기가 쉽지 않은 애매한 금액이다. 이는 물론 개발 비용이 현재보다 훨씬 적은 1990년대에 적합한 금액이다.

이후 몇 달 동안 정착 문제를 둘러싸고 이차하크 샤미르 총리와 부시 행정부 사이에 긴장이 고조되었다. 두 정부가 주고받는 험악하고 신랄한 대화로 판단컨대, 미국이 담보를 제공할 것이라고 장담할 수 없었다. 설령 담보가 제공된다 하더라도 펀드 조성 계획을 승인하기 위해서는 재정부 장관과 정부 전체의 동의가 필요했다. 회기가 2개월 남은 상황에서 정부로부터 이처럼 거금이 드는 계획을 승인받기란 여간 어렵지 않을 터였다.

그 무렵 어드벤트에 대한 소문이 재계 전체에 파다하게 퍼졌다. 그러자 정부의 지원을 받아 벤처 캐피털 펀드를 조성하려는 기업가와 해외 관련자가 우리에게 접근해 왔다. 우리는 마침내 기회가 찾아왔다는 기쁨을 만끽하며 새로운 여러 집단과 사전 논의를 시작했다. 하지만 정부가 계획에 찬성표를 던질지, 벤처 캐피털 펀드를 조성하는 데 얼마나 많은 자원이 투입될지는 확실히 알 수 없었다.

제9장
긴 잉태 : 정치적 함정과 민주주의의 대가

    몇 년 동안 전 세계의 여러 나라에서는 내게 자국의 벤처 캐피털 분야를 확립하는 과정에 대한 자문을 구했다. 정부는 대개 민간 부문에서 쌓은 경험을 높이 평가하며 민간 전문가에게 어떤 임무를 맡기는 경향이 있다. 하지만 나는 항상 정반대의 접근 방식이 옳다고 주장했다. 다시 말해, 체계적인 변화를 시작할 무렵에는 공직 출신이 매우 유리하다. 이스라엘 정부는 수익을 거둘 수 있다는 기대 없이 '요즈마'에 공공 자금을 쏟아부었다. 바로 이 점이 민간 투자자들을 펀드로 이끌었다. 어쨌든 민간 투자자라면 누구라도 정부의 지원에 반색할 것이다.

    '요즈마'의 이점은 이것만이 아니었다. 수석 과학관실은 수년 동안 이스라엘과 해외 기술 분야에서 다양한 플레이어들과 협력했으며 초기 단계의 개발 프로그램에 자금을 지원하며 축적했던 경험도 있었다. 민간 투자자는 대개 투자 대상 기업의 수지 결산에 초점을 맞춘다. 반면에 공무원은 전체적인 장단점을 폭넓은 시각으로 파악하는데, 이는 상당히 중대한 이점으로 작용한다.

현재에 비하면 1990년대의 이스라엘 기술 부문은 규모가 훨씬 작았다. 하지만 그 시절에도 플레이어가 많았고, 언론과 플레이어 사이에서 적절히 대처하는 일은 매우 중요했다. 민간 부문에 종사하는 누군가가 '요즈마'의 관리자로 임명된다면 사람들은 펀드에서 결정을 내릴 때 개인적인 이해관계가 확실히 영향을 미칠 것이라고 생각하게 된다. 벤처 캐피털 펀드가 순조롭게 출발하려면 겉보기로든 실제로든 공평한 관리가 필요하다.

니심은 내가 요즈마 펀드의 CEO를 맡으면 좋겠다는 바람을 전했다. 그는 다음과 같이 말했다.

"나는 당신이 요즈마를 맡기를 바랍니다. 기술 분야와 그 분야 사람들의 니즈를 알고 압박을 견딜 수 있는 사람은 당신밖에 없어요. 더군다나 요즈마 펀드는 당신의 아이디어이자 당신의 계획이었잖소. 누가 당신보다 그걸 더 잘 알겠습니까?"

수석 과학관으로 8년을 지냈으니 자리를 옮기고 싶은 마음이 컸던 나는 이 제안을 흔쾌히 수락했다. 현재의 직책을 떠나 요즈마 CEO라는 새로운 임무를 맡을 날짜는 아직 미정이었다. 하지만 나는 수석 과학관이라는 내 직책에 종지부를 찍기로 결정했다.

그러나 우리가 청사진대로 요즈마를 현실화시키는 과정에는 엄청난 인내와 정치적인 지원이 필요했다. 니심 장관은 요즈마를 통해 이스라엘 기술 부문의 발전을 가로막는 구조적 문제를 해결할 수 있다고 판단하고 가장 먼저 벤처 캐피털의 비전을 지지한 사람이었다. 이스라엘에 벤처 캐피털 펀드를 조성하려면 니심의 지원이 필요했다. 하지만 니심 장관의 지원을 받으면 그의 정적인 재정부 장관 이차하크 모다이가 반대하고 나설 위험이 있었다. 모다이가 지원하지 않으면 이니셔티브를 시작할 수 없었다. 따라서 니심 장관을 대놓고 지지하지 않으면서 모다이에게 접근할 수 있는 중개자가 있어야 했다.

나는 모다이에게 간청하기에 가장 적합하다고 판단되는 요시 바르디Yossi Vardi에게 연락했다. 전 세계 최초 메신저인 ICQ를 만든 바르디는 훗날 여러 스타트업을 성공으로 이끌며 이스라엘 하이테크 분야에 정통한 인물이자 인터넷과 미디어 분야의 대가로 자리매김한다. 당시에는 민간 부문에서 가장 우수한 관리자로 유명했다. 그는 미국에서 한 투자 센터의 대표를 지낸 이력이 있었기 때문에 이스라엘 프로젝트에 미국 자금을 유치하는 과정에서 어떤 어려움을 직면하게 될지 이미 꿰뚫고 있었다. 그는 또한 우리와 마찬가지로 벤처 캐피털 펀드를 조성하면 이런 어려운 문제를 해결하는 데 도움이 되리라 생각했다. 바르디는 에너지 인프라스트럭처 부에서 모다이와 함께 일하며 그의 신뢰를 얻었다. 당시 모다이와 바르디는 각각 장관과 정책 담당관이었는데, 부서를 근본적으로 개혁했다.

바르디는 벤처 캐피털 기업을 위한 이사회를 구성하자는 안을 비롯해 우리 계획과 관련된 여러 가지 좋은 아이디어를 제안했다. 이사회는 대부분 민간 부문에서 모집할 예정이었다. 나는 바르디에게 이사회 회장을 맡아 달라고 부탁했지만, 언제나 그랬듯이 그는 다음과 같이 말하며 거절했다. "왜 제가 당신을 고생시키기를 원하십니까? 이상적인 회장을 추천해 드리겠습니다." 그렇게 해서 에이탄 라프가 이스라엘 최초의 정부 벤처 캐피털 펀드 '요즈마'의 초대 회장으로 임명되었다.

'요즈마'라는 이름은 당시 반트러스트청Antitrust Authority을 설립 중이던 요람 투르보비츠Yoram Turbovitz가 선택한 것이었다. 요람은 벤처 캐피털 펀드를 설립하는 과정을 지원하면서 재정부나 관련 장관들과 소통하는 역할을 훌륭하게 수행했다. 당시 나는 회사명의 중요성을 알지 못했다. 이후에도 신생 기업들이 어떤 회사명이 좋을지를 놓고 한참 동안 고민하고 제각기 주장을 펼치는 모습이 신기했다. 지금은 회사명이 상당히 중요하다는 점을 인정한다. 물론 투르보비츠가 의도한 바는 아니겠지만, 느낌이 좋고 발음할 때 혀에 착착 감기는 그 이름을 선택한 것은 운이 좋았다.

요시 바르디는 독특한 성격으로 유명했다. 예리하고 수완이 좋은 반면에 장난기가 많았다. 미국에서 함께 근무하면서 알고 지내던 에이탄 라프는 바르디의 일화만으로도 몇 페이지를 채울 수 있다고 했다. 한 가지를 소개하자면, 당시 재정부 장관 심카 에를리흐Simcha Erlich가 미국을 방문하자 바르디는 바닥에 엎드린 채 장관을 업어서 호위하겠다고 제안했다고 한다. 재정부 정책 담당관 요람 벨리소브스키Yoram Belizovski와의 만남에서 있었던 또 다른 일화도 있다. 바르디는 정책 담당관 집무실의 문을 열자마자 카펫에 엎드려서 탁자까지 기어가기 시작했다. 그리고는 당황한 정책 담당관을 향해 프로젝트에 대해 정부 승인을 받으려면 그 방법밖에 없었다고 너스레를 떨었다. 훗날 열린 한 벤처 캐피털 펀드 행사에서의 일화도 있다. 행사에서 관리자 몇몇이 오만하게 허풍을 떨었다고 한다. 그러자 바르디가 작은 핀을 들고 다가가서 그들을 쿡 찌르고는 자아에서 바람을 빼고 싶었다고 해명한 것이다.

나와 바르디가 헤이칼 하-타르부트Heicahl Ha-Tarbut(문화홀) 옆에 있는 카페에서 만났을 때의 일도 있다. 우리 근처 탁자에 당시 테크니온의 사장 싱어Singer 교수가 앉아 있었다. 교수는 콘서트가 시작되기 전에 아내와 간단히 저녁 식사를 하던 중이었다. 그가 정말 싱어 사장인지 확인한 바르디는 수표책을 꺼내서 그때껏 자신이 직접 모금한 액수를 적었다. 그러고는 싱어 사장에게 다가가 이렇게 말했다. "나는 최소한의 수업료를 내고 4년 동안 테크니온에서 배웠습니다. 그 덕분에 경제적인 면에서 훌륭한 성과를 거두었죠. 수표를 받아주세요. 4년 수업료 전액을 충당할 액수일 겁니다."

라프 또한 종잡을 수 없는 부류였다. 라프는 미국에서 근무하던 시절에 관해 즐겨 얘기했는데, 당시 그의 딸은 3학년이었다. 라프는 딸이 다니는 학교의 수학 수준이 그다지 높지 않다고 생각해 직접 가르치기로 마음먹었다. 나중에 학교 선생님과 만난 자리에서 학교의 수학 수준이 그리 높지 않다고 말하고는 미국에서 수학을 가르치는 방법이 이스라엘에 비해 어떤지 궁금하다고 했다. 선생님은 무심하게 다음과 같이 대답했다. "글쎄요, 당신이 있는 곳과 우리가 있는 곳을 비교해 보세요." 나는 이따금 잘난 척하는 자신감 넘치는 기업가를 표현할 때 이 이야기를 은유적으로 이용했다. 한마디로 말해 라프와 바르디는 재미있는 사람들이었다.

바르디를 중개자로 선택한 것은 성공적이었다. 모다이는 결국 '요즈마'를 설립하라고 승인했다. 우리는 재정부와 협력해 '결정 제안서 decision proposal'*를 작성했고, 이차하크 샤밀 정부는 1991년 6월 16일 관영 기업 '요즈마'를 벤처 캐피털 기업으로 설립하는 방안을 승인했다. 이스라엘은 1억 2,500만 NIS, 당시 환율로 약 5,000만 달러를 '요즈마'에 할당했다. 이 금액 가운데 절반은 국유주, 나머지 절반은 정부 공채 형태로 이용하도록 만들 예정이었다(이후 5,000만 달러가 추가로 승인되었다). 국가는 이 결정에서 '고위험 민간 프로젝트에 대한 투자가 목적인 기업을 설립하는 것'이 '요즈마'의 역할임을 명백히 밝혔다.

정부의 결정서는 획기적이었으나 요즈마가 독자적으로 활동할 수 있는 길은 여전히 요원했다. 정부의 결정서가 아무리 구체적이고 엄중해도 (물론 항상 그런 것은 아니다) 관련 정부 부서가 활발히 움직여 이를 실행하지 않는 한 대부분 별다른 효력을 보이지 못한다. 실행 과정에 거액의 예산을 확보하고 새로운 조직을 설립하며 크네세트에서 법률을 바꾸어야 하는 결정서라면 특히 그렇다. 결국 요즈마는 수많은 장애물에 직면했다.

초창기의 장벽은 이스라엘 기업청Israeli Companies Authority이

---

* 장관들이 논의한 다양한 문제와 제안에 관한 정부 회의 보고서가 제공되었다. 일단 정부가 법안을 승인하면 그것은 '우리의 결정서we decide'라는 공식적인 문서로 작성되었다.

었다. 기업청은 기본적으로 새로운 관영 기업을 설립하는 데 반대했다. 그들은 접근 방식이 잘못되었으며 오히려 민영화를 선택해야 한다고 주장했다. 우리는 '요즈마'의 금융 구조가 정부 공채를 기반으로 삼고 있지만, 요즈마는 7년 내에 이 공채를 상환해야 할 의무가 있으며 상환하는 즉시 이 회사의 존재는 사실상 사라진다고 설명했다. **요즈마는 단기간 활동할 계획이며 하이테크 부문을 발전시키는 촉매제 역할을 수행할 것임을 강조했다. 요즈마가 본연의 임무를 다하고 더는 활동할 필요가 없을 때 성공으로써 유종의 미를 거둘 터였다.**

당시 이스라엘 민간 분야에서 5,000만 달러는 상상하기 어려운 금액이었다. 따라서 니심이 그렇게 짧은 기간에 그렇게 좁은 사업 분야에 그만한 돈을 투입하기로 승인한 것은 대담한 조치였다. 자금이 아직 확보되지 않았음에도 니심이 이런 결정을 내릴 수 있었던 것은 미국이 이스라엘에 100억 달러의 융자 담보를 제공하기로 동의했기 때문이었다. 이 기회를 간절히 원한 관련자가 많았다. 그래서 우리는 이 5,000만 달러가 공공 자금이라는 점을 끊임없이 강조했다.

우리는 책임감을 가지고 일하면서 '요즈마' 프로그램을 신중하고 체계적으로 실행하기로 했다. 이스라엘 시장에서 요즈마와 고위 공무원을 무시하고 장관 및 의사 결정자와 직접 접촉할 수 있는 주요 인물들에게 선수를 뺏기지 않겠다고 굳게 결심했다.

요즈마는 정부의 결정에 따라 자본 가운데 최대 80퍼센트를 새로운 펀드에 투자할 권한을 얻었다. 그러나 한편으로 나는 민간 파트너들이 납세자의 돈으로 과도한 모험을 할까 봐 걱정스러웠다. 나는 이미 수석 과학관실의 지원을 받았던 민영 기업을 지켜본 경험이 있었다. 민간 파트너들은 정부 대표단이 이사회와 신규 투자 승인 위원회에 참여한다는 사실을 쉽게 받아들이지 못할 것이 분명했다.

우리는 요즈마가 출범하기 전부터 예산국과 접촉해 다음과 같은 이중적인 메시지를 전달하려고 노력했다. **투명성의 규칙을 철저하게 지키며 규칙적으로 보고서를 제출하도록 요구할 것이다. 그런 반면에 펀드 관리 회사를 방해하지 않고 가장 전문적인 판단에 따라 펀드를 관리할 수 있는 재량을 제공할 것이다.** 우리의 목표는 이스라엘 기술 기업이 더 넓은 세상과 관계를 맺을 수 있는 도구(VC 펀드)를 개발하는 것이었다. 이를 위해 필요한 자금을 제공할 준비가 되어 있었고 그 대가로 진정한 파트너십 관계에 기반을 둔 신뢰를 요구했다.

클린트 해리스는 훗날 내게 이렇게 말하곤 했다. "**나는 30년 넘게 벤처 캐피털 펀드에 종사했는데 이스라엘처럼 대담하게 시도한 정부는 없었소. 이스라엘의 사례는 정부의 개입에도 '불구하고'가 아니라 정부의 개입 '덕분에' 한 금융 부문이 확립되었다는 점에서 독특하오.**"

어떤 체계가 적절히 역할을 수행하려면 정부와 공무원만으로는 부족하며 관련 법률을 통해 발전을 중요시하는 구조를 확립해야 한

다. 관영 기업 법governmental company law은 관영 기업이 민영 기업에 투자하기 위해서는 내각 경제 위원회Ministerial Economic Committee와 크네세트 재정 위원회의 승인을 받아야 한다고 규정한다. 투자 회사로 운영할 예정인 요즈마도 이 법률에 적용되었다. 따라서 요즈마에 제출된 모든 투자 신청서는 복잡한 과정을 반복적으로 거쳐 예산 위원회의 승인을 받아야 했다. 상황이 이렇다 보니 적절한 시기에 투자를 실행하기 어려웠다. 그래서 우리는 이 법률을 바꾸고 싶었다.

그 무렵은 크네세트로부터 법률 수정안을 승인받기가 어려운 시기였다. 1991년 후반 연립 내각에서 좌익 정당들이 탈퇴해 이차하크 샤미르는 소수 기반의 정부를 이끌었다. 선거가 바로 코앞으로 다가왔고 야당은 정부의 입법 이니셔티브를 지지하는 데 관심이 없었다. 그러나 니심은 내게 포괄적인 브리핑을 해 주면서 법률 수정안이 통과될 것이라고 안심시켰다. 하지만 그의 예상은 빗나갔다. 여태껏 제 기능을 못하던 연립 내각은 과반수를 확보하는 데 실패했고 그 결과 법률 수정안은 야당에 의해 부결되었다.

니심은 "마지막 회기까지 질질 끌더라도" 법안을 통과시킬 수 있을 것이라고 내게 장담했다. 법률 수정안이 다시 크네세트에 제출되었는데, 이번에는 야당이 동의한 덕분에 통과되었다(그들의 반대 본성을 감안하면 찬성 투표를 하는 것이 결코 쉽지 않았을 것이다). 이제 필요한 것은 예산 위원회의 승인이었다. 우리는 크네세트가 해산하기 바로 전날 위원회의 의제에 이 사안을 그야말로 밀어 넣었다. 정부의 변화를 고려하면 해산을 하루 앞둔 날에는 여러 가지 사안이 논의될 것이 뻔했다.

나는 실제로 위원회에서 꼬박 하루를 보내면서 대혼란의 현장을 지켜보았다. 크네세트가 해산되기 전에 가능한 한 많이 얻어 내기 위해 제출된 여러 항목이 차례로 표결에 부쳐지고 있었다. 회의가 길어지자 의장이 여러 차례 바뀌었고 우리가 상정한 수정안을 검토할 시간이 다가왔을 때는 베테랑 정치가 페사크 그루퍼Pesach Gruper가 의장을 맡고 있었다. 페사크는 언제나 그랬듯이 다 피운 시가 꽁초를 입에 매달고 오른손에 의사봉을 쥔 채로 졸고 있었다. 그런 상태에서 용케 시가 재를 떨어트리지 않고 규칙적으로 의사봉을 두드렸다.

늦은 시간이다 보니 위원들은 대부분 녹초가 되었다. 그런데 우리 수정안이 상정되는 순간 그루퍼는 잠에서 깨어 "왜 우리에게 이런 게 필요하냐?"고 물었다. 나는 요즈마의 목적이 무엇이며 요즈마가 시장에서 어떤 공백을 메울 수 있는지 재차 설명했다. 그루퍼는 베테랑 진보당원이었으나 경제학에 조예가 깊은 그의 동지들과는 달랐다. 긴 경력을 쌓는 내내 그의 주요 의제는 이스라엘 농부의 특권을 보호하는 일이었고, 실제로 한동안 농업부 장관직을 맡기도 했다.

내가 요즈마의 목적을 대략적으로 설명할 때 그루퍼는 신경을 곤두세우고는 "이게 농업에 유리하냐?"고 물었다. 나는 평정심을 잃지 않으려고 애쓰면서 농업 분야의 새로운 개발품을 생산하는 기술 기업 투자에 대한 무언가를 간신히 중얼거렸다. 내 답변에 마음이 동한 그루퍼는 의사봉을 두드리며 투표를 시작하라고 지시했다. 노동당원들이 기권했고 법률 수정안은 통과되었다.

요즈마는 특별 면제 권한을 가진 관영 기업으로 등록되었다. 이제 투자할 때마다 예산 위원회와 내각 경제 위원회에 개별적으로 승인을 받지 않고 민영 기업에 투자할 수 있었다. 그것은 인상적인 성취였다.

이렇게 이스라엘에서 법안이 통과되었고 계획서가 승인되었다. 훌륭하고 헌신적인 사람들이 수년 동안 가치 있는 이니셔티브를 추진하기 위해 노력하는데, 결정적인 순간에 정치가가 개입해서 때로는 그 과정을 중단시키고 때로는 전진하도록 허용한다. 그것은 민주주의의 (작은) 대가이다.

우리는 정부와 크네세트의 승인을 확보한 후에도 계속해서 요즈마의 바람직한 운영 방식에 대해 논의했다. 정부는 5,000만 달러를 승인했다. 대부분 정부와 민간 관련자가 공동 펀드를 조성할 자금이었다. 나머지는 기존 기업에 직접 투자할 자금이었다. 우리는 이제 '펀드의 펀드'로서 길을 나설 참이었다. 두 자금은 독립적인 펀드로 별개의 예산을 확보하고 활동하며 별개의 자펀드를 조성한다.

우리는 각자 2,000만 달러의 자본으로 다섯 개의 자펀드를 조성한다는 사업 계획을 세웠다. 국가에서 각 펀드에 800만 달러(상한액)를 투자하고 나머지는 민간 분야에서 투자받을 예정이었다. 우리는 정부로부터 펀드의 총자본 가운데 80퍼센트를 투자할 권한을 부여받았다. 하지만 정부 투자액의 40퍼센트, 즉 2,000만 달러만 있어도 민간 투자자를 유치하고 펀드를 유지하기에 충분할 것이라고 믿었다. 그러면 약 1,000만 달러를 운영 비용과 직접 투자를 위해 남길 수 있었다.

우리는 요즈마를 출범시킬 무렵에 몇 가지 운영 방식을 검토했다. 어드벤트의 대표 클린트 해리스는 펀드의 수를 줄여서 더 많은 자원을 집중적으로 할당하라고 우리를 설득했다. 그는 2,000만 달러로는 다양한 투자 포트폴리오를 확보해 투자 위험을 최소화하기에 충분치 않다고 주장했다. 나는 이스라엘 시장에서 경험한 바를 토대로 그의 주장을 반박했다. 우리는 이제 막 새로운 길을 나선 초보자였고, 금액이 너무 많으면 경험이 적은 우리 관리자들이 펀드를 최적의 상태로 관리할 수 없을 것 같았다.

이 문제가 어드벤트와의 협상에서 다루었던 주된 쟁점이었다. 우리의 계획은 경쟁력이 있는 펀드를 몇 개 조성하는 것이었던 반면, 어드벤트는 요즈마와 협력해 정부의 지원을 확보한 다음 대형 펀드 한 개를 조성하고자 했다. 우리의 방침을 고집하자 어드벤트 대표단은 제한 조항을 몰래 끼워 넣으려고 시도했다. 어드벤트와 협력해 초기 펀드를 조성하고 2년이 지난 후에 요즈마의 후속 펀드를 조성한다는 조항이었다. 나는 요즈마의 첫 민간 분야 파트너인 어드벤트에게 일종의 특혜 조건을 제공할 의향이 없지 않았으나, 우리의 친경쟁 정책에 반한다면 어떤 조건도 용납하지 않았다.

당시 어드벤트는 우리가 어렵게 획득한 소중한 지식과 전문 기술을 이전할 수 있는 이상적인 파트너임이 분명했다. 그랬기 때문에 무조건 내 입장을 고수하는 것은 매우 위험했다. 당시는 해외 투자자들이 이스라엘 시장에 진출하기를 여전히 꺼리던 초창기였다. 벤처 캐피털 분야의 선두 기업이라는 어드벤트의 명성이 우리에게 반드시 필요했다. 그러나 나는 요즈마가 원래 계획에서 벗어나지 않아야 한다고 믿었으며, 이 끈기는 결국 보상을 받았다.

자본을 여러 개의 별도 펀드로 나누겠다는 것은 숙고한 끝에 내린 결정이었다. 우리는 미국 벤처 캐피털 시장을 세심하게 조사한 다음 초기 단계의 기술 기업에 지나치게 많은 자금을 투자할 필요는 없다고 결론 내렸다. 투자 위험이 높았기 때문에 초기에는 소액을 투자하는 편이 더 바람직했다. 기업이 1~2년 동안 운영하다가 그동안의 발전 상황을 토대로 차후에 더 투자할 수 있었다. 지금에 와서 생각해보면, 투자와 펀드를 다양화하자 펀드 관리자들이 더욱 계획적으로 행동했고 나아가 가장 유망한 기업을 놓고 여러 펀드끼리 건전한 경쟁을 펼치기도 했다.

다수의 펀드를 조성하면 또 다른 이점이 있었다. 벤처 캐피털 분야로 젊은 관리자를 많이 유치할 수 있고 신속하게 게임의 규칙을 가르칠 수 있다는 것이었다. 우리는 독점적인 벤처 캐피털 펀드를 만들고 싶지 않았다. 사실 우리의 관심사는 후속 벤처 캐피털 펀드 조성에 관한 전문 지식을 갖춘 신세대 관리자를 육성하는 일이었다. 우리는 이 신세대가 본인이 투자하는 자본이 다른 사람으로부터 제공된 것임을 명심하고 겸손한 태도로 행동하며, 과학자와 기업가에게 항상 새로운 것을 배울 준비가 되어 있기를 원했다.

이 프로그램을 꾸준히 진행하기는 쉽지 않았다. 디스카운트 인베스트먼츠 그룹의 책임자 레온 레크나티Leon Recnati와 CEO 도브 타드모르는 "국가 공무원이 투자에 관해 무엇을 아느냐?"며 자사가 관리하는 펀드에 모든 자본을 투자하라고 모다이를 설득했다. 모다이는 거물에게 쉽사리 흔들리는 사람으로 유명했으나 그 무렵 모다이의 정치권력은 내리막길에 접어든 상태였다. 반면에 이차하크 샤미르의 집권이 끝날 때까지 정부에서 가장 유력한 인물로 손꼽히던 니심은 태동기의 요즈마를 장악하려는 시도를 모조리 차단했다.

그런 와중에 나는 디스카운트 그룹의 대표단이 나를 건너뛰고 재정부 장관을 만나려고 한다는 사실을 알게 되었다. 그들과 함께 업무 회의에 참석하는 것은 아무리 듣기 좋게 말해도 짜증나는 일이었다.

1992년 6월, 요즈마를 관영 기업으로 등록해서 국가로부터 초기 운용 자금을 받을 계획을 세울 때였다. 우리는 회계 담당관으로부터 약정서 초안을 받았다. 약정서에는 국가 예산에서 요즈마로 자금을 이전하는 방법이 자세히 설명되어 있었다. 훗날 미즈라히 테파호트 은행Mizrahi Tefahot Bank의 총재직을 맡는 회계 담당관 엘리 유네스는 예전에 관영 보험 회사 인발을 통해 벤처 캐피털 펀드를 조성하려는 계획에 대해서 미온적인 태도를 보였다. 반면, 이번에 제시된 요즈마 프로그램에 대해서는 지지하는 입장이었다. 하지만 혹시 국가 자금을 투자하고 감독하지 않는 사태가 벌어지지는 않을지 우려했다. 그래서 회계 담당관이 자금을 관리하면서 투자를 할 때마다 승인하는 방식을 택하자고 요구했다.

우리는 '요즈마'의 신임 법률 고문 첸 바리르Chen Barir의 지원을 받아 유네스의 요구에 맞섰다. 바리르는 이스라엘의 벤처 캐피털 펀드 계획을 수립할 수 있는 유일한 전문가였다. 그는 내게 "회계 담당관이 당신 대신에 회사를 운영하고 싶어 한다는 인상을 받았다"고 전했다. 우리는 정부가 이전 해(1991년)에 내린 결정을 따라야 한다고 주장했다. 정부 결정서에서는 돈은 회사 계좌에 예치하는 한편 산업부와 재정부가 공동으로 요즈마에 제공되는 국가 공채의 조건을 설정하고 자금을 상환하는 책임을 맡도록 규정했다. 몇 차례 회의가 열리고 긴 서신이 오간 끝에 유네스는 우리의 요구를 수락했다.

나는 (요시 바르디의 조언에 따라) 요즈마 펀드 이사회를 민간 부문 대표로 구성해야 한다는 조건을 제시했다. 후임 장관들이 요즈마를 이용해 본인의 편협한 정치적 의제를 추진하려 할까 봐 걱정스러웠기 때문이었다. 니심도 모다이와 마찬가지로 내 조건에 동의했다. 이사회 회장을 임명하는 임무를 맡았던 모다이 장관은 에이탄 라프를 임명했다. 라프는 머지않아 그를 임명한 것이 탁월한 선택임을 스스로 입증했다.

1992년 7월 1일, 요즈마는 실질적인 관영 기업으로 등록되었고 나는 CEO로 임명되었다.

이보다 일주일 앞서 13대 크네세트 선거가 실시되었다. 이차하크 샤미르의 리쿠드 정부 뒤를 이어 이차하크 라빈이 이끄는 노동당이 집권했으며, 7월 13일에 새 정부가 출범했다. 산업부 장관 니심과 재정부 장관 모다이는 각각 미카 하리쉬Micha Harish와 아브라함 베가 쇼카트Avraham Beiga Shochat로 대체되었다. 그러나 하리쉬가 나와 처음 만난 자리에서 분명히 밝혔듯이, 장관이 바뀌어도 요즈마와 관련된 정책은 바뀌지 않았다. 가장 큰 열정을 보여 준 사람은 라프의 오랜 지인인 쇼카트였다. 물론 사업 계획은 이미 준비된 상태였고, 요즈마는 곧 출범될 예정이었다. 나는 계획을 한 번 더 개선할 기회가 있다고 생각했다.

합동 회의에서 쇼카트는 이렇게 말했다. "내가 5,000만 달러의 이전을 승인할 텐데 당신이 그 돈으로 무슨 일을 해야 할지 아실 거라고 믿습니다." 그러자 라프가 끼어들어 다음과 같이 말했다. "5,000만 달러로는 충분치 않소. 5,000만 달러가 더 필요하오." 우리는 이 일이 독특한 기회를 제공할 것이라고 설명했다. 시장이 보여 주는 수요를 고려할 때 우리는 지금 당장 추가 자금 5,000만 달러를 가장 효과적으로 활용할 수 있었다. 라프는 다음과 같이 덧붙였다. "이건 존재의 문제입니다. 이스라엘 시장에는 한 가지 장점이 있는데, 우리가 큰 불을 지필 불꽃을 일으켜 이 장점을 실현해야 합니다."

요즈마는 막 설립되었으나 이미 한 가지 선례를 남겼다. 서로 경쟁하던 두 정부 모두에게 승인을 확보한 것이다. 게다가 새 정부는 마치 이것만으로는 충분하지 않다는 듯이 예산을 이전의 두 배로 늘렸다. 수많은 장애물과 지연 상황을 거쳐 이제 우리의 개념이 옳다는 사실을 입증할 때가 온 것이다.

제10장
마취제 없이 출산할 용기

만일 여러분이 민간 부문의 훌륭한 자본가, 정상급 변호사, 이스라엘 시장 최대 기업의 CEO, 엔지니어 출신 백만장자가 참석한 회의에 앉아 있다고 하자. 비록 모든 협상에서 그들이 우위를 차지하고 있고 여러분은 일개 공무원이라 하더라도 여러분은 그들과 동등한 사람이며 여러분과 그들 사이에 사회적 거리가 없다고 느껴야 한다.

그 시절 벤처 캐피털 분야에 대한 관심은 갈수록 증가했지만 펀드에 파트너로 참여할 이스라엘 후보자는 여전히 적었다. 연금과 투자 기금을 포함해 이스라엘의 금융 주체들은 벤처 캐피털 투자를 경계했으며 오늘날까지 대부분 이런 방침을 유지하고 있다.

당시 이스라엘에는 벤처 캐피털 펀드 조성에 경험이 풍부한 관리자와 변호사가 없었다. 그래서 '요즈마'가 활동을 시작하고 초기 몇 달 동안에는 펀드를 조성할 잠재 후보자와의 협상 책임을 대부분 내가 도맡았다.

나는 요즈마를 이끌 팀을 서서히 구성하기 시작했다. 수석 과학관실에서 확보한 직원은 보아즈 골드슈미트뿐이었다. 보아즈는 다양한 기업의 행동 방식을 재빨리 이해하고, 다양한 계좌의 수지를 분석하고, 때로는 국가 지원을 받아 수익을 거두고도 그 사실을 숨기는 기업의 속임수를 발견하는 데 전문가였다. 그는 해당 분야에서 공식 교육을 받지는 않았지만 프로젝트를 심층적으로 조사하는 기술에 통찰력이 있었다. 직원들이 대부분 과학이나 금융 전문가였던 수석 과학관실에서 그는 기술과 금융 분야의 격차를 메울 수 있는 인물이었다. 요즈마에서 내게 필요한 것은 바로 이런 능력이었다.

요즈마가 새 사무실로 옮겨 갈 무렵 요즈마의 직원은 골드슈미트와 내가 전부였다. 우리가 가장 먼저 전화한 곳은 구직 회사였다. 비서가 필요했다. 구직 회사에서 보낸 퇴역 군인 케렌 요세프Keren Yoseph는 근무 경력이 전혀 없었다. 비록 경험은 없지만 우리는 그녀의 유쾌하고 즐거운 태도가 새 회사에 필요하다고 판단했다. 사실 요세프는 지금까지도 나와 함께 '요즈마'에서 일한다.

다음 몇 달 동안 우리는 요즈마에 계속 인력을 추가했다. 첫 번째 추가 인력은 보스턴 MIT에서 박사 학위를 취득한 젊은 연구원 에얄 키숀Eyal Kishon이었다. 나는 보스턴에서 이스라엘 과학자들을 대상으로 강의를 했을 때 에얄을 처음 만났다. 강의가 끝나자 에얄이 내게 다가왔다. 그는 이스라엘로 돌아가고 싶지만 도전하고 싶은 흥미로운 일자리를 아직 찾지 못했다고 말했다. 우리는 에얄을 요즈마의 기술 전문가로 채용해 투자 대상자의 다양한 첨단 개발품을 검토하는 책임을 맡겼다. 그는 훗날 요즈마가 출자한 폴라리스Polaris 펀드의 파트너가 되었다. 요시 랍비Yossi Rabbi는 펀드 분석가로 활약하며 기술 기업에 대한 요즈마의 투자를 추진했는데, 애석하게도 몇 년 후에 세상을 떠났다.

우리 팀은 소규모였다. 우리는 사업 계획서를 작성할 때, 50만 달러의 운영 비용과 급료 예산을 가지고 4~5명의 소수 인원으로 운용되는 회사로 요즈마를 구성했다. 우리가 믿고 의지했던 핵심 인물은 외부 법률 고문이었다. 우리는 잠재 파트너와 처음 접촉할 때 만나는 변호사들을 대하려면 법률 고문이 필요하다고 판단했다. 이스라엘에는 벤처 캐피털 펀드 조성과 관련된 법적 측면의 전문가가 부족했기에 누구를 선임할지는 초창기의 최대 난제였다.

나는 당시 산업부 법률 고문이자 요즈마 이사회 임원인 요람 투르보비츠에게 상의했다. 투르보비츠는 하버드 대학교 법학과 박사 학위 과정을 막 마친 첸 바리르Chen Barir를 추천했다. "그를 데려오세요. 이곳의 모든 사람에게 벤처 캐피털이 무엇인지 가르쳐 줄 겁니다." 나는 바리르에게 전화를 걸어 벤처 캐피털 분야에 대한 지식을 전달할 사람이 필요하니 미국에서 그 분야를 연구해 달라고 했다.

우리는 정부의 풍부한 자금을 이용할 황금 같은 기회가 왔다고 생각하던 이스라엘 거물들과 협상을 시작했다. 바리르는 머지않아 이런 협상에서 우리의 비밀 병기임을 스스로 입증했다. 당시 보스턴에 거주하던 바리르가 이스라엘을 방문한 것은 오로지 우리 회의에 참석하기 위해서였다. 그는 우리에게 펀드 조성의 법적 절차에 대한 최신 지식과 함께 실질적이고 효과적이며 강경한 접근 방식까지 전해 주었다. 이스라엘에서 회의마다 휴대용 컴퓨터와 소형 모바일 프린터를 들고 돌아다니던 사람은 아마 그가 최초였을 것이다.

잠재 파트너가 세 명의 변호인단(바리르는 '한 사람은 읽는 용도, 두 번째는 적는 용도, 세 번째는 두 사람 사이를 조정하는 용도'라고 냉소적으로 말했다)을 대동하고 나와도 나는 바리르만 데려가곤 했다. 바리르는 합의에 이르면 모든 페이지를 차근차근 살펴보고 곧바로 자신의 모바일 프린터로 합의서를 출력해서 관련자들에게 서명을 받았다. 그들은 이런 신기술을 비롯해 자사의 운영 방식까지도 바꿀 수 있는 바리르의 업무 방식을 보고 흠칫 놀라곤 했다. 회의가 거의 막바지에 이르러 잠재 파트너가 "다음 주에 계약서 초안을 드리겠다"고 약속할 무렵이면 바리르는 "잠깐만요"라고 말하고는 휘둥그레진 그들의 눈앞에서 서명란만 비워 둔 완벽한 문서를 출력했다.

오늘날까지 이스라엘에서 벤처 캐피털 펀드를 조성할 때 서명하는 법적 계약서는 대부분 1990년대 초반 바리르가 미국에서 가져온 이 템플릿을 토대로 삼고 있다. 이후 몇 년 동안 펀드 관리자와 투자자들이 창의성을 발휘해 이 템플릿에 여러 가지 '이상한' 추가 조항을 끼워 넣었다. 물론 그것은 공익보다는 펀드의 이익을 위한 것이었다.

요즈마 이후에 조성된 펀드 매니저들은 어느 정도 시간이 지나고 대중으로부터 신랄한 비난을 받은 후에야 비로소 한 가지 진리를 깨달았다. 윈-윈한다는 평판을 얻으려면 아이디어를 수익성이 있는 제품으로 변화시키고자 열심히 노력한 기업가를 무시하지 말아야 한다는 사실이었다.

🌐 🌐 🌐

　변방의 기술 분야 선구자인 우리는 어드벤트 같은 미국 기업과 협상할 때면 양면적인 자세를 취했다. 그들은 벤처 캐피털 분야의 잠재적인 멘토였으나 다른 한편으로는 펀드를 조성하는 과정의 잠재 파트너이기도 했다. 따라서 이해 관련자인 그들과 협상할 때 우리의 권리를 확보해야 했다. 물론 경험과 인맥이 훨씬 풍부한 상대 기업으로부터 최대한 많이 배워야 했지만, 우리도 그들에게 제시할 것이 많다는 사실을 잊지 않고자 노력했다.

　요즈마가 활동을 시작하고 처음 두 달 동안에는 내가 여전히 수석 과학관을 맡고 있다는 사실이 꽤 도움이 되었다. 미국의 거물이나 대가를 만날 때 특히 그랬다. 내가 맡은 관직이 내 말에 무게를 실었고, 상대방이 나를 중요한 인물로 생각하도록 하는 무기가 되었다. 그래서 어드벤트의 대표 해리스가 나를 "이스라엘의 수석 과학관"이라고 부를 때도 나는 굳이 바로잡지 않았다.

　클린트 해리스는 아버지와 함께 플로리다에 있는 별장에서 머물렀을 때의 일화를 들려주었다. 해리스가 전화 통화를 한 뒤 그의 아버지가 "누구 전화냐"고 물었다. 해리스는 "이스라엘의 수석 과학관"이라고 답했고, 그때가 자신의 성공이 정점에 이른 순간이었음을 느꼈다고 전했다. 그때 나는 조세 문제를 잠시 의논하려고 연락했을 뿐인데, 내 전화의 중요성이 그에게는 완전히 달랐던 것이다. 가장 강한 사업가에게도 부드러운 면이 있었다.

나는 수석 과학관으로 8년 동안 재임하며 이스라엘의 CEO를 대한 경험이 매우 많았다. 이 경험을 바탕으로 나는 요즈마가 이따금 권력을 행사하는 지위에서 상대방을 대할 수 있다고 확신했다. 우리는 기술 분야를 장려하기 위해 막대한 자금을 투자하겠다는 국가의 의지를 대변하는 사람들이었다. 나는 수석 과학관실의 정책에 따라 민간 부문의 관리자에게 우리가 투자한 프로젝트의 운영을 맡길 작정이었다. 그러나 공공 자금을 오용하는 일은 묵과할 수 없었다.

우리는 이제 관영 기업의 자격으로 민간 부문에서 활동하는 독특한 모험을 시작할 참이었다.

제11장
요즈마의 첫 펀드를 조성하기 위한 길

현대의 이스라엘은 하이테크 강국이다. 해외 투자자들이 사업 파트너십을 맺거나 이스라엘 기업을 매입하기 위해 매일같이 벤구리온 국제공항에 도착한다. 수많은 국제 펀드 대표들이 이스라엘에서 가치 있는 투자 대상을 찾는 일에 집중하고 있다. 그러나 한 세대 전만 해도 이스라엘 기업과의 공동 프로젝트에 참여하려는 대규모의 국제적인 경제 주체는 흔치 않았다.

우리는 1992년에 요즈마 벤처 캐피털 펀드를 조성함과 동시에 어드벤트와 협상을 진행했다. 어드벤트는 세계 벤처 캐피털 분야의 선두 기업이었으니 자본 모금 과정에서 제 역할을 수행하지 못했다는 평판을 듣고 싶지는 않을 터였다. 그래서 우리는 그들이 거래한 경험이 있는 민간 투자자를 영입할 것이라고 기대했다. 정부는 각 자펀드 자본의 최대 80퍼센트를 투자할 권한을 요즈마에게 주기로 결정하면서 각 투자액의 상한가를 800만 달러로 정했다. '최대' 80퍼센트로 지원을 제한한다는 문구는 우리에게 매우 중요한 도구였다. 이 문구 덕분에 우리는 '요즈마'와 펀드를 조성하려는 기관과 협상할 때 융통성을 최대한 발휘할 수 있었다.

어드벤트는 경영 자본이 2,000만 달러 이하인 펀드는 신뢰할 수 없다는 입장이었다. 그래서 나는 모든 보조 자금 자본에서 요즈마의 몫을 최대 40퍼센트 이하로 제한하려고 노력했다. 2,000만 달러의 40퍼센트는 물론 800만 달러이며 이 액수가 바로 정부에서 승인한 투자 상한선이었다.

해리스는 우리가 아직 신인에 불과한 분야에서 일종의 멘토 역할을 하는 인물이었다. 따라서 그와 세부 사항을 협상하는 일은 흥미로웠다. 젊은 나이에 새로운 시장을 개발하는 임무를 맡은 해리스 부사장은 키가 크고 자신감이 넘치며 이따금 거만하게 행동하는 빨간 머리의 사나이였다. 그와 나의 교류는 대부분 우호적이었지만, 그래도 일종의 경쟁 관계로 규정할 수 있었다. 해리스는 이스라엘에 훌륭한 엔지니어가 있을지는 모르겠으나 사업 풍토를 보면 제3세계와 별반 다르지 않다는 말도 망설이지 않았다.

나는 해리스와 협력하는 동안 그가 전문가로서 멘토링을 하고 있는지 아니면 자기 회사에 더 유리한 조건을 확보하기 위해 교섭 수완을 발휘하는지를 예의 주시해야 했다. 이를테면 해리스는 '흥미로운' 기업을 찾아 투자하고 '요즈마'에 충분한 투자 자금이 확보되어 있는지 항상 확인해야 한다는 점을 거듭 강조하면서 이따금 다음과 같이 우리의 의중을 떠보았다. "정부를 다시 찾아가서 우리 예산을 늘려달라고 요청해야 하지 않을까요?"

그뿐만 아니라 그는 투자가 실패할 경우에 대비해 어드벤트의 투자에 대한 담보를 요구하는 일도 서슴지 않았다. 나는 그의 요구를 딱 잘라 거절했다. "클린트, 당신네 같은 평판을 받는 회사는 성공해야 합니다. 그 평판을 유지하고 싶다면 말이죠. 손해를 볼 경우에도 우리는 보상하지 않을 겁니다. 하지만 더 높은 수익 지분을 제공하죠. 그게 당신네처럼 이름난 회사에 더 어울리는 공식이 아닐까요?"

해리스는 회사 대표인 피터 브룩Peter Brook의 전적인 지원을 받았다. 브룩은 해리스와는 완전히 다른 유형으로, 유쾌하고 협력적인 미국 신사였다. 그는 카리스마와 상식을 두루 갖추고 있었으며 사람들은 그의 말을 존중했다. 그는 오늘날까지 사모 주식 투자 펀드(소수의 투자자로부터 자금을 모아 주식이나 채권 등에 운용하는 펀드— 옮긴이)의 선두 주자로 손꼽히는 TA에서 퇴직한 후 또 다른 파트너와 손을 잡고 어드벤트를 설립했다.

퇴직한 다음 그동안 거절당했던 펀드를 세계화하고 싶다는 바람이 간절해졌던 그는 소망을 이루기로 결심했다. 이 분야의 선구자라 할 수 있는 브룩은 1980년대에 이미 세계 투자의 잠재력을 깨달았다. 우리는 운이 좋게도 적절한 시기에 그를 만났다. 브룩이 세계 시장에 진출하고 10년이 지난 후에도 미국 펀드는 세계 시장에서 주도적으로 움직였지만 여전히 모험을 망설이고 있었다. 그러니 미국 벤처 캐피털 펀드에게 이스라엘에서 활동하라고 설득할 때도 고충이 많았다. 그들은 대개 다음과 같이 반응했다. "투자자들은 돈을 미국 이외의 다른 도시에 맡기는 일이 없습니다. 그런데 뭐하러 이스라엘처럼 멀리까지 가겠습니까? 우리 사업은 매우 지역적입니다." 물론 오늘날의 상황은 판이하게 달라져서 세계적으로 활동하는 미국 펀드가 많다.

앞서 언급했듯이 해리스는 2,000만 달러가 넘는 자본의 요즈마 펀드가 조성되기를 원했다. 그러나 우리는 이스라엘 상황으로 볼 때 그 금액은 지나치게 많으며 초기 투자는 규모를 훨씬 더 제한해야 한다고 주장했다. 해리스는 어드벤트가 거액을 모금할 능력이 있다고 실컷 '과시'한 후 결국 이 제한에 동의했다. 무엇보다 그는 1,200만 달러가 넘는 돈을 모금하는 일에 매달리고 싶지 않아 했다.

사실 어드벤트가 우리에게 원한 것은 자사를 은행이나 투자 회사에 연결해 주는 일이었다. 나는 어드벤트의 주장을 고려해서 다섯 군데의 잠재 파트너를 준비했다. 그들은 우리가 예상한 대로 이 중에서 디스카운트 인베스트먼츠 그룹을 선택했다. 이는 자연스러운 결합이었다. 어드벤트와 비슷하게 국제 시장에서 기술 기업에 투자하고 관리한 경험이 많은 이스라엘 투자 기관은 없었지만, 디스카운트 인베스트먼츠에는 파트너십에 참여할 수 있는 자원이 있었다. 그렇게 해서 어드벤트와 디스카운트 인베스트먼츠의 관계가 형성되었다.

우리는 펀드 조성 문제를 놓고 디스카운트 인베스트먼츠와 몇 차례 접촉했다. 그러나 대형 투자 회사의 힘을 과시하는 고압적인 태도, 특히 CEO 도브 타드모르의 태도 탓에 협상을 진행하기가 매우 어려워졌다.

다행히도 타드모르의 보좌관인 미카 엔젤과 나는 화학 부서의 책임자로 근무할 때부터 친한 사이였다. 엔젤은 1977~1999년 동안 디스카운트 인베스트먼츠의 직원으로 회사의 모든 기술 업무에 참여했다.

덕분에 나이스Nice와 길라트Gilat, 오르보트Orbot(훗날 오프트로테크 Optrotech와 합병해 오르보테크Orbotech가 된다) 같은 신생 기업까지 우리의 투자 규모가 확대되었다. 그는 셀콤Celcom, 케이블 회사 테벨Tevel, 시텍스 등 여러 기업을 설립한 주인공이기도 했다. 그뿐만 아니라 라파엘RAFAEL과 엘론(RDC) 사이의 파트너십을 성공적으로 출범시키기도 했다. 이는 군사 기술을 민간 용도로 전환하기 위한 파트너십이었는데, 이스라엘 연구 개발의 미래를 논의할 때 이 분야가 자주 등장한다. 이 분야의 유명한 사례인 기븐 이미징 컴퍼니Given Imagining Company는 이스라엘 공군의 유도 미사일 말단에 위치한 소형 카메라를 이용해 장 질환을 진단하는 도구를 개발했다. 이로 인해 내시경을 힘들어하는 이들도 소형 카메라가 달린 알약 하나로 위나 대장 내시경 촬영을 쉽게 할 수 있게 되었다. 이스라엘의 군 기술이 세계적인 민간 발명품이 된 것이다. 이처럼 군 기술의 민관 기술 사업화 역시 매우 중요하다. 훗날 이 회사는 미국에서 주식을 발행했고 2015년 10억 달러라는 후한 가격에 매각되었다.

내가 생각하기에 디스카운트 인베스트먼츠는 엔겔이라는 핵심 인물의 진가를 제대로 알아보지 못했다. 나는 그가 참여하지 않았다면 어드벤트와 요즈마의 공동 벤처 펀드가 조성되지 않았을 것이라고 믿는다. 엔겔이 대단한 에고의 소유자인 타드모르와 해리스를 연결하는 역할을 하지 못했다면 협상은 아마 결렬되었을 테고 요즈마의 진행 상황도 덩달아 지지부진했을 것이다. 당시 한 가문의 소유물로 운영되던 디스카운트 인베스트먼츠에는 계층 구조와 지배 권력이 팽배했다. 이를 테면 이 회사는 성공을 토대로 직원들에게 옵션을 할당하기를 거부했다. 이후 10년 내에 상황은 완전히 바뀌게 된다.

타드모르와 엔젤의 결합이 이루어진 순간부터 우리는 어드벤트와 디스카운트 인베스트먼츠의 합동 작전에 맞서 싸워야 했다. 그들은 요즈마의 의사 결정 역할을 최소화시키려고 애썼다. 요즈마가 최대 단일 투자자라는 사실은 변함이 없었고, 우리가 자펀드의 일상적인 운용에 관여하지 않겠다고 명확히 밝혔음에도 이들은 끈질겼다. 우리는 어드벤트 대표단과 협상하는 동안 주장한 것이 있었다. 펀드 관리와 투자 위원회에 요즈마의 대표가 적어도 한 명 참여하고 초기 투자에 대한 거부권을 행사할 수 있어야 한다는 것이었다. 결국 그들은 우리의 조건을 수락했다.

우리는 거부권을 보장해 달라는 요구가 펀드 조성에 걸림돌이 될 수 있다는 사실을 알았기에 절대적인 거부권을 요구하지는 않았다. 대신 **두 가지 상황을 제시하고 이에 부합하지 않을 경우에만 거부권을 행사하는 조건부 거부권을 요구했다. 첫째는 기술 분야에서 활동하는 기업에만 투자한다는 것이었고, 둘째는 이스라엘에만 투자할 수 있다는 조건이었다.** 두 번째 조건이 논쟁의 핵심으로 떠올랐다. 어드벤트와 디스카운트 인베스트먼츠의 대표단은 이런 제안을 사업상 제약으로 보고 받아들이려 하지 않았다. 하지만 우리는 이스라엘에만 투자해서 수익을 올려야 한다고 주장했다.

모든 관련자가 상대방이 특정한 사항을 요구하는 이유를 충분히 이해했다. 그러나 서로의 이해관계를 존중하는 절충안에 도달하려면 융통성이 필요했다. **우리는 결국 이스라엘의 프로젝트와 '이스라엘 관련' 프로젝트에 자금을 투자하는 것에 동의하고** 거부권 행사에 대한 이 애매한 규정은 미래의 논쟁거리로 남겼다. 이후 몇 년 동안 요즈마와 같은 유형의 펀드를 조성하려는 다른 나라의 사례를 목격하면서 나는 이 사안이 그들이 타협을 요구할 만한 것이 아닐뿐더러 프로젝트의 성공을 가로막는 중대한 장벽이라는 사실을 깨달았다. 어드벤트와 디스카운트 인베스트먼츠는 계속해서 협상을 확대했다. 어느 시점에 이르렀을 때 우리는 다른 파트너와 다른 펀드를 조성하기 위해 진행하던 논의 과정에서 진전을 거두기 시작했다. 나는 어드벤트-디스카운트-요즈마 공동 펀드가 답보 상태에 머물지는 않을까 걱정스러웠다.

어드벤트와의 협상에서 여러 차례 위기에 이를 뻔한 순간이 있었다. 우리는 추가 인센티브를 제시하지 않으면 그들이 펀드를 포기할지 모른다고 생각했다. 내가 어떻게 이런 결론에 도달했는지는 정확히 설명하기 어렵다. 더 좋은 조건을 확보하는 것이 핵심이 아니며, 이러다가 거래 전체가 황당하게 무산될 수도 있으니 그만두라는 직관의 소리를 들었을지도 모른다. 우리는 혁신적인 아이디어로 난관을 해결했다. 5년 후에 원가 가산 방식의 복리(리보LIBOR, London Inter-Bank Offered Rate + 1퍼센트)로 우리의 지분을 매입할 옵션을 어드벤트에게 주기로 동의한 것이다. 물론 재정부 장관의 승인을 받았다.

어드벤트는 이 옵션에 만족하지 않았다. 그들은 옵션을 7년으로 연장해 달라고 요구하며, 펀드에서 투자 수익을 거두려면 이 정도 기간이 필요하다고 주장했다. 아니면 각 투자를 개별적으로 매입할 옵션을 제공해 달라고 했다. 우리는 이 제안을 거부했다. 이때 타드모르가 추가로 한 가지를 제시했다. 우리가 공동으로 한 개 펀드를 조성해서 1년 동안 독점적으로 운영한 다음에 요즈마에서 추가 펀드를 조성할 수 있도록 만들자는 것이었다. 나는 인내심을 발휘하며 그런 제약을 수락할 수는 없다고 설명했다. 우리가 어드벤트나 디스카운트와 협상할 때면 그들은 언제나 두 가지 터무니없는 요구로 시작했고, 이 두 가지 요구는 '타협'하는 과정에서 결국 '단' 한 가지 요구로 줄어들었다.

이처럼 협상 과정에서 마찰과 불쾌한 상황이 일어났다. 그래도 우리는 우리가 어드벤트에게 바라는 정도만큼만 디스카운트 인베스트먼츠가 우리의 요구를 수락해 주기를 원했다. 이스라엘 경제에서 가장 규모가 크고 유력한 민간 투자 기업이라는 디스카운트의 위치는 우리가 다른 관련자와의 협상에서 쓸 수 있는 중요한 수단이었다.

만일 당시 어드벤트와 디스카운트 인베스트먼츠가 수표를 탁자 위에 놓고 거래 성사의 결정적인 조건으로 독점성을 내걸었다면 내가 어떤 결정을 내렸을지 알 수 없다. 다행히 협상 경험이 많은 어드벤트와 디스카운트 인베스트먼츠는 독점이라는 요구를 철회하기로 동의했다. 그들에게도 요즈마 펀드는 보기 드문 기회일 뿐더러 정부가 지원하는 투자이니 위험이 크게 줄어든다고 판단했기 때문이었다. 우리는 비록 경험이 부족했지만 독점이라는 조건이 그들에게 거래의 성사를 좌우할 만큼 중요한 요소가 아님을 감지했다. 나는 수년 동안 여러 차례 협상에 참여하면서 상대방의 거래 성사 좌우 요인과 우리에게 반드시 필요한 요소를 구분하는 것이 얼마나 중요한지를 배웠다. 협상을 신속하게 타결하려는 협상가라면 이 점에 에너지를 집중할 때 가장 좋은 결과를 얻는다.

어드벤트는 거래를 체결하고 나서 매우 감격스러워했다. 심지어 그들은 요즈마와는 상관없이 미국에서 독자적으로 활동할 펀드도 조성하기로 했다. 그러면 공공 자금, 혹은 적절한 별도의 자금으로 이스라엘 하이테크 프로젝트에 투자할 수 있을 터였다.

우리는 1992년 8월 무렵 계약서에 서명할 단계에 거의 이르렀을 때 어휘 선택이 서로 다른 형태의 계약서들을 교환했다. 어드벤트 협상가들은 당시 이스라엘을 방문한 매사추세츠Massachusetts 주지사 윌리엄 웰드William Weld가 참석한 가운데 기분 좋게 계약을 체결하고 싶어 했으나 우리와 디스카운트 인베스트먼츠 사이의 이견 때문에 계약은 더 지연되었다.

마침내 협상이 성공적으로 마무리되었다. 1993년 1월 1일, 첫 번째 펀드는 미국과 이스라엘에서 조성된 쌍둥이 펀드라는 의미로 '제미니Gemini'라는 이름이 붙었다. 이는 에드 말베스키의 아내 샐리가 제안한 이름이었다.

훌륭한 펀드 매니저를 선택하는 일이 무엇보다 중요했는데, 제미니 펀드가 조성된 시점에도 이 문제는 해결되지 않았다. 진지한 투자자라면 자신이 투자한 돈을 감독할 관리자가 유능한지 확인하지 않고는 자본을 투자하지 않을 것이다. 때로는 펀드 관리자와 협력할 파트너의 능력과 관리자에 대한 파트너의 신뢰가 관리자의 관리 기술과 전문 지식 못지않게 중요하다. 원칙상 어드벤트와 디스카운트 인베스트먼츠 대표단이 선택한 후보자를 거부할 권리가 내게 있었지만, 나는 제미니 펀드의 관리자를 결정할 당사자는 그들이라고 판단했다.

나는 그들이 버드 재단(미국-이스라엘 공동 연구 개발 펀드)을 관리하는 에드 말베스키를 선택했을 때 처음에는 의외라고 생각했다. 물론 말베스키가 그 분야에 대한 전문 지식을 갖춘 인물이긴 하지만, 유대인 출신 영국인의 우유부단한 방식 때문에 이스라엘에서는 이방인 취급을 받았다. 솔직히 말해 말베스키와 나는 돈독한 관계를 유지하며 서로를 높이 평가했으나, 그래도 나라면 그를 물망에 올리지 않았을 것이다.

그러나 도브 타드모르는 나이가 많았음에도 불구하고, 아니면 나이가 많았기 때문인지 어드벤트 대표단에게 말베스키를 추천했다. 어드벤트 대표단은 보스턴 하이테크 분야가 배출한 이 사나이와 함께 일한다는 사실에 흡족해했다.

다행히 말베스키는 그 자리의 적임자였다. 말베스키의 폭넓은 경험과 그가 버드 재단에서 일하면서 해외 투자가들과 맺었던 돈독한 관계 덕분이었다. 제미니의 투자 관리자 겸 기술 전문가로 임명된 요시 셀라Yossi Sela는 말베스키를 지원했다.

제미니 펀드를 출범시키기까지 험난한 가시밭길을 거쳐야 했지만 나는 요즈마와 어드벤트, 디스카운트 인베스트먼츠의 삼각 파트너십이 진정한 드림 팀임을 인정하지 않을 수 없다. 이스라엘이 해외 투자자를 유치할 만큼의 전문 기술이 없던 당시 이는 완벽한 파트너십이었다. 어드벤트 컴퍼니는 벤처 캐피털 펀드의 실무에 막대한 지식과 전문 기술을 제공했다. 디스카운트 인베스트먼츠는 자원과 경험으로 기술 기업에 투자하는 과정에 기여했다. 요즈마는 정부가 후원한다는 안전성, 그리고 내가 시장의 주요 플레이어와 맺은 돈독한 관계로 기여했다. 잠재 투자자들은 상황이 불리해지면 (비록 퇴직했지만) 수석 과학관을 밀어붙여 정부에 도움을 청할 수 있다고 생각했다.

어드벤트와 디스카운트 인베스트먼츠의 협상이 성공적으로 마무리 될 무렵, 캘리포니아의 H&Q 인베스트먼츠와의 협상은 실패했다. 양측이 협상을 진행하는 과정에서 합의서 초안까지 교환했으나 계약에 이르지는 못했다. 어드벤트는 전략적인 결정을 내리고 고위 경영진을 협상에 투입했지만, H&Q는 어드벤트와는 달리 유능한 팀을 구성해 상황을 진척시키지 못했다. 하지만 H&Q 대표단은 이 문제를 더 조사할 만한 가치가 있다고 인식했다. 실리콘밸리에서 일한 경험이 있는 이스라엘 사람을 펀드 관리자로 확보했을 뿐만 아니라 자사 관리자 가운데 이스라엘의 반도체에 투자한 경험이 있는 시온주의 유대인을 협상 관리자로 임명했다. 협상 관리자는 큰 성공을 거둔 미국 기업 데이지 시스템즈Daisy Systems의 설립자이자 1989년 이스라엘에서 머큐리Mercury를 설립한 아리에 페인골드Aryeh Feingold의 친구였다(머큐리는 자동 소프트웨어 품질 관리로 발전해 나스닥에서 거래되었고 2006년 45억이라는 거액으로 H&Q에 매각되었다). H&Q는 이스라엘 벤처 캐피털 산업의 새로운 이니셔티브를 조사할 목적으로 아리에를 대표단에 추천했으나, 안타깝게도 H&Q 대표단은 서로 힘을 합쳐 유능한 전문가 팀을 구성하지 못했다. 게다가 부사장 브루스 크로커Bruce Crocker를 제외하고 H&Q 고위 경영진에서 프로젝트를 지원한 사람이 없었다.

브루스는 우리를 많이 도왔을 뿐만 아니라 자사가 전 세계에 활동을 확대하도록 지원했다. 하지만 브루스도 자사 경영진을 설득하는 데는 실패했다. 개인적으로 이스라엘에 애착이 강했던 그는 훗날 요즈마의 또 다른 자펀드인 '피탕고Pitango'의 미국 파트너로 일하게 된다. 나는 탄탄한 미국 파트너들과 두 펀드를 동시에 출범시키지 못한 것이 안타까웠다. 우리는 갈등을 극복하고 전문가답게 협력할 수 있는 전문 관리자와 파트너를 대신할 것은 없다는 사실을 배웠다.

제미니 펀드가 조성되어 독자적으로 운용되기 시작한 이후 요즈마의 역할은 관리와 투자 위원회 회의에 참석하는 것 정도로 줄었다. 요즈마가 수행한 역할은 주로 투자 대상을 선택할 때 조언을 제공하고 다양한 투자 후보자의 성공 가능성을 평가하는 작업이었다. 일단 투자하기로 결정이 내려지면 프로젝트는 펀드 관리자의 소관으로 넘어간다.

모든 사람이 이런 원칙을 이해하는 것은 아니다. 하지만 전문 관리자가 아닌 정부 기관이 운영에까지 관여해야 한다면 애초에 투자할 가치가 없는 사업이다. 나는 제미니 펀드에서 어드벤트가 초기 단계에 프로젝트를 평가하고 자본을 모으며 신생 기업을 이끌 방법을 지역 관리자에게 가르칠 수 있는 믿을 만한 파트너임을 알았다.

투자 위원회 회의에서 논쟁이 일어날 때, 특히 나와 (대개 항상 본인이 옳다고 확신하는) 타드모르 사이에 논쟁이 일어날 때면 내가 짚어 주는 것이 있었다. 요즈마가 없었다면 타드모르가 어드벤트와 관계를 맺고 제미니를 조성하는 일은 결코 가능하지 않았을 것이라는 사실 말이다. 이사회나 투자 위원회 회의는 몇 달에 한 번씩 보스턴과 이스라엘에서 번갈아 가며 열렸다. 요즈마는 투자를 다루는 회의에만 참석했다.

나는 개인적으로 보스턴에서 열리는 회의가 더 좋았다. 미국을 방문할 기회는 물론이고 미국 기업 문화(좋은 면과 나쁜 면 모두)를 경험할 기회가 생겼기 때문이었다. 회의는 누군가가 책상을 내리치면서 자신의 요점을 관철시키려는 사태가 일어나기 전까지는 분위기가 유쾌했고, 비서부터 회장까지 직원들의 태도도 침착하고 우호적이었다. 이따금 어드벤트에서 단합 대회를 개최하는 날에 보스턴 회의가 열렸는데, 이날은 테니스, 골프, 그리고 그 밖의 다른 스포츠 활동이 진행되었다. 흔히 서로 친분이 없는 사업가들이 교류하기에는 골프가 적합하다고 생각하지만, 나는 테니스에만 참가했다. 골프보다 테니스에 더 자신이 있었던 나는 피터 브룩과 팀을 만들어 다른 팀과 복식을 즐겼다. 피터 브룩은 승부욕이 있고 이따금 지나치리만큼 침착했기 때문에 함께 경기하기가 편했다.

회의에서는 이미 펀드를 투자한 기업, 특히 추가 투자를 요구한 기업의 개발 상황은 물론이고 펀드 관리자가 투자 후보자로 추천한 기업에 대해서도 논의했다. 보스턴에서 열린 한 회의에서 오르나 베리Orna Barry와 앨론 리토비츠Allon Litovitz가 피브로닉스를 떠난 후에 설립한 데이터 전송 전문 회사 오르네트 컴퍼니Ornet Company의 후속 투자 문제가 대두되었다. 이 회사는 뚜렷한 성과를 보이지 못한 채 초기 투자액을 다 써 버린 상태였다. 이 회사의 연간 매출 목표액을 달성하기 위해 필요한 2만 달러를 추가로 지원하는 방안이 바람직할지 논의했다. 이때 나는 처음으로 미국과 이스라엘 측이 보이는 태도의 근본적인 차이를 깨달았다.

손해를 줄이기 위해서라면 수단과 방법을 가리지 않는 미국인들은 회사를 폐업할 것을 제안했다. 이와 대조적으로 이스라엘인들은 회사를 구할 방법을 모색했다. 회사를 구한다는 목적 외에도 회사의 지불 능력을 유지할 수 있는 창의적인 해결책을 찾아야 할 또 다른 이유가 있었다. 나는 제미니 활동을 시작한 초기에 어떤 회사를 폐업하면 다른 잠재 투자자들에게 부정적인 이미지를 줄 수 있다고 생각했다. 디스카운트 인베스트먼츠의 미카 엔젤도 나와 같은 생각이었다.

엔젤은 엘론 CEO 우시아 갈릴의 이야기를 모든 참석자에게 상기시켰다. 1980년 후반 엘비트(이스라엘 최초의 컴퓨터를 제조한 기업)가 파산 위기에 처했을 때 우시아 갈릴은 회사가 계속 활동할 기회를 주어야 한다고 주장하며 영국과 스페인에서 유대인 투자자들을 찾아다녔다. 엘비트는 갈릴의 가상한 노력 덕분에 구제를 받았고 몇 년이 지난 후 이스라엘에서 가장 유명하고 성공적인 기업으로 손꼽히게 되었다.

심의하는 동안 다양한 제안이 등장했다. 피터 브룩은 자신의 입장을 고수하며 월든 펀드Walden Fund(요즈마가 설립해 오르네트에도 투자한 다른 자펀드)로부터 지속적인 지원이 확보되지 않으면 후속 투자에 반대할 것이라고 선언했다. 그는 또한 제미니 관리자 요시가 스케줄을 비우고 오르네트의 관리를 맡아야 한다고 제안했는데, 실제로 이런 방향으로 결정이 이루어졌다. 요시는 오르네트의 본사가 있는 카르미엘Carmiel에 일주일에 세 번씩 출장을 다니면서 6개월에 걸쳐 열심히 노력한 끝에 결국 대박을 터트렸다. 오르네트가 제미니의 첫 번째 투자 회수 사례가 되어 3,200만 달러로 독일 지멘스German Siemens에 매각된 것이다.

피터 브룩은 보스턴 회의에서 벤처 캐피털 펀드 투자 관리에 대한 소중한 두 가지 원칙을 내게 가르쳐 주었다. 첫 번째 원칙은 추가 펀드를 투자에 포함시키고 자금을 지원하는 파트너에 한해서 조건부로 후속 투자를 제공하는 것이었다. '공유 원칙'의 핵심 논리를 따르면 위험은 물론이고 관리의 부담까지 분산시킬 수 있다. 어쨌든 벤처 캐피털 펀드는 대개 소규모 팀이 관리하며, 여러 기업의 관리만 지원하는 수준에 그친다. 반면에 자원을 공동으로 출자하면 더 많은 투자 사례를 감독할 수 있다. 두 번째 원칙은 기업 관리를 확실하고 단호하게 강조해야 한다는 점이다. 만일 투자 대상의 관리 방식이 목표를 성취하는 데 도움이 되지 않으니 이를 변화해야 한다고 결론을 내렸다면 주저 없이 실행에 옮겨야 한다. 이런 변화를 실행에 옮기도록 기업을 움직일 수 있는 원동력은 물론 돈의 힘에서 나온다. 하지만 이뿐만 아니라 기업 관리자들이 투자가의 조언에서 부가가치를 얻을 수 있고 투자가와 관리자가 이해관계를 공유한다는 사실을 깨달을 때도 변화를 실행에 옮기게 된다.

  제미니 펀드는 이스라엘 벤처 캐피털 펀드의 표준으로 자리를 잡았다. 어드벤트와 디스카운트 인베스트먼츠와 협력해 이 펀드를 조성했다는 사실은 제미니가 첫 번째 투자를 실행하기 전부터 요즈마의 성공 스토리로 알려졌다. 그때까지 나는 잠재 파트너와 투자자를 필사적으로 쫓아다녔다. 그런데 이런 형세가 1993년부터 변하기 시작했다. 요즈마의 첫 번째 펀드가 조성되자 요즈마는 이스라엘과 국제 투자자들을 끌어들이는 자석이 되었다. 투자자들은 누구나 정부의 지원과 나무랄 데 없는 조건을 만끽하며 벤처 캐피털을 조성할 기회를 열망했다. 신청자 중에는 비록 기관 투자자는 아닐지라도, 이전까지 하이테크에 투자하지 않던 이스라엘의 유수한 금융 기관들도 포함되어 있었다는 점은 고무적이었다.

　디스카운트 인베스트먼츠와 어드벤트가 펀드 자본의 60퍼센트를 모금한다는 데에 동의했기 때문에 이후로 요즈마에게 펀드 자금 가운데 40퍼센트 이상을 공공 자금으로 충당하라고 압력을 가하려는 투자가는 거의 없었다. 요즈마가 이후에 조성한 펀드 자본은 한 차례를 제외하고는 최소한 2,000만 달러였으며 이 가운데 800만 달러가 공공 자금이었다. 그것은 효과가 입증된 템플릿이었다.

　요즈마는 수많은 글로벌 언론과 금융 부문에서 서서히 관심의 초점으로 떠올랐다. 전 세계 금융 전문 언론들이 요즈마에 관한 기사를 썼고 기업가와 투자자, 진지한 사업가들이 이른바 대박 사업에 참여하려고 줄서서 기다렸다. 그리고 우리가 협상을 시작한 집단이 열 개를 넘어섰다. 어드벤트나 디스카운트 인베스트먼츠와 협상을 마무리하기까지는 1년이 넘게 걸렸지만 이제는 파트너십이 저절로 형성되는 것처럼 보였다. 우리에게 접근한 대표들은 정부에서 펀드에 할당한 자금이 바닥나기 전에 재빨리 서명하려고 혈안이 되었다. 바야흐로 벤처 캐피털 열풍이 이스라엘 시장을 사로잡았다. 요즈마 펀드가 이스라엘에 크게 기여한 점이 바로 이것이다. 나는 요즈마 펀드가 이스라엘 벤처 캐피털 산업의 마중물이 되기를 바랐다.

제12장
이스라엘 기업가와 해결사가 놀라운 현실을 깨닫다

비즈니스 벤처를 시온주의 개척자라고 표현하면 약간 냉소적으로 보일 것이다.* 그러나 1992년 중반부터 모인 요즈마의 소수 정예 팀은 확실히 선구자가 된 것처럼 느꼈다. 이스라엘이 자국 경제에서 중요한 분야에 생명을 불어넣을 책임을 우리에게 맡긴 것이다. 국가가 번영하려면 이 분야가 반드시 발전해야 했으므로, 우리는 최대한 진지한 자세로 임무를 수행했다.

하지만 민간 부문의 파트너는 자신의 역할을 우리와 똑같은 식으로 생각하지 않았다. 그들은 대부분 수익을 극대화하는 일에 초점을 맞추었다. 물론 이는 정당하고 가치 있는 목표이다. 비록 요즈마는 손익

---

* 오토만이 지배하던 이스라엘 땅Land of Israel에 정착한 건국 이전의 초기 시온주의자들은 자신을 뒤따를 사람들에게 길을 열어 주는 '선구자(개척자)'라고 일컬어졌다.

으로 성공을 평가받지 않는 관영 기업이지만, 나는 이 점을 충분히 이해했다. 사실 요즈마 국가에서 맡긴 사명을 완수하려면 사업 환경에 맞춰 행동 방식을 바꾸어야 했다.

나는 우리가 요즈마를 통해 성취하려는 모든 부가가치를 높이 평가하며 단순히 사업 파트너에 머물지 않고 우리의 비전을 함께 실현하려는 기업가를 만날 때마다 매우 흐뭇하다. 물론 예외는 있겠지만 민간 부문 파트너들의 목적이 그저 국가의 자금을 마음껏 이용하는 것뿐이라고 말하는 것은 옳지 않다.

나는 요즈마가 출범한 직후, 해외 기업과 글로벌 투자자들에게 열렬히 구애했다. 하지만 이제는 오히려 요즈마가 열렬한 구애의 대상으로 변했다. 어드벤트와 디스카운트 인베스트먼츠 같은 일류 기업이 요즈마와 협력했다면, 그리고 정부가 재정 지원과 훌륭한 환경을 제공한다면 잠재 투자자들은 기차가 역을 떠나기 전에 얼른 올라타야 마땅했다. 우리가 출범할 무렵의 상황과는 달리 이제 이스라엘의 민간 부문이 먼저 다가오기 시작했다.

관심이 증가함에 따라 우리는 까다롭게 굴 수 있었다. 우리의 문을 두드리는 기업이나 기업가가 모두 벤처 캐피털 펀드를 조성하거나 관리하기에 적절한 파트너로 보이지는 않았다. 잠재 투자자가 경험과 성공을 거둔 기록으로 무장하고 우리를 찾아왔을 때조차 우리는 요즈마의 첫 자펀드인 제미니와 다른 조건으로 새로운 펀드를 운용해야 한다고 주장했다.

우리의 목표는 분명했다. 다시 말해 우리는 일련의 펀드를 조성해 효과적으로 관리함으로써 투자자를 확보하고, 이제 막 개발 단계를 시작한 유망한 스타트업을 찾아 협력하고자 노력했다. 새로운 파트너와 조건을 논의하는 단계에서 터무니없는 요구를 참아 낼 인내심은 많지 않았다. 처음 만난 자리에서 협상이 틀어지는 경우도 많았다. 우리는 잠재 파트너들과 파트너십을 맺을 조건을 정할 때 조금도 양보할 생각이 없었다. 우리의 젊고 단호한 법률 고문 첸 바리르는 협상 파트너와 맞설 때면 언성을 높이면서 다음과 같이 현실을 일깨웠다. "이건 조건입니다. 우리는 이미 이 템플릿에 따라 다른 펀드를 조성했고, 이제 와서 그 템플릿에서 벗어날 생각은 조금도 없습니다."

우리는 펀드에서 요즈마의 지분을 매입할 때 파트너들에게 제공한 옵션을 현금화할 기간을 5년으로 정한 규정을 고집했다. 물론 펀드를 조성하고 처음 5년 동안에는 수익을 많이 거두기 어려우므로 잠재 투자자가 현금화 기간을 연장해 달라고 요구하는 것은 어느 정도 일리가 있었다. 그래도 우리는 모든 사람에게 조건이 평등해야 한다고 주장하며 양보하지 않았다.

일부 구애자는 요즈마가 몇 백만 달러를 손쉽게 빼먹을 수 있는 흔한 정부 계획이 아니라는 사실을 깨닫고 떠났다. 하지만 그런 환상에서 벗어나 사업할 각오가 된 사람들은 우리를 다시 찾아왔다. 개중에는 정치적인 인맥을 이용해 특혜를 받아 내려고 애쓰는 사람도 있었으나 헛수고였다. 에이탄 라프 회장이 지휘하는 요즈마 이사회의 임원들은 정치적 개입과 이해의 충돌(두 가지 일, 목적, 역할 등이 동시에 동등하고 공정하게 양립하기 어려운 상황—옮긴이)을 방지하기 위해 난공불락의 방화벽을 세웠다. 라프는 요즈마의 일상적인 관리에 관여하지는 않았지만, 이스라엘 시장에 진출하는 방안의 타당성을 검토하고자 이스라엘을 찾는 해외 투자자들과 교류할 때 불미스러운 상황이 일어나지 않도록 큰 도움을 주었다.

매우 다양한 사람들이 요즈마와 공동 펀드를 조성하고 싶어 했다. 개중에는 기술 분야의 배경이나 투자할 자본도 없이 우리를 찾아와서 부유한 파트너와의 연결을 기대하는 사람들도 있었다. 우리는 이들에게 공공 자금으로 800만 달러를 지원받을 수 있는 한계 조건이 엄격하다는 사실을 명확히 밝혔다. 자금을 지원받으려면 나머지 1,200만 달러를 모금할 능력이 있는 노련한 파트너(되도록이면 해외 파트너)를 찾아야 했다.

이미 자본을 모금한 경력이 있는 사람들도 있었지만, 그들도 요즈마가 공동 펀드에 참여해도 좋다(관리자 임명 과정과 투자 위원회에 참여한다)는 조건에 동의해야 한다는 점에는 변함이 없었다. 민간 부문 종사자들은 협상하는 내내 우리를 동등한 위치로 대하는 것에 난감해했다. 국가 공무원을 하대하는 데 익숙했던 그들에게는 오랜 습관을 버리기가 어려웠으리라.

요즈마에 접근하는 사람들은 대개 일종의 이권을 얻어 내려고 애썼다. 그들은 언제나 자신이 특혜 조건을 받아야 마땅한 다양한 이유를 늘어놓으면서, 펀드의 다른 파트너들에게 제공되지 않는 혜택을 요구했다. 우리는 언제나 똑같은 방식으로 대응하며 모든 사람에게 조건이 동일해야 한다고 주장했다.

우리는 기술 기업 설립의 개척자로 인정받는 사람들이 이끄는 이스라엘의 일부 유수한 투자 회사가 요즈마와 파트너십을 맺으면 어떤 기회를 얻을 수 있는지를 이해하기 시작했다는 사실이 흐뭇했다.

결국 협상 과정에서 많은 것을 좌우한 건 협상 당사자들의 특성과 성격이었다. 요즈마는 출범 초기에 마이르 바렐과 파트너십을 맺고 한 펀드를 조성했다. 바렐은 독일에 거주하는 이스라엘 사업가로, 독일 기술 분야에 투자해 훌륭한 성과를 거두었다. 그는 금융과 관련되는 조건에는 동의했으나 직접 펀드를 지휘하고 관리하겠다고 고집을 피웠다. 떠오르는 별이라고 자부했던 바렐이 펀드의 이름을 '스타'라고 지은 것은 우연이 아니었다. 그는 독일에서 적절한 투자 대상을 선택하고 자신이 투자한 신생 기업을 감독하면서 이스라엘을 이따금 방문할 수 있을 것이라고 믿었다. 물론 바렐은 경험이 매우 풍부했고 독일의 유수한 투자 회사인 TVM의 파트너였다. 하지만 우리는 이스라엘 시장이 아주 성숙하지 않았다는 사실을 감안할 때 해외에 거주하는 파트타임 관리자는 펀드에 적합하지 않을 것이라고 생각했다.

몇몇 장관과 직접 연락하는 유력 인사인 바렐에게 이 점을 납득시키기는 그리 쉽지 않았다. 우리는 거래를 체결하려면 이스라엘에 거주하는 관리자를 임명한다는 조건을 반드시 수락해야 한다고 못을 박았다. 그러자 바렐은 암논 쇼함Amnon Shoham을 채용했다. 암논은 뉴욕의 일류 법률 회사의 일자리를 포기하고 이스라엘로 돌아와 가장 뛰어난 펀드 관리자가 되었다.

한편 아론 베트 할라미Aaron Beit Halahmi 같은 사람들과 협력했던 경험은 판이하게 달랐다. 할라미는 페데르만 엔터프라이즈 그룹 Federman Enterprises Group에서 산업과 기술 분야를 관리했다. 나는 할라미가 준장 겸 국방부 정책 담당관으로 안보 시설 개발 관리를 지휘하던 시절부터 그와 친분이 있었다. 탈피오트 프로그램Talpiot

Program*을 확립한 베트 할라미는 이스라엘의 하이테크를 발전시키기 위해 혼신의 힘을 다했다. 그는 페데르만 엔터프라이즈에 근무하면서 독일의 다임러-벤츠 그룹Daimler-Benz Group 같은 주요 유럽 기업과 소중한 관계를 맺었다. 할라미는 이스라엘의 신생 스타트업 기업을 발전시킬 수단을 개발해야 할 필요성에 대한 깊은 이해와 관리 기술, 획기적인 기술과 자원의 접근 가능성을 조사하는 문제와 관련된 방대한 지식을 우리와 나누었다. 그는 이상적인 파트너였고 그 덕분에 요즈마-페데르만 팩토리 유로펀드 펀드Yozma-Federman Factories Eurofund Fund가 순조롭게 조성되었다.

베트 할라미와 일상적으로 협력한 경험은 페데르만 엔터프라이즈 그룹의 수장인 미키 페데르만Micky Federman과의 만남과는 확연히 달랐다. 이스라엘 최고 갑부로 손꼽히는 페데르만은 댄 호텔Dan Hotels과 엘비트 시스템 등 수많은 자산을 소유하고 있었다. 우리는 이 가운데 하나인 예루살렘의 킹 다비드 호텔King David Hotel에서 그를 처음 만났다. 페데르만은 극도로 단호한 태도를 보였다. 그는 공장을 세워 달라거나 다른 다양한 프로젝트에 자금을 지원해 달라고 간청하는 국가 공무원에게 이골이 난 사람이었다. 하지만 그가 우리에게 호통을 쳐서 얻어 낼 수 있는 것은 없을 뿐더러 자신이 계속 특혜 조건을 고집하면 우리가 자리를 뜰지도 모른다는 사실을 깨달은 다음부터는 태도가 누그러졌다. 그는 결국 '요즈마'의 운영 지침을 받아들여 부하 직원들에게 계약에 서명하라고 지시했다. 이후부터는 우

---

* 기술 지향적인 젊은 현역 군인을 위한 IDF의 대표 훈련 프로그램

리와 우호적인 협력 관계를 유지했다.

지금 생각하면 1992~1994년에 우리의 업무 처리 속도는 비상식적으로 보인다. 우리는 관영 기관으로서 2년이 채 지나지 않아 열 개의 펀드를 조성했다. 오늘날의 법률 고문이라면 그런 혁신적인 조치를 허락하지 않을 것이다. 분명 그렇게 단시간에 허락할 수는 없을 것이다. **이들 펀드는 공개 입찰이 아니라 미리 결정한 조건에 따라 조성되었다. 펀드 조성의 최종 승인 여부는 요즈마의 조건을 충족시키면서 6월 이내에 나머지 자본을 모금할 수 있는지 여부에 달려 있었다.**

이처럼 펀드 조성 과정을 빠른 속도로 정확하게 진행할 수 있었던 것은, 이스라엘에서 벤처 캐피털 펀드는 새로운 분야였고 이에 대한 지식이 많은 사람은 우리밖에 없었기 때문이었다. 그뿐만 아니라 우리가 이미 투자할 자본을 확보한 상태였기 때문에 예비 조건을 충족시킬 수 있는 이스라엘의 잠재 투자가들은 자신들이 자본을 모금하고 투자자를 모집하며 해외 파트너를 확보할 관리자를 찾을 능력이 있음을 입증해야 했다. 우리는 필요한 자금을 모금한 잠재 투자자에 한해 약정서를 보냈다. 사실 모든 잠재 투자자가 약정서를 받지는 못했다.

오늘날 이스라엘 하이테크 분야에서 주식형 펀드를 조성할 목적으로 1,200만 달러를 투자한다면 이를 유난히 많은 액수라고 생각하지는 않을 것이다. 그러나 1990년대 초반에는 이 정도 액수를 투자할 만한 사업체나 개인 투자자가 없었다. 필요한 자원을 확보하기 위해서는 인맥을 동원하고 부단히 설득해야 했다. 대부분의 경우 몇 달을 이 과정에 투자했다.

우리는 펀드를 조성해서 관리할 기술이나 인맥이 부족한 후보자는 대개 자본 모금 단계에서 걸러 냈다. 추진력을 잃지 않기 위해 한꺼번에 몇몇 펀드를 조성하기도 했다. 우리의 파트너들은 정부가 지나치게 개입할까 봐 걱정했다. 우리는 요즈마가 일상적인 업무와 파트너 급여의 분배 과정에 관여하면 파트너들에게 방해가 될 수 있다고 생각했다. 그러나 펀드의 관리 예산은 이미 정해져 있었고 넉넉지 않았으며, 연간 관리 비용에서 확보했기 때문에 예산을 유용할 수 없었다. 투자 위원회에서 요즈마 대표가 수행하는 역할은 위원회의 다른 임원과 마찬가지였다. 투표를 통해 투자 제안서를 승인하거나 거부하고 펀드 정관에 따라 요즈마에게 배정된 거부권을 행사하는 일이었다. 펀드가 성공을 거둔 한 가지 핵심적인 이유는 요즈마가 적절한 수준으로 개입했다는 것이었다. 요즈마는 결코 지나치게 지배적이지 않았고, 반면에 요즈마 대표단은 투자 위원회에 적극적으로 봉사하며 필요할 때만 거부권을 행사했다.

  우리는 기회를 최대한 활용하고 이스라엘의 중대한 벤처 캐피털 산업을 확립하기 위해 항상 경계를 게을리하지 않았다. 그 이유는 첫째, 수백 명의 기업가가 투자를 간절히 원했기 때문에 우리는 미국처럼 기업가들이 몇몇 펀드를 살피며 '쇼핑'할 수 있는 환경을 조성해야 했다. 그리고 둘째, 일단 새롭게 조성된 펀드는 서둘러 투자할 필요가 없기 때문이었다. 펀드들은 관리 비용을 받아 가며 천천히 움직이는 편을 더 좋아하기 때문에 그들의 발등에 불을 붙여야 했다. 그 무렵은 기회의 시기였다. 투자 대상을 구하려는 자본과 투자할 가치가 있는 프로젝트가 존재했고, 상대적으로 안정적인 시기였다. 우리는 이런 기회를 흘려보낼 수 없었다.

제13장
개척자 구함

 우리는 쭉정이 속에서 요즈마가 제시하는 사업 기회의 진가를 알아보는 진정한 후보자를 걸러 내는 법을 배우며 조금씩 예리한 감각을 길렀다. 물론 하루아침에 이루어진 일은 아니었다. 후보자와 수십 차례 만나는 과정에서 적잖이 실망을 경험했다. 다국적 대기업을 대표한다고 주장하는 이들은 그들을 대표자로 보낸 조직의 신임장을 제시해야 했다. 우리는 자칭 창업가들이 나타나 근거 없는 약속을 남발하면서 국가 보조금을 얻으려 할 때마다 아연실색했다. 우리는 언제나 후보자들에게 그들이 확보한 해외 파트너를 미리 만나자고 했다. 이따금은 해외 파트너 후보자들이 이스라엘에 자사 대표단을 파견하기 전에 전 세계의 이스라엘 경제 담당관의 도움을 받아 그들의 평판을 조회했다.

 해외 투자가 후보자를 승인할지 여부를 놓고 고민할 필요가 없는 경우도 있었다. 유로펀드 펀드의 다임러-벤츠 그룹과 이전에 이스라엘 파트너 페데르만 엔터프라이즈와 협력했던 DEG 산업 개발 은행 DEG Industrial Development Bank 같은 초대형 기업이 참여한 것은 확실히 우리에게 이로웠다. 우리는 이들과 파트너십을 맺어 이스라엘 기술 기업이 유럽에 진출할 수 있는 길을 열고 유럽의 철저한 투자 승인 과정을 이스라엘에 소개했다. 미국 기업은 소프트웨어와 반도체 개발에 투자하는 경향이 있는 반면 독일 기업은 산업 지향적인 접근 방식을 선호했다. 독일의 방식은 하드웨어 개발에 초점을 맞추는 소기업을 발전시키는 데 효과적이었다.

대부분의 경우 해외 파트너와 관계를 맺는 과정은 복잡하고 지지부진했다. 훗날 이스라엘 벤처 캐피털 산업의 주요 인물로 자리매김하는 로니 헤페츠Roni Hefetz는 뉴욕 투자청Investment Authority의 대표로 활약했다. 그는 민간 분야에서 은퇴한 후에 이스라엘 기업과 미국 투자자를 연결하는 사업가가 되었다. 1974년에 설립된, 캘리포니아에서 가장 오래된 벤처 캐피털 펀드의 창립자인 아트 베를리너Art Berliner와 관계를 맺으려고 애썼다.

전형적인 캘리포니아 유대인이자 영리한 사업가인 베를리너는 헨리 데이비드 소로Henry David Thoreau의 책 제목을 따서 자사의 이름을 '월든'이라고 지었다. 『월든』은 '자연으로 돌아가 물질적인 삶을 거부하기'의 바이블로 인정받는 책이다. 베를리너는 당연히 이스라엘에 호의를 가졌지만, 이스라엘 기술은 대부분 국방 중심으로 발전했다고 생각했기에 투자하기를 꺼렸다. 그는 국방 분야에는 관심이 없었다.

1992년 7월 베를리너는 헤페츠에게 극동 지역에 집중할 새로운 벤처 캐피털의 파트너가 되어 달라고 제안했다. 헤페츠는 이스라엘부터 먼저 방문하라고 베를리너를 설득했다. 베를리너는 여러 번 회의에 참석해 이스라엘의 민간 기술 부문이 급속히 발전하고 있다는 사실을 발견했다. 그리고 1993년 초반 무렵, 월든 이스라엘 펀드Walden Israel Fund를 조성한다는 계약을 체결했다.

같은 달에 요즈마는 캘리포니아의 옥스턴 펀드Oxton Fund와 또 다른 계약을 체결했다. 활기가 넘치던 캘리포니아 아타셰 쉴로미 키드론Shlomi Kidron의 중재하에 펀드 관리자들이 먼저 우리를 찾아와서 이스라엘에서 투자할 대상을 모색했다(회사 창립자들 중에 이스라엘 교포가 있었다). 옥스턴 펀드는 비교적 규모가 작았지만 9년 동안 빈틈없는 투자자라는 평판을 쌓았다. 이들은 주로 우량업체 중 주식을 발행하지 않은 기업을 찾았다. 옥스턴은 이미 유럽, 호주, 극동 지역에서 거래한 경험이 있었기 때문에 이스라엘이 투자하기에 매력적인 곳이라는 점을 굳이 납득시킬 필요가 없었다. 그들은 이스라엘의 장점, 그리고 이스라엘의 기술 분야가 세계 무대 진출을 목전에 두게 된 과정을 상세히 분석한 자료까지 준비했다.

옥스턴은 확실히 전문 기술과 지식을 갖추고 있었다. 하지만 우리는 그들이 이스라엘 시장과는 거래 경험이 많지 않은 점이 우려스러웠다. 게다가 1,200만 달러를 확보하기가 쉽지 않을 것이라고 생각할까 봐 걱정스러웠다. 옥스턴의 관리자들은 타이완의 한 벤처 캐피털 펀드뿐만 아니라 열정적인 유대인 시온주의자가 지휘하는 프랑스 보험 회사를 해외 파트너로 영입했지만 그래도 이스라엘에 적을 둔 파트너나 관리자가 필요했다.

옥스턴 펀드 대표단은 처음에 예루살렘의 히브리 대학교Hebrew University를 파트너로 영입하려 했으나 우리는 사업체도 영입해야 한다고 주장했다. 다음 후보자는 예루살렘 개발청Jerusalem Development Authority이었다. 이들은 두 가지 조건만 충족된다면 최소 200만 달러를 투자할 의향이 있다고 밝혔다. 첫째 예루살렘에 본사를 설립하고, 둘째 개발청의 사업 개발 및 기술 부서의 책임자 에렐 마르갈리트Erel Margalit를 펀드 관리의 개발청 대표로 임명한다는 조건이었다. (훗날 이스라엘 벤처 캐피털 분야의 핵심 인물이자 유명한 노동당 크네세트 의원으로 선출되는) 마르갈리트는 당시 고작 서른세 살이었다.

옥스턴 대표단은 사업의 중심지로 정평이 난 곳이 아님에도 예루살렘을 본거지로 삼을 생각이었다. 나는 우리가 장관들의 점수를 딸 수 있다고 생각하고 이 조건을 지지했다. 하지만 옥스턴 대표단은 에렐을 임명하는 조건을 긍정적으로 생각하지 않았다. 그들이 보기에 에렐은 너무 어리고 경험이 없었다.

그럼에도 불구하고 1993년 1월 옥스턴과 계약이 체결되어 예루살렘 퍼시픽 벤처스 펀드Jerusalem Pacific Ventures Fund(JPV Fund)가 탄생했다. 하지만 옥스턴 대표단은 여전히 에렐을 임명하는 조건에 반대했다. 이스라엘 사람이 펀드를 관리해야 한다고 우리가 계속 주장하자 그들은 헤미 페레스Chemi Peres를 추천했다. 페레스는 이미 파트타임 펀드 관리자로 모페트 재단(오래된 인발 펀드 가운데 하나)에 참여하고 있었다. 나는 계속해서 마르갈리트를 임명하라고 주장했다. 우리는 페레스가 펀드에 전적으로 에너지와 시간을 쏟을 수 없을 것이라고 예상했다. 반면에 이미 예루살렘에서 실시한 프로젝트에서 미국 기업의 투자를 확보한 경험이 있는 마르갈리트를 믿었다.

벤처 캐피털 분야에서 마르갈리트가 국제적인 유명인사로 자리매김한 지금에 와서 이 일을 돌아보면 뜻밖이지만, 옥스턴 경영진은 몇 달 동안 마르갈리트의 임명을 완강하게 반대했다. 그 바람에 펀드의 존립마저 위태로워졌다. 이런 종류의 논쟁이 일어나면 흔히 그렇듯이 옥스턴 대표단은 자신들의 주장을 원칙의 문제라고 표현했다. 펀드 투자자들을 확보하기 어려울 것이라는 그들의 생각과는 달리 마르갈리트가 다양한 투자자와 만나 일차적인 성공을 거두었을 때에도 그들은 여전히 반대했다(펀드가 시작된 지 2년이 지나도록 옥스턴 대표단은 줄기차게 마르갈리트를 경질하라고 요구했다).

그들 때문에 펀드 운용에도 차질이 생기자 나는 마르갈리트의 임명을 반대하는 주된 동기가 뭔지 의심이 들었다. 혹시 관리 비용을 그들이 차지하려는 것이 아닌지 말이다. 그래서 당시 재정부 정책 담당관이었던 내 오랜 지인 아론 포젤을 찾아갔다. JPV에서 관리자 자격으로 옥스턴과의 커뮤니케이션을 맡아 달라고 요청했다. 마르갈리트는 포젤이 관여한다는 사실을 염려했지만 나는 그를 진정시켰다. "포젤이 당신 대신 미국인들을 처리할 테니 당신은 계속 투자자들에게 집중하고 투자할 회사를 찾으세요." 포젤에게 옥스턴을 맡긴 것은 결국 성공을 거두었고 평화가 다시 찾아왔다.

JPV는 훗날 이스라엘에서 가장 수익성이 좋은 펀드로 손꼽히게 되는데, 이는 대부분 마르갈리트의 끈기와 참을성 덕분이었다. 마르갈리트는 미국 파트너들이 그에게 적대적일 때에도 제이 모리슨Jay Morison을 비롯한 무리에게 배워야 한다고 생각했다. 옥스턴의 고위 경영자였던 모리슨은 결국 누그러졌다. 마르갈리트와 모리슨은 마르갈리트가 직접 조성한 다음 펀드에서도 계속 관계를 유지했다.

어쨌든 이 펀드가 활동한 5년 동안 요즈마는 계속 개입해야 했다. 요즈마가 중재하려고 애쓰지 않았다면 마르갈리트에 대한 미국인들의 변덕과 반감을 극복할 수 없었을 것이다. 에렐 마르갈리트는 다음 펀드를 조성할 때 펀드 이름을 예루살렘 벤처 파트너스Jerusalem Venture Partners(JVP)로 바꾸었다. 캘리포니아인들의 건방진 태도가 남긴 쓰라린 뒷맛을 씻어 버리려는 의지였다. 자랑스럽게도 그는 이후 여러 펀드에서 거듭 성공을 거두며 요즈마가 벤처 캐피털 세계의 부가가치라고 강조했다. "요즈마와 에를리히는 투자자를 확보하고 다양한 관련자들을 중재하며 관리자를 지원하기 위해 노력했다. 그리고 그 과정에 적극적으로 참여함으로써 정부에 커다란 공헌을 했다."

JPV의 사례는 이스라엘 기업에 대한 투자에 전념하는 벤처 캐피털이 성공하려면 어떻게 해야 하는지 여실히 보여 준다. 시간과 에너지를 전적으로 투자할 수 있는 이스라엘 전문가를 임명해야 하는 것이다. 지금은 상황이 달라졌으나 이스라엘 관리자가 무능하다는 평판을 받던 1990년대 초반에는 미국 파트너들이 이스라엘인을 펀드 책임자로 임명하는 것을 대부분 달갑게 여기지 않았다. 그래서 이스라엘인을 펀드 관리자로 임명할라치면 논쟁이 끊이지 않았다.

유대인 사업가이자 자선가인 마샬 버틀러Marshal Butler는 이스라엘과 우호적이고 돈독한 관계를 맺고 있었다. 칩과 세라믹 전도체를 제조하는 미국 초대형 기업 AVX를 이끌던 그는 오래전부터 이스라엘 기술에 투자할 펀드를 조성하기로 계획을 세웠다. (훗날 AVX는 일본의 교세라 컴퍼니Kyocera Company와 합병한다.) 버틀러는 인발 펀드 개런티스Inbal Fund Guarantees와 요즈마 사이에서 고민하다가 요즈마를 선택했다. 그는 처음에는 요즈마와 어드벤트, 그리고 디스카운트 인베스트먼츠가 공동으로 조성한 펀드인 제미니의 잠재 투자자로, 그다음에는 직접 벤처 캐피털 펀드를 조성하려는 후보자로 요즈마를 찾아왔다. 버틀러와 그의 파트너 켄 린드Ken Rind는 관료주의가 팽배한 인발보다 요즈마가 더 좋았다고 말했다.

우리는 펀드를 관리할 후보자를 선택하는 과정에서 다시 한번 난관에 부딪혔다. 버틀러와 린드는 관리자 임명 문제에 요즈마가 개입하는 것을 용납하지 못했고, 우리는 그들이 제안한 관리자를 반대했다. 우리는 고위 정치가의 친척이었던 그 후보자가 탐탁지 않았다. 버틀러에게 그를 관리자로 임명할 수 없으며 그가 이끄는 펀드라면 차라리 조성하지 않는 편이 더 낫다고 선언했다.

버틀러는 여러 정치가와 쌓은 인맥을 통해 압력을 행사하려 했다. 우리는 이 압력에 버티기 위해 어쩔 수 없이 에이탄 라프의 영향력까지 총동원했다. 나는 회의에서 그와 열띤 논쟁을 벌이던 중에 다음과 같이 단호하게 말했다. "당신이 누구와 얘기하는지, 누구에게 압력을 가하는지는 중요하지 않습니다. 우리가 받아들일 수 있는 관리자가 임명되지 않는다면 이 펀드는 조성되지 않을 겁니다."

버틀러는 자신이 직접 펀드를 관리하겠다고 말한 적도 있었다. 하지만 이스라엘로 거주지를 옮겨서 전적으로 시간을 투자할 생각인지는 확실치 않았다. 결국 그는 우리의 요구를 받아들였다. 우리는 엘비트의 부사장을 지낸 마티 크레프Mati Krep를 임명하기로 합의했다.

1993년 후반에 니차님 펀드Nitzanim Fund가 조성되었다. 난산 끝에 출범한 이 펀드는 훗날 요즈마가 후원한 가장 성공적인 펀드로 손꼽히게 된다. 니차님 펀드는 요즈마가 투자가에게 제공한 옵션을 현금화한 이후에 열네 배의 투자 수익을 거두었다(옵션 현금화를 포함시키지 않으면 아홉 배였다). 버틀러의 파트너 켄 린드는 이 성과에 매우 감격해했다. 훗날 그는 미국에서 열린 여러 강의를 통해 이스라엘에서 최대의 성공을 거두었다고 말했다. 그리고 요즈마와 요즈마의 색다른 운영 방식을 강조했다.

우리가 관리자 임명 문제를 놓고 오랫동안 갈등을 벌이는 바람에, 의학 연구에 초점을 맞춘 첫 번째(그리고 유일한) 펀드 메디카Medica의 조성에 차질이 생기기도 했다. 메디카 펀드는 유발 비누르Yuval Binur 박사가 제안한 아이디어였다. 엘론의 의료 장비 분야를 관리하던 비누르는 전설적인 프레드 아들러와 함께 일한 적이 있었다. 나는 수석 과학관으로 재임하던 시기부터 비누르와 친분이 있었다. 이스라엘의 의료 벤처 캐피털 펀드에 미국 파트너를 유치하려고 노력하던 비누르는 결국 조나단 플레밍을 영입하는 데 성공했다.

플레밍은 인성이 좋은 유대인으로, 보스턴에서 새롭게 조성한 옥스퍼드 바이오케미컬Oxford Biomedical을 이끌고 있었다. 그는 이미 펀드를 조성한 경험이 있었다. 하지만 나는 비누르에게 이스라엘 파트너가 추가로 필요하다고 느끼고 이스라엘 관리 팀을 증원하자고 제안했다. 당시 요즈마는 이미 여덟 개의 펀드를 조성했거나 조성 중이었기 때문에 타협의 여지가 없었다. 비누르와 플레밍은 또 다른 이스라엘 파트너를 영입할 필요가 없다고 계속 주장했다. 그러던 1994년 초반 무렵, 그들은 우리가 양보하지 않을 것이며 자칫하다가는 기회를 놓칠 수도 있다는 사실을 깨달았다. 그들이 우리에게 파트너를 제안하라고 요청한 것은 바로 이 때문이었다.

나는 완벽한 후보자를 마음에 두고 있었다. 바로 테바 컴퍼니의 전 고위 경영자이자 인터팜 연구소의 CEO인 에후드 겔러였다. 의료 벤처 캐피털 펀드에 투자자를 확보하기 위해 두 차례 노력한 경험이 있었던 겔러는 처음부터 요즈마 이사회 임원으로 일했다. 처음에 그는 비누르나 플레밍과 권력 싸움을 벌일까 봐 걱정스러워했다. 하지만 나는 요즈마 이사회에서 사임하고 메디카 펀드에 합류하라고 그를 설득했다. 자금을 모으기까지는 오랜 시간이 걸렸다. 마침내 900만 달러의 자본이 모금되었을 때 우리는 600만 달러를 펀드에 투자하기로 했다. 앞서 언급했듯이 이것은 이스라엘에서 유일한 의료 펀드였다.

펀드 자금을 모금하는 과정에서 수많은 난관과 지연 상황에 부딪히자 나는 골치가 아팠다. 그래서 조나단 플레밍이 이스라엘을 방문했을 때 이유를 설명해 달라고 부탁했다. 플레밍은 본인이 생각하는 이유를 설명해 주면서 다른 사람에게는 알리지 말라고 했다. 나는 그에게 이렇게 물었다. "당신네처럼 성공적인 미국 펀드가 어째서 투자 자본을 모금하지 못하는 겁니까?" 플레밍은 다음과 같이 말했다. "이스라엘 파트너 두 사람의 궁합이 맞지 않으면 자본을 모으는 건 불가능합니다. 투자자와 만날 때 그게 고스란히 드러나니까요." 나는 이 일로 자본을 모금할 때 인간관계, 즉 주요 파트너 사이의 궁합과 그 이상의 것(파트너들이 협력해 성공을 거두었다는 과거의 경험을 알려 얻어지는 부가가치)이 중요하다는 사실을 배웠다.

우리가 항상 이스라엘 관리자를 임명하겠다고 주장했던 것은 아니었다. 이따금 그럴 필요가 없는 경우도 있었다. 1992년 도브라트-쉬렘Dovrat-Shrem은 유수의 투자 기관이었다. 25년 동안 크랄 컨소시움Clal Consortium의 CEO를 지낸 아론 도브라트Aaron Dovrat와 그의 보좌관 이트지크 쉬렘Itzik Shrem이 몇 달 전에 설립한 기관이었다. 도브라트와 쉬렘은 디스카운트 인베스트먼츠가 요즈마와 함께 펀드를 조성하고 있다면 자신들도 그와 비슷한 파트너십을 형성해야 한다고 판단했다.

처음에 그들은 해외 파트너를 참여시키지 않고 펀드를 조성하려 했는데, 이 때문에 거래가 빨리 체결되지 않았다. 직접 자금을 모을 수 있다고 생각했기 때문에 예상 수익을 파트너들과 공유하려 하지 않았다. 하지만 수익을 공유해야 한다는 우리 주장에 따라 필라델피아의 CMS 투자 회사CMS Investment Company를 참여시켰다. 실제로 이들은 주로 자문 역할을 하면서 그들이 투자한 기업을 지원했을 뿐, 파트너로서는 적극적으로 활동하지 않았다.

도브라트는 적극적인 이스라엘 사업가라는 전형적인 이미지와는 정반대였다. 실제 협상 관리자는 그의 파트너 쉬렘이었다. 쉬렘은 우리가 다른 펀드와 동일한 조건을 그들에게 제공할 것이라고 약속하자 더 이상의 조건을 요구하지 않았다. 도브라트는 예의 바르고 호감이 가는 사람이었다. 그는 도브라트-쉬렘이 직접 벤처 캐피털 펀드를 조성할 능력이 있다고 나를 설득했다. 그들이 완벽한 펀드 관리자 후보

(라미 칼리쉬Rami Kalish)를 선택한 것이 내 마음을 돌리는 데 한몫했다. 당시 칼리쉬는 이스라엘 국제 기업 오르보트-유럽Orbot-Europe을 이끌고 있었다. 오르보트-유럽은 인쇄 회로를 점검하는 광학 시스템 제조 분야에서 세계 선두 기업이었다. 그 무렵 이스라엘 경쟁 업체인 오프트로테크와 합병해 오르보테크를 설립했다. 칼리쉬는 유럽 본사에서 회사를 관리했는데, 전 세계에 이스라엘 제품을 마케팅한 경험이 많았다.

칼리쉬는 기회주의자가 아니었다. 그래서 훗날 '폴라리스'라고 일컬어지는 펀드를 관리하라는 제안을 받았을 때 투자와 재정 지원에 관한 경험이 부족하다는 이유로 거절했다. 이미 이 주제를 깊이 공부한 도브라트는 칼리쉬에게 다음과 같이 설명했다.

"벤처 캐피털은 기술이 뭔지 이해하는 사람이 필요한 주식형 펀드일 뿐만 아니라, 스타트업에 투자해 세계 무대에서 성공하도록 돕는 펀드라오. 지금 당신이 하고 있는 일이 바로 그겁니다."

이스라엘로 돌아온 칼리쉬는 1992년 후반 도브라트-쉬렘에 합류했다. 1993년 7월, 폴라리스를 설립한다는 계약이 체결될 무렵에 그는 이스라엘의 하이테크 시장을 조사하며 투자 대상을 찾았다. 폴라리스는 비록 우리가 초기에 설립한 펀드는 아니지만 가장 빨리 투자를 실행하며 방대한 기업 포트폴리오를 구성했다. 이 펀드는 나중에 피탕고로 이름을 바꾸었고 이스라엘 최대의 벤처 캐피털 펀드가 되었다. 그러나 당시에는 새로운 유형이었고 이런 경험이 없었다.

이 펀드에서 투자 대상으로 선택한 회사는 코비 리히터Kobi Richter의 메디놀 컴퍼니Medinol Company였다. 칼리쉬는 오르보테크의 소유주 자격으로 리히터를 만난 적이 있었다. 리히터와 진행한 협상은 그리 간단하지 않았다. 우리는 칼리쉬와 협의해 투자 단계를 마무리할 방법을 모색했다. 이때 보아즈는 거래에 옵션을 추가하자고 제안했다. 나중에 펀드에서 조금 다른 조건으로 이 회사에 투자할 수 있도록 하기 위해서였다. 이 제안은 지금은 표준적인 것이지만 당시에는 혁신적인 것으로 생각되었다. 이 제안이 거래를 체결하는 데 주효했다.

요즈마의 아홉 번째 펀드 메디카가 조성되었을 때 우리는 파트너십 형성 단계가 마무리되었다고 생각했다. 이제부터 우리의 임무는 투자와 펀드, 그리고 펀드가 투자한 회사의 문제를 처리하는 일뿐이었다.

그런데 1995년 초반에 요람 오론Yoram Oron이 나를 찾아왔다. 오론이 이스라엘 밀리터리 인더스트리스Israeli Military Industries의 레셰프Reshef 공장 관리자였을 때 나는 그를 만난 적이 있었다. 레셰프는 포탄의 퓨즈를 생산하는 공장이었는데 그 무렵은 싱가포르 정부가 이스라엘에서 군사 장비를 대량으로 구입했던 시기였다. 그 덕분에 오론은 싱가포르 정부의 한 유력 인사와 친분이 있었다. 오론은 싱가포르 사람들이 이스라엘 정부와 벤처 캐피털 펀드의 파트너가 되고 싶어 한다고 말했다. 요즈마에 관한 소문을 들었다는 것이었다. 내 첫 답변은 다음과 같았다.

"좀 더 일찍 우리에게 접근하지 않은 게 유감입니다. 우리는 이미 재정부에 펀드 설립의 마무리 단계에 대해 공지를 했거든요."

그러나 오론은 물러나지 않았다. 싱가포르에 가면 정부의 투자 자금이 준비되어 있으니, 내가 할 일은 1,200만 달러짜리 수표를 가져

오면 된다고 했다. 나는 재정부 공무원들과 이 문제를 의논했다. 우리가 신속하고 체계적으로 협상을 하고, 일주일 내에 지체 없이 파트너십이 체결된다면 또 다른 펀드를 조성할 예산이 이미 확보된 상태라고 했다. 그리고 나는 당장 다음 날 싱가포르로 떠날 수 있다고 말했다. 재정부는 동의했다.

나는 싱가포르로 향했다. 오론이 전했던 대로 싱가포르 테크놀로지 코퍼레이션Singapore Technologies Corporation에 소속된 베르텍스 펀드Vertex Fund(훗날 이 펀드의 후속 펀드가 웨이즈에 투자하고 구글에 1조 2,000억 원에 매각한다)가 곧바로 투자 의사를 밝혔다. 나는 CEO 리 카이 남Lee Kay Nam의 영어를 한마디도 이해할 수 없었다. 할 수 없이 싱가포르 악센트에 익숙한 오론에게 통역해 달라고 부탁했다. 베르텍스 펀드는 주로 무기 분야에서 이스라엘과 싱가포르의 공동 사업에 투자한 경험이 있었다. 펀드 대표단은 이스라엘 민간 하이테크 혁명에 일조할 수 있는 기회를 만났다는 생각에 매료되었다.

우리는 대략적인 계약을 체결했고, 보아즈가 싱가포르를 방문해 최종 세부 사항을 요약했다. 싱가포르 펀드 대표단은 한 가지만 제외하고 우리의 조건에 모두 동의했다. 그들은 싱가포르의 법적 제약 때문에 이스라엘 회사가 펀드를 관리한다는 점에 동의할 수 없었다. 하지만 우리도 이스라엘에서 싱가포르 회사가 투자를 관리한다는 점에 동의할 수 없었다. 우리는 결국 두 곳에 관리 회사를 두기로 합의했다. 싱가포르 파트너는 또 다른 해외 관리 회사를 설립해 이스라엘 관리 회사의 결정을 승인하기로 했다. 베르텍스 이스라엘은 요즈마가 설립한 열 번째이자 마지막 펀드였다.

우리는 열 개의 파트너 집단과 협상하고 계약을 체결했다. 반면에 협상에 실패하거나 추가 펀드를 조성하는 단계로 발전하지 못한 경우도 많았다.

요즈마에 대한 소문이 퍼지자 수많은 사업가가 몰려들었다. 우리는 이런 사람들을 모두 만났다. 자동차 수입업자들의 단체에서 찾아와 창업 자본을 모금할 기회를 달라고 요구한 적이 있었다. 나는 이 단체의 리더에게 "벤처 캐피털이 뭔지 아시나요?"하고 물었다. 그는 주먹으로 책상을 내리치더니 "배울 거요!"라고 고함을 질렀다. 나는 그저 해외 파트너를 확보해야 한다고 말했을 뿐, 대놓고 그들의 요구를 거절하지 않았다. 그리고 그들은 다시 나타나지 않았다.

개중에는 기술 분야를 잘 아는 사업가도 있었으나 파트너십 계약에는 이르지 못했다. 이들 가운데 한 사람이 엘룰 테크놀로지스Elul Technologies의 창립자 겸 관리자 다비드 콜리츠David Kolitz였다. 엘룰 테크놀로지스는 방위 분야의 첨단 프로젝트와 프로젝트 관리에 대해 컨설팅을 제공하는 회사였다. 당시 콜리츠는 이스라엘에서 인맥이 가장 풍부한 창업가로 손꼽혔다. 과거 그의 파트너였던 에제르 와이즈만Ezer Weizmann이 얼마 전에 대통령으로 선출되었고, 콜리츠는 총리 이차하크 라빈을 포함한 고위 장관들과 쉽게 접촉할 수 있었다. 그는 미국 공군을 위한 첨단 전자 시스템을 개발한 로렐 컴퍼니Laurel Company 같은 훌륭한 회사를 국제 파트너로 영입했다.

콜리츠는 요즈마가 펀드 자금 가운데 80퍼센트를 투자해야 한다고 요구했다. 우리는 이 요구를 거부하고 다른 자펀드에서와 마찬가지로 정부 투자금은 자본의 40퍼센트 넘지 않을 것이라고 못 박았다. 그러자 콜리츠가 화를 내며 "하지만 정부 결정서에는 요즈마가 80퍼센트를 투자할 것이라고 규정하고 있잖소!"라고 소리쳤다. 나는 다음과 같이 답변했다. "맞습니다. 하지만 당신은 '**최대** 80퍼센트'라는 중요한 문구를 간과하고 있습니다. 우리는 이보다 더 적게 투자할 권리가 있습니다. 필요하다고 생각되면 10퍼센트만 투자할 수도 있죠. 선택은 우리가 합니다." 그러자 콜리츠는 목청이 터지도록 소리를 지르며 의자에서 벌떡 일어났다. 격노한 그는 이렇게 말했다. "당신은 일개 직원일 뿐이고 80퍼센트라고 결정한 건 정부잖소."

콜리츠는 포기하지 않고 계속 회의에 참석했다. 그는 언제나 기분 좋게 시작했지만 결국 이 문제를 놓고 분통을 터트렸다. '직원'이 감히 정부 결정서에 대한 자신의 해석을 '틀렸다'고 말하는 것이 모욕적이었을 것이다. 그는 다양한 방법을 동원해 압력을 가하려고 애썼지만 에이탄 라프가 이런 시도를 다시 한번 무산시켰다.

개인적으로 콜리츠의 친구였던 에이탄에게 이는 결코 쉬운 일이 아니었기에 우리는 그의 노력을 매우 고맙게 여겼다. 우리가 모든 파트너에게 동일한 조건을 고집하지 않았다면 요즈마는 아마 실패했을 것이다. 반면에 콜리츠와 그의 회사가 우리의 조건을 수락했다면 벤처캐피털 시장의 주요 플레이어로 부상할 수도 있었으니 큰 기회를 놓친 셈이다. 훗날 콜리츠는 우리의 정책을 이해하게 되었고 우리의 성공을 높이 평가하며 파트너십을 맺지 못한 것에 대해 불만이 없다고 내게 전했다.

(컴퓨터 통신 분야에서 가장 성공한 이스라엘 기업으로 손꼽히는) 라드 그룹Rad Group의 창립자 조하르 지샤펠Zohar Zishapel은 우리와 설립할 공동 펀드에서 관례보다 더 많은 금액을 투자하라고 요구했다. 지샤펠은 민첩하고 강인하며 목표 지향적인 인물이었다. 1992년에 그가 우리에게 보낸 계약서 초안에는 요즈마가 이 공동 펀드에 자본의 3분의 2를 투자하라고 적혀 있었다. 그는 우리가 자신처럼 성과를 입증한 창업가에게도 40퍼센트 이상은 투자하지 않을 것이라는 판단이 서자 곧바로 협상을 중단했다. 지샤펠 회장은 펀드의 독립성을 확보하고 싶어 했다. 따라서 내가 짐작하기에 그는 우리뿐만 아니라 다른 관영 기관과 파트너십을 맺어 펀드를 조성할 때도 펀드의 독립성을 보장받기 위해 언제나 까다롭게 굴었을 것이다.

1993년에 우리에게는 (우리 조건에 동의한 창업가와 기업 등) 잠재 투자자가 많았다. 그러나 필수 요건인 1,200만 달러를 모금할 수 있는 투자자를 확보하지 못해 결국 요즈마의 투자를 받지 못했다. 하지만 훗날 이들 가운데 많은 잠재 투자가가 다른 파트너들(조나단 메드베드Jonathan Medved가 이끄는 그룹과 디지털 그룹Digital Group과 협력했던 이스라엘계 캐나다인 마크 벨즈버그Mark Belzberg의 그룹 등)과 벤처 캐피털 펀드를 조성하는 데 성공했다. 그것은 요즈마가 성공을 거둔 후 이스라엘과 국제 투자가들 사이에서 이스라엘 벤처 캐피털 펀드에 대한 관심이 증가함에 따라 잠재 투자가들에게 유리한 분위기가 조성되었기 때문이었다.

요즈마가 열 개의 자펀드를 성공적으로 설립한 일은 이스라엘 벤처 캐피털 산업을 위한 중요한 전진이라 할 수 있다. 그러나 우리의 프로젝트를 마무리하는 일은 아직 요원했다. 다음 각 단계(투자자 확보, 투자할 기업과 창업가 선택, 투자받은 기업과 협력하기)에도 저마다 위험과 실패 확률이 도사리고 있었다.

제14장
이스라엘 스타트업 성공담 :
광기로 향하는 방법

무엇이 이스라엘을 스타트업 천국으로 만들었는가?

전 세계 경제학자와 사회학자, 기술 연구원들이 지금껏 이 질문을 놓고 논의를 되풀이했지만 합의에 도달하지 못했다. 사람들은 다양한 답변을 내놓으며 이스라엘의 독특한 역사적, 사회적, 그리고 심지어 영적 환경을 언급한다. 이를테면 사람들은 이스라엘이 스타트업 천국이 될 수 있었던 이유로 아랍 통상 금지에 대처하고 첨단 방위 산업을 개발해야 할 필요성, 전 세계 유대인이 이스라엘로 대량 이주해 이스라엘 학계와 연구에 새로운 기술과 아이디어를 주입한 사실, 그리고 창의력이 풍부한 '유대인의 천재성'이라는 특별한 성질을 언급한다. 물론 이 중에는 진실과 거리가 먼 답변도 있다.

나는 창업가 기질이 있는 이스라엘 사람들에게는 이 밖에도 다른 이점이 있다고 믿는다. 이를테면 이스라엘인들은 실패를 두려워하지 않는다. 지난 몇 십 년 동안 이스라엘 경제가 성공을 거둔 이유는 바로 이 특성 때문이었다. 이스라엘 문화는 실패의 위험을 기꺼이 떠안는 태도를 존중한다. 용기를 내어 시도하다 실패한 사람들을 부정적으로 판단하지 않는다. 이런 특성은 일련의 명령과 동지애에 기반을 두고 모험적인 팀워크를 강조했던 IDF(이스라엘 방위군)와 무관하지 않을지도 모른다. IDF는 전투 중에 실수한 지휘관과 병사를 도울 뿐만 아니라 적군의 손에 의해 쓰러졌든 인간의 잘못된 결정이나 아군의 오발 때문에 쓰러졌든 상관없이 그것을 충분히 있을 수 있는 일이라고 받아들인다.

　다른 문화에서는 실패에 대한 고질적인 두려움이나 실패하면 사회적으로 오점이 남는다는 생각이 흔히 존재한다. 이런 요소들은 대담한 스타트업을 설립할 수 있는 잠재력에 해를 미친다. 하지만 이스라엘에서는 그렇지 않다. 이스라엘의 대담함은 하이테크 산업을 발전시키기 위해 노력하는 수많은 나라에서 지금껏 볼 수 없었던 특성이다.

　전반적으로 질서가 없는 듯이 보여도 이스라엘의 생활 방식에서 어떤 요소, 예컨대 즉흥 능력이 새로운 개발품의 생산에 필수적인 첨단 지식 및 개발 능력과 결합하면 일종의 시너지 효과가 일어난다. 이를테면 수많은 사례에서 장애물이나 예측하지 못한 재난 혹은 팀워크를 직접 경험한 최전선 '정규' 대대의 지휘관들이 첨단 기업의 특징이라 할 수 있는 난관과 불확실성에 가장 훌륭하게 대처하는 것으로 입증되었다. 이따금 이들은 정예부대 장교이거나 성격상 '독주자'여서 정보를 공유하거나 문제와 실패를 인정하기 어려워하는 지나치게 자신만만한 사람들보다 대처 능력이 뛰어났다.

1993년 요즈마가 설립한 첫 벤처 캐피털 펀드가 운영에 필요한 자본을 대부분 확보해서 마침내 운영을 시작했다. 요즈마가 신생 기업에 투자를 고려할 때면 선뜻 결정을 내리기가 어려웠다. 펀드를 관리하는 과정에 해외(주로 미국) 파트너가 깊이 관여하는 데다가 이들이 이스라엘인의 능력을 그다지 신뢰하지 않는다는 사실이 한 가지 이유였을 것이다. 어쩌면 새로운 길을 개척하기 위해 믿고 맡기기에는 경험이 부족한 관리자들이 있어서였을지도 몰랐다. 앞서 말했듯이 투자를 시작하면 펀드 관리자에게 관리 비용을 정기적으로 지급해야 한다는 부담감 때문이었을 수도 있다.

우리는 미완성의 아이디어에 투자하기를 조심스러워하는 펀드에게 좀 더 진취적으로 움직이라고 자극했다. 어쨌든 펀드를 조성하는 것만이 요즈마의 유일한 목적은 아니었다. 이스라엘 기술 분야 전체를 활성화하고, 수백 개의 유망한 기업에 자금을 지원하며, 이들이 세계 시장에 진출할 길을 닦는 것이 요즈마의 목적이었다. 파트너십이 형성되어 펀드가 조성되고 전문 관리자가 임명되면, 요즈마는 그다음 과정을 시작할 자극제를 제공해야 했다. 이스라엘 시장이 활발하게 성장하고 있으며, 꾸물대는 사람들은 독특한 기회를 놓칠 수 있다는 사실을 투자자와 창업가의 뇌리에 새겨야 했다.

그러나 펀드 자본의 40퍼센트를 투자하고 투자 위원회에 참석해도, 펀드를 관리하는 일은 분명 요즈마의 임무가 아니었다. 파트너들이 신생 기업에 투자하기를 꺼린다 해도 요즈마가 억지로 밀어붙일 수는 없었다. 펀드는 순수하게 사업적인 이해관계에 따라 독자적으로 운영해야 했다. 만일 정부가 사사건건 펀드에 간섭한다고 파트너들,

특히 해외 파트너들이 느꼈다면 파트너십은 수포로 돌아갔을 것이다. 투자자들은 관리자에게 운영을 맡기고 결과로 평가해야 한다는 것이 벤처 캐피털의 '황금률'이었다.

요즈마 대표는 거부권을 가지고 있었지만 투자 위원회의 여느 위원과 똑같이 행동해야 했다. 일부 파트너는 요즈마의 거부권을 과도한 개입의 증거로 보았으나 그렇다고 해서 거부권을 포기할 생각은 없었다. 우리는 투자 대상을 조사하고 새로운 창업가와 이야기를 나누었다. 아울러 그들의 기술 역량은 물론이고 그들이 다른 관련자나 해외 투자자와 그때껏 주고받았던 커뮤니케이션을 검토했으며 해당 분야의 관련 분석가나 특정 기술의 전문가와 협의회를 열었다.

요즈마에서 내 파트너로 일했던 보아즈 골드슈미트는 세부 사항을 조사했다. 어떤 경우에는 우리도 정보와 건의 사항을 추가했다. 그것은 펀드가 기업과 맺은 투자 계약서를 개선하는 데 도움이 되었다.

이와 반대로 우리는 가치가 없는 투자에서 손을 떼라고 경고할 수도 있었다. 하지만 우리가 거부권을 행사하고 투자를 막았던 사례는 손에 꼽을 정도였다. 일례로 한 펀드가 어느 제조 공장 설립에 투자하려 했던 사례를 들 수 있다. 러시아에서 최근 개발된 지식을 토대로 유리 거푸집에 새기는 3차원 에칭화를 제조하는 공장이었다. 이때 우리는 거부권을 행사했다. 오로지 돈으로 매입한 지식을 토대로 공장을 설립하는 것은 요즈마가 펀드를 조성할 때 규정한 목표와 운영 구조에 어울리지 않기 때문이었다. 요즈마의 펀드는 새로운 지식의 개발 과정을 지원하도록 규정되어 있었다.

요즈마는 이스라엘 시장을 미국과 비슷하게 만들고자 노력했다. 가장 유망한 신생 기업에 투자하려고 서로 경쟁하는 미국 시장에서는 창업가가 다양한 펀드에 접근할 수 있는 선택권이 있었다. 그러나 우리의 신설 펀드는 대체로 투자하기를 망설였다. 그래서 우리는 **1991년 요즈마가 설립될 당시 정부 결정서에서 부여한 권한을 행사해야 한다고 판단했다. 우리가 직접 유망한 기업에 투자하고 '열한 번째 펀드'로 효과적인 운용을 하기로 결정한 것이다. 그러면 요즈마가 경쟁을 권장하는 촉매제가 될 터였다.**

아홉 개 펀드에 각각 800만 달러, 그리고 한 펀드에 600만 달러를 투자한 후 요즈마의 예산은 2,200만 달러가 남아 있었다. 우리는 이 금액을 회사 유지와 직접 투자에 이용했다. 정부 결정서와 요즈마 정관에 따르면, 우리가 이런 투자를 하는 데는 아무런 문제가 없었다. 투자 조건은 다른 펀드와 동일했기 때문에 우리는 요즈마 주식의 최대 49퍼센트까지 직접 투자할 수 있었다.

우리는 요즈마의 자펀드 중에서 투자를 고려하다가 결국은 투자하지 않은 기업을 선택했다. 어쨌든 요즈마의 목적은 최대한의 수익을 거두는 것이 아니라 이스라엘 벤처 캐피털 시장에 경쟁 정신을 불어넣고 새로운 투자자와 협력하는 것이었다. 우리의 직접 투자는 주로 다음과 같은 조건에 부합하는 기업으로 초점을 맞추었다.

- 전략적인 투자가와 파트너십을 맺은 기업
- 생물의학처럼 투자가에게 인기가 적다고 생각되는 분야의 기업
- 회사를 설립하기 위해 본국에 돌아오거나 기존 회사나 연구 기관을 떠날 의향이 있는 창업가와 파트너십을 맺은 기업

- 자펀드의 지원을 받지 못한 기업

1993년 초반, 이스라엘 창업가 겸 연구원인 아르논 가트Arnon Gat가 찾아왔을 때 우리는 요즈마에서 직접 투자해야겠다는 확신이 들었다. 가트는 1980년대 초반 캘리포니아 새너제이San Jose로 이주해 AG 어소시에이츠AG Associates를 설립했다. 그의 회사는 반도체 산업을 위한 솔루션 제조와 마케팅에 초점을 맞추었다. 아르논은 신제품 개발에 주력하는 자회사를 이스라엘에 설립하고 투자자를 찾고 있었다. 그에게 투자하면 기술력이 뛰어난 기업인 포알림 인베스트먼츠 그룹Poalim Investments Group과 처음으로 파트너십을 맺을 수 있었다. 게다가 해외 교포 한 사람을 이스라엘로 돌아오게 만들 수도 있었다(실제로 아르논은 나중에 이스라엘로 이주했다).

제미니를 제외한 요즈마의 다른 펀드들은 아직 조성되는 중이었는데, 진행 과정이 지지부진했다. 만일 어느 펀드에서 투자할 준비가 될 때까지 계속 기다렸다면 아마 기회를 놓쳤을 것이다. 요즈마는 1993년 2월, 100만 달러의 투자 계약을 체결했고 그 결과 AG 이스라엘AG Israel이 출범되었다. 포알림 인베스트먼츠 역시 100만 달러를 투자했고, 2년 후 요즈마가 가진 회사의 지분을 매입했다. 이것이 요즈마의 첫 번째 투자 회수였다.

요즈마에는 다른 펀드에 비해 한 가지 중대한 이점이 있다. 성공과 수익을 추구한다는 점은 다른 펀드와 다를 바 없지만 더 큰 모험을 할 수 있다는 점이다. 이는 요즈마가 정부로부터 직접적인 지원을 받기 때문이다. 다른 펀드는 추가 투자자를 유치하지 못한 기업에 투자할 경우 '실패'로 규정될 위험이 있다. 반면 요즈마는 이런 경우를 고용과 인프라, 지식을 장려하는 시도라고 정당화할 수 있다.

물론 민영 펀드에서도 모든 투자에서 수익을 거둘 것이라고 생각하지는 않는다. 하지만 정부의 관영 펀드는 이들보다 더 투자 수익에 연연해하지 않는다. 그렇기 때문에 큰 모험에 도전해 국가의 지식 자산을 창조함으로써 민영 펀드에 비해 더 큰 수익을 거둘 수 있다. **공공 부문은 민간 부문에 견줄 만한 모험을 할 수 없다고 착각하는 사람이 많은데, 실상은 정반대이다.** 일단 정책과 목표를 설정하면 국가는 목표를 성취하고자 큰 모험을 한다. 이때 항상 재정상의 수입을 목표로 삼는 것은 아니다.

'요즈마'가 설립한 다른 펀드들이 우리의 직접 투자를 (완곡하게 표현해) '이해'하고 수용한 것은 아니었다. 펀드 관리자들은 요즈마 대표가 투자 위원회에 참석하면서 직접 투자를 하는 것은 이해의 충돌이라고 주장했다. 우리는 그들의 우려를 잠재우기 위해 제안서를 제출했고, 요즈마 이사회는 이를 통과시켰다. 직접 투자 대상은 요즈마 자펀드가 투자하지 않을 기업에만 해당한다는 내용이었다. 그럼에도 펀드 대표단은 관영 기업인 요즈마가 민간 부문에 직접 투자하는 것을 중지해야 한다고 주장하며 정부에 압력을 넣었다.

1993년 9월, 나는 재정부 예산국장 다비드 브로트David Brodt로부터 의외의 서한을 받았다. 브로트는 우리에게 직접 투자에 관여하느냐고 물었다. 나는 1991년 정부의 결정서에 따라 요즈마가 설립될 당시 직접 투자가 승인되어 있다는 사실을 다시금 짚어 주었다. 정부 결정서에는 다음과 같은 내용이 포함되어 있었다. 첫째, 추가 파트너가 없이는 어떤 기업에도 투자하지 않을 것이다. 둘째, 500만 달러 이상 투자하지 않을 것이다. 셋째, 요즈마의 지분은 49퍼센트를 넘지 않을 것이다. 넷째, 해당 기업에 투자를 실시해 5년이 지난 경우 투자 파트너가 원하면 요즈마의 지분을 매입할 옵션을 제공할 것이다.

재정부를 설득하는 일은 비교적 쉬웠으나 파트너와 펀드 관리자는 이후에도 2년 동안 완강하게 반대했다. 나는 그들에게 다음과 같이 분명히 밝혔다. "우리도 재정적인 면에서 성공을 입증해야 합니다. 여러분만 이익을 거두고 요즈마는 버려질 수 없지요." 그래도 모든 사람을 설득하지는 못했다. 요즈마는 직접 투자를 계속했으며 이 가운데 많은 투자가 성공을 거두었다. 그러다 보니 요즈마의 파트너와 자펀드, 그리고 우리 사이에 긴장 상황이 지속적으로 발생했다.

사실 펀드들이 이토록 우리를 의심하며 적의를 보일 만한 이유는 없었다. 우리를 찾아오는 소기업에게 요즈마의 다른 펀드들을 찾아가서 투자할 의향이 있는지 먼저 타진해 보라고 권유하기도 했다. 우리가 다른 펀드로부터 투자 기회를 가로챌 수 있는 경우도 많았지만, 우리는 결코 그러지 않았다. 많은 기업이 우리에게 투자 신청서를 제출했지만 AG 이스라엘에 투자를 한 직후만 해도 우리가 직접 추가로 투자한 적은 없었다. 우리는 다른 펀드를 위해 무대를 깨끗하게 남겨 두고 싶었다.

하지만 펀드들이 몇 달 동안 이 문제를 물고 늘어져서 우리는 한 차례 더 직접 투자를 했다. 1993년 후반부터 1994년 초반까지 다섯 차례 직접 투자를 실시해 300만 달러가 넘는 수익을 거두었다. 이후에도 1995년 9월까지 계속해서 직접 투자를 했다.

제15장
직접 투자와 성공, 놓친 기회에 대해 : 인터넷과 의료 장비의 부상

요즈마에서 직접 투자한 유비크Ubiqe는 와이즈만 연구소의 에후드 샤피라Ehud Shapira 교수가 기술 사업화해서 창업한 기업이었다. 그때껏 인터넷은 대학과 연구 기관들이 메시지를 전달하고 정보를 교환하는 네트워크로 쓰였다. 그러다 1994년 초반부터 수백만 개의 대규모 기업과 조직, 수십억 명의 사용자를 연결할 대규모 국제 네트워크와 데이터 환경으로 그 역할이 바뀌기 시작했다. 1994년에 전 세계인의 인터넷 사용률은 25퍼센트에도 미치지 못했고 사용자의 80퍼센트는 미국에 거주하고 있었다. PC에서 비교적 쉽게 온라인 서핑을 할 수 있도록 만들어진 최초의 상용 브라우저 모자이크Mosaic가 시장에 진입한 것은 고작 몇 달 전이었다. 하지만 혁명이 진행 중이라는 사실은 명백했다.

유비크는 인터넷은 물론이고 이스라엘 스타트업 발전의 개척자였다. 유비크 설립자 샤피라 교수는 학계 연구원이었다. 그는 예컨대 IDF 정보국의 컴퓨터 부서처럼 1세대 스타트업을 이끈 컴퓨터 부서의 베테랑이나 언제 어디에나 존재하는 컴퓨터와 인터넷 환경에 둘러싸여 성장한 차세대 스타트업을 이끄는 젊은 창업가와는 성격이 사뭇 달랐다. 현재 샤피라 교수가 와이즈만 연구소에서 수행하는 프로젝트 가운데 한 가지는 실리콘 칩이 아니라 살아 있는 세포를 기반으로 한 'DNA' 컴퓨터 개발이다. 그는 1990년대 초반에 액티브 메일 Active Mail(몇몇 사용자가 동시에 이용할 수 있는 전자우편 문서), 도어스 Doors(인터넷 사용자에게 우호적인 환경을 제공하는 소프트웨어), 버추얼 플레이스Virtual Places(사용자의 위치를 찾아 메시지를 전달하고 함께 온라인 서핑을 할 수 있는 프로그램) 등의 인터넷 애플리케이션을 개발했다. 21세기의 첫 10년 동안 개발된 이같은 애플리케이션이 수백 가지에 이르며, 그것들은 현재 누군가의 컴퓨터 혹은 네트워크에서 이용되고 있다. 그러나 1990년대에는 이런 개발품이 여전히 예비 단계에 머물러 있었다. 그렇다 보니 샤피라가 이를 위한 자금을 확보하기는 녹록지 않았다.

이스라엘의 진지한 투자자들은 인터넷을 학자와 전문가만 주목하는 불확실한 가상의 공간으로 보았다. 1980년대 후반부터 미국에서는 인터넷의 상업성에 관한 관심이 점점 증가했지만, 1993년 무렵의 미국 투자자들은 여전히 인터넷 투자에 신중한 자세를 취했다. 요즈마에서 설립한 펀드 역시 '더 안전하고' 실체적인 기술을 선호했다. 당시 진정한 '서퍼'였다고 주장할 수는 없지만, 나는 수석 과학관으로 재임하는 동안 미래의 사업 활동을 위한 장으로서 인터넷의 잠재력을 확인했다. 그리고 학계 연구원들에게 대학의 접근 권한과 그들이 소유한 몇몇 접근 지점을 활용해 하이테크 창업가들과 협력하도록 장려했다.

요즈마는 유비크에 50만 달러를 투자하기로 결정했고, 댄 톨코우스키와 그의 아들 기데온이 이끄는 베리타스 펀드Veritas Fund도 이와 비슷한 금액을 투자했다. 앞서 언급했듯이 톨코우스키 부자는 프레드 아들러(유명한 벤처 캐피털리스트이자 이스라엘 최초의 벤처 캐피털 펀드인 아테나 펀드의 초대 관리자)의 파트너였다.

유비크는 이내 사용자에게 추가 서비스를 제공할 방법을 모색하던 미국 인터넷 기업의 주목을 받았다. 1995년 초반 당시의 유수한 인터넷 프로바이더(인터넷의 접속 서비스를 위해 백본 네트워크를 구축하거나 관리하고 다른 프로바이더와 상호 접속하는 운영 주체—옮긴이)였던 아메리카 온라인 America Online(AOL)은 유비크에게 관심을 보이며 인수까지 제안했다. 연구에만 집중하고 개발에 시간과 돈을 퍼붓고 싶지 않았던 샤피라는 회사를 매각하고 싶은 마음이 컸다. 반면에 톨코우스키의 펀드는 다른 펀드들과 맺은 계약에 따라 요즈마의 지분을 인수하려고 압력을 행사했다.

톨코우스키의 펀드는 요즈마가 직접 투자한 펀드였다. 그래서 우리는 다른 펀드들과는 달리 톨코우스키와의 투자 계약서에 요즈마의 지분을 매입하는 옵션을 규정하지 않았다. 하지만 어쨌든 우리는 합의에 이르렀다(이는 주로 샤피라의 건강을 보호하기 위해서였다). 샤피라는 인생 최대의 거래를 놓칠지도 모른다는 불안감에 노심초사했다. 그는 베리타스 펀드의 요구에 동의하라고 나를 설득했다.

1995년 9월 유비크는 2,000만 달러로 AOL에 매각되었다. 이것은 요즈마의 두 번째 투자 회수 사례였으며, 이 투자 회수로 우리는 실로 많은 수익을 거두었다. 하지만 우리가 조금 더 기다렸다면 수익은 더 많아졌을 것이다. 지금은 유비크의 매각을 기억하는 사람이 거의 없지만, 몇 년 후 유비크는 IBM에 다시 매각되어 하이파에 위치한 IBM 연구소에 통합되었다.

2,000만 달러라는 매입가는 그리 인상적인 액수는 아니었으나 이스라엘 인터넷 기업이 다국적 대기업에 매각된 첫 번째 사례였다. 다른 투자 회수가 이어질 수 있는 길을 닦기에 충분했다. 실제로 3년 후인 1998년 6월 AOL은 창업가 요시 바르디로부터 미라빌리스 Mirabilis와 이 회사의 인스턴트 메시징 애플리케이션인 ICQ를 4억 700만 달러에 매입했다. 투자 회수를 통해 당시 이스라엘에서는 상상할 수 없었던 액수를 거둬들이자 재계가 깜짝 놀랐으며 바르디는 인터넷 '대가'라는 명칭을 얻었다.

그 당시에는 불과 몇 년 안에 인터넷을 통해 교환될 데이터의 방대한 규모를 예측한 사람이 전혀 없었다. 하지만 데이터와 이미지, 전화 통화를 전송할 미디어 인프라에 대한 수요는 기존 네트워크에서 공급할 수 있는 수준을 훨씬 능가하리라는 것이 명백했다.

ECI의 엔지니어로 일하다 텔레게이트 컴퍼니Telegate Company를 설립한 에후드 알로니Ehud Aloni라는 인물이 있다. 그는 텔레비전 방송을 전송하는 유선 네트워크를 통해 대화와 데이터를 전송하는 방법을 개발했다. 이 방법을 통하면 미국과 유럽의 수백 개 가구를 연결하는 유선 회사가 훨씬 더 다양한 서비스를 제공하며 대형 전화 회사와 경쟁할 수 있었다. 실제로 10년이 지난 후에 이것은 현실이 되었다.

그러나 사업 경험이 없었던 알로니는 펀드를 설득해 투자받기가 어려웠다. 반면 요즈마는 알로니의 생각에 타당성이 있다고 믿었고, 기존 기업에서 신생 기업으로의 '파급' 효과를 촉진시키고 싶었다. 1993년 12월 요즈마와 아리트 인더스트리스 컴퍼니Arit Industries Company는 각각 100만 달러를 텔레게이트에 투자했다. 텔레게이트는 몇 년 동안 지속적으로 유선 인프라 솔루션을 개발하고 설계했다. 평판이 좋은 투자자들이 이제는 성공 스토리로 인정받을 만한 사업에 참여하려고 줄지어 기다렸다. 텔레게이트는 회사가 설립되고 약 6년이 지난 1999년에 1억 달러 상당의 주식 스와핑(기업의 인수 및 합병 과정에서 인수 기업이 자사 주식을 대가로 피인수 기업 주식을 취득하는 것—옮긴이) 거래를 통해 이스라엘 사업가 사키 라히브Zachi Rachiv 소유의 미국 텔레커뮤니케이션 회사인 테리온Terion에 매각되었다.

그 무렵 요즈마는 포뮬라 그룹Formula Group의 자회사 메인 컨트롤Main Control에도 직접 투자했다. 메인 컨트롤에서는 다양한 컴퓨터와 운영 체계를 사용하는 대규모 조직을 위한 제어 시스템과 백업 및 저장 솔루션을 개발했다. 물론 이는 특히 획기적인 개발이었으나 우리가 이 회사에 40만 달러를 투자하기로 결정한 것은 사실 독일 기업 인터칩InterChip이 포뮬라 그룹에 주목했기 때문이었다. 몇 년 후 포뮬라는 요즈마가 보유한 메인 컨트롤의 지분을 매입했고, 메인 컨트롤은 2002년에 1,900만 달러로 MRO에 매각되었다.

또 다른 투자 성공 사례는 리가추어 컴퍼니Ligature Company(광학식 문자 판독 분야의 개척자)였다. 요즈마는 135만 달러를 투자한 아메리칸 배링스턴 그룹American Barrington Group과 제휴해 50만 달러를 투자했다. 1995년 100만 달러의 매출을 기록한 이 회사는 미국-이스라엘 합작 회사 위즈컴 컴퍼니Wizcom Company에 합병되어 1999년에 성공적으로 독일에 진출했다.

요즈마가 직접 투자한 모든 기업이 성공 스토리의 주인공이 되지는 않았다. 1994년 초반 요즈마는 이스라엘계 캐나다인 마크 벨즈버그와 제휴해 에몰테크Emoltech에 50만 달러씩 투자했다. 에몰테크는 1987년 라비 전투기 프로젝트*가 취소된 후 IAI에서 제대한 이스라엘 공군 조종사들이 모여 설립한 회사였다. 전투기 프로젝트가 취소되자 수백 명의 엔지니어가 민간 부문으로 몰려들었다.

이들 가운데 일부는 기술 벤처를 설립해 시뮬레이션 소프트웨어를 개발했다. 이 소프트웨어 애플리케이션은 처음에는 전투기 전용이었지만 이후 휴대폰과 온라인 거래 사이트로 확대되었다. 벨즈버그는 뉴욕 나스닥에서 회사 주식을 발행하고 싶어 했으나 자기 자본이 부족해 어쩔 수 없이 시카고 주식 시장을 택했다. 에몰테크는 모토로라 컴퍼니, AOL 등과 거래하는 등 몇 차례 성공을 거두었지만 적자에 시달렸다. 이 회사는 2006년에 900만 달러에 매각되었다가 2009년에 결국 폐업되었다.

요즈마의 일부 투자 사례는 좋은 성과를 거두지 못했다. 그러나 직

---

* 군사적인 독립을 모색하던 이스라엘은 직접 전투기를 개발하고자 노력했다. 하지만 미국은 자국에서 제공한 국가 안보 지원금을 이스라엘이 이 프로젝트에 이용하도록 허용하지 않았고, 다양한 형태로 프로젝트를 중단하라는 압력을 행사했다. 이 프로젝트는 결국 당시 이스라엘이 겪고 있던 경제 위기를 고려해 중단되었다.

접 투자 대부분이 성공을 거두었고, 모든 투자가 나름대로 기술 창업가의 경험에 기여했다는 사실은 수익을 거두지 못한 아쉬움을 상쇄하고도 남았다. 요즈마의 투자는 전반적으로 10년 동안 열 배의 수익을 거두었는데 이는 같은 기간 자펀드 열 개의 평균 성과보다 높은 비율이었다.

요즈마는 거칠고 종잡을 수 없는 사업가 루이스 펠Louis Pell과 이례적으로 제휴를 맺어 두 차례 대성공을 거두었다. 펠의 행동을 보면 적잖은 유대계 미국인이 이스라엘에 보이는 이중적인 태도가 여실히 드러났다. 그는 이스라엘의 혁신과 발명 재능은 높이 평가했지만 관리 능력과 사업 문화는 얕보았다.

루이스 펠은 1970년대부터 미국 의료 장비 기술 부문에서 널리 알려진 투자자였다. 1980년대에 이스라엘을 방문해 연구 센터와 주요 병원을 돌아다니며 잠재력이 큰 개발 사례를 찾았다. 그는 격식을 차리는 세련된 신사는 아니었다. 그의 태도는 노골적이어서 거의 야수와도 같았다. 그는 흥미로운 의료 개발품을 발견했다 싶으면 계약서도 쓰지 않은 채 곧바로 수표부터 꺼냈다. 그리고는 1만 달러짜리 수표를 발명권에 대한 대가로 개발자에게 건넸다. 그다음 곧바로 황급히 미국으로 돌아가 자사의 엔지니어에게 아이디어를 전달했다.

펠에게는 자신만의 방법이 있었다. 그는 이스라엘 창업가를 만나면 다음과 같이 말하곤 했다. "내가 당신 회사의 80퍼센트를 차지하고 당신에게는 20퍼센트만 남길 테지만 당신 지분의 가치는 1년 내에 500만 달러에 이를 것이오." 일단 개발자가 동의해서 계약이 체결되면 그는 미국 투자자들에게 접근해 높은 기업 평가액을 토대로 자금을 모은 다음 큰 지분을 차지했다. 이를테면 2,000만 달러라는 투자 이전 기업 가치를 내세워 500만 달러를 모금하는 수법을 써서 거듭 성공을 거두었다. 그의 투자자들은 어떻게 해서든 수익만 거두면 그를 맹신했다(이 가운데 일부 투자자는 실망시키면 큰일이 날 부류의 사람이었다).

그 당시 단기간 내에 2,000만 달러 상당의 기업이 내 것이 될 수 있다는 유혹을 쉽게 물리칠 이스라엘 창업가는 극히 드물었을 것이다.

나는 수석 과학관으로 재임하는 동안 펠을 만난 적이 있지만, 그와 처음으로 진지한 협상을 시작한 것은 1993년이었다. 아비 골드소벨Avi Goldsobel이 자신의 후원자를 만나 보라며 카이사레아Caesarea의 댄 호텔로 나를 초대했다. 골드소벨은 당시 하이파에 있는 테크니온의 기술 실행 부서 책임자였는데, 펠은 이스라엘에서 투자 기회를 찾을 때 골드소벨과의 관계를 이용했다. 그 자리에는 람밤 병원Rambam Hospital의 심장 전문의이자 테크니온 의학부의 연구원인 쉴로모 벤하임Shlomo Ben-Haim(훗날 교수가 된다) 박사가 동석했다. 벤하임은 심장 전기 활동의 장애를 진단하는 전문가로, 심장 박동 장애를 예방하는 개발품을 연구하고 있었다. 심장 전문의가 심장 동맥 내부에서 조종해 절제 수술을 정확히 진행함으로써 전류가 다시 제대로 흐르도록 만드는 개발품이었다.

벤하임은 몇 년 후에 이스라엘 의학 분야에서 가장 유능하고 강인한 투자자로 손꼽히게 되지만 그 무렵에는 사업 경험이 전혀 없는 젊은 의사였다. 그는 장차 파트너가 될 펠을 약간 두려워했다. 골드소벨은 요즈마로부터 도움을 받아 펠과 벤하임을 연결하고 싶어 했다. 사실 골드소벨에게 필요한 것은 요즈마의 돈이 아니었다. 나는 테크니온의 라파포트 연구소Rappaport Institute를 찾아가 물건들이 빼곡하게 들어찬 아담한 사무실에서 벤하임을 만났다. 벤하임은 펠로부터 본인의 개발권을 지켜 줄 수 있는 이스라엘 관련자를 찾고 있었다. 그는 개발권에 큰 기대를 품고 있었다.

반면, 펠에게 요즈마가 필요했던 이유는 우선 미국 투자가들에게 당시에는 다소 황당해 보이는 개발 과정에 이스라엘 정부가 투자에 참여한다고 선전하기 위해서였다. 요즈마의 방침은 개발과 마케팅을 할 수 있는 잠재력은 있지만 인기가 없는 분야에 투자하고, 창업가에게 연구 단계에 머물지 말고 기업을 설립하도록 장려하는 것이었다. 따라서 이 투자는 요즈마의 방침과 일치했다.

펠은 우리에게 미국으로 업무를 이전하라고 압력을 가했다. 그러면서 자사의 엔지니어가 제품의 개발과 제조에 경험이 있으니 아이디어를 개발하고 추진하는 방법을 알 것이라고 주장했다. 우리는 처음 들어 본 주장이라 이 요구를 거절했다. 그런데 펠은 이스라엘 사람들에게 거절당하는 일에 익숙하지 않았다. 그는 예리하게 갈고닦은 직감에 따라 이 개발에 확실한 잠재력이 있다고 판단했다.

우리는 몇 달에 걸쳐 일련의 회의를 열었는데, 펠과 그의 변호인단은 자신들이 내놓은 조건을 수락하라며 수단과 방법을 가리지 않고 우리를 설득했다. 심지어 회의 도중에 내게 "그냥 다 포기합시다. 나가서 신발이나 사세요"라면서 농담이나 '뇌물'처럼 보이는 방법도 마다하지 않았다. 반면에 다음과 같은 말로 우리의 시온주의 감성을 자극했던 적도 있었다. "나는 요즈마에는 관심이 없소이다. 나는 당신네 정부나 정부 돈은 필요 없고 그저 이스라엘 창업가에게 투자하고 싶을 뿐이오. 그러니 내가 이 일을 성취하도록 당신들이 도와야 하지 않겠소." 그러다가 심기가 불편해졌을 때는 회의의 모든 참석자 앞에서 모욕적인 언사와 농담을 반반 섞어서 다음과 같이 말했다. "당신이 수석 과학관이라니 이스라엘이 이런 모습인 것도 놀랍지는 않군요."

우리는 벤하임을 지지했다. 그는 미국에서 개발을 진행하면 자신의 발명품에 대한 통제권을 잃을까 봐 걱정했다. 우리는 본래의 입장에서 한 치도 물러서지 않았다. 결국 펠은 어쩔 수 없이 뒤로 물러나 우선 이스라엘에서 개발을 계속하는 데 동의했다. 펠은 자사의 엔지니어 한 명을 보내 개발 작업에 참여시켰으나 그가 요직을 맡지는 않았다. 1994년 7월 요즈마는 벤하임의 바이오센스 컴퍼니Biosense Company에 100만 달러를 투자했다. 우리가 실시한 직접 투자의 다른 파트너와는 달리 펠은 요즈마의 지분을 매입할 수 있는 옵션을 요구하지 않았다. 펠이 생각하기에 그것은 본인의 회사였으니 그럴 필요성을 느끼지 못한 것이다. 그는 우리의 설득에 따라 본인이 의도한 것보다 더 큰 지분을 벤하임에게 제공했다. 펠은 순진하게도 위험을 감수하고 투자한 투자자가 성공의 지분을 모두 받아야 한다고 믿고 있었다(그 투자자가 정부일 경우에도 말이다).

바이오센스는 성공을 거두어 의학계에서 크게 주목받았다. 이 회사가 설립된 지 2년이 채 지나지 않아 미국의 대기업들은 바이오센스의 인수에 점점 더 많은 관심을 보였고 이스라엘에 직접 팀을 파견하기도 했다. 이 가운데 가장 진지하게 임했던 기업은 메드트로닉 Medtronic이었다. 이 회사에서는 1996년 후반에 고위 경영진 전체를 이스라엘에 보냈다. 그 무렵 골드만삭스 투자 은행Goldman Sachs Investment Bank도 대표단을 파견해 매입 이전 듀 딜리전스(due diligence, 사업에서 의사를 결정하기 전에 소정의 절차에 따라 적절한 주의를 다하고 계획을 수립하여 수행하기 위해 실시하는 조사 행위—옮긴이)조사를 실시했다.

펠과 벤하임은 바이오센스의 인수액으로 10억 달러를 요구했다. 이는 당시 이스라엘 기술 기업에는 엄청난 액수였으나 보기만큼 터무니없는 금액은 아니었다. 골드만삭스의 한 소식통이 내게 알려 준 바에 따르면, 메드트로닉은 바이오센스에 대단히 관심이 많지만 7억 5,000만 달러 이상을 지불할 생각은 없었다. 나는 펠과 벤하임에게 제안을 수락하라고 간청했으나 두 사람은 이를 거부했다. 메드트로닉 측에서 벤하임에게 메드트로닉에서 일할 것을 거래 조건으로 요구했기 때문이었다. 물론 벤하임이 생각하는 본인의 가치는 최소한 10억 달러보다 훨씬 높았다.

펠과 나는 하이파의 댄 카르멜Dan Carmel 호텔에서 열린 회동에서 메드트로닉의 부사장 글렌 넬슨Glen Nelson을 만났다. 벤하임은 끝내 참석하지 않았다. 넬슨이 "쉴로모는 어디 있느냐"고 물었을 때 펠은 미리 준비한 것이 분명한 몸짓을 보이며 "그는 당신의 제안에 모욕감을 느꼈다"고 답했다. 이 말에 넬슨이 자리를 떴다. 그러자 펠은 "저들은 처음부터 진지하지 않았다"며 자신의 행동을 변명했다. 모든 사람이 거래가 확실히 성사될 것이라고 생각했는데도 말이다(어쩌면 사람들의 생각이 틀렸을지도 모르겠다).

이 회사는 1년 후 전략적으로 뉴욕 나스닥 증권거래소에서 주식 발행을 위한 등록 절차를 시작했다. 이와 동시에 몇몇 대기업과 협상을 열어 합병 가능성을 논의했다. 이런 상황에서 등록 절차를 시작하는 것은 내가 처음으로 접한 흥미로운 전술이었다. 사실 이런 전술은 대기업의 흥미와 높은 입찰가를 끌어내기 위한 자극제 역할을 한다.

대기업을 대하는 펠의(그리고 당시 벤하임의) 협상 전술은 독특했다. 그들은 우선 회사의 고위 경영자와 공감대를 형성했다. 그런 다음 고급 레스토랑에서 고급 와인을 마시며 여러 차례 업무 회의를 열면서 차후 협상에 유리한 긍정적인 분위기를 조성했다. 존슨 앤드 존슨 컴퍼니Johnson & Johnson Company의 고위 경영자 빌 도일Bill Doyle에게도 똑같은 전술을 이용했다. 도일은 훗날 이 회사를 떠나 생물학 기업 투자자로 성공적인 경력을 쌓는다. 존슨 앤드 존슨은 결국 4억 2,000만 달러에 바이오센스를 매입했다. 이는 비록 메드트로닉으로부터 받을 수 있었던 금액에는 미치지 못했지만 그때껏 이스라엘 스타트업의 매입 가격으로는 최고가였다.

요즈마가 펠과 함께 진행한 투자는 이것만이 아니다. 1994년 후반 펠은 우리에게 인스텐트 컴퍼니Instant Company에 투자하자고 제안했다. 첨단 심장 도관 보조 도구를 개발한 회사로, 펠이 1991년부터 줄곧 투자하던 분야였다. 인스텐트 컴퍼니는 미네소타로 회사 활동의 상당 부분을 이전했지만 연구 센터는 이스라엘에 남겨 두었다. 이 회사가 진심으로 우리에게 투자를 요청했다기보다는 우선 이스라엘 정부의 지원이라는 후광을 등에 업고 미국에서 추가 투자자를 유치하고자 접근한 것처럼 보였다. 나는 인스텐트의 자금 상태가 탄탄했을 뿐만 아니라 이 회사에 투자하는 것이 '요즈마'의 공식 방침에 부합하는지 확신이 없어서 에이탄 라프와 의논했다.

라프는 이렇게 답변했다. "투자합시다! 우리도 수익을 거둘 자격이 있소."

우리는 이 회사에 2,500만 달러를 투자했다. 몇 달 후 레이건Reagan 정부가 FDA를 설득해 심장 질환을 치료하는 새로운 약품과 장비를 위한 승인 절차를 축소한 일이 있었다. 이때 메드트로닉은 2억 달러에 인스텐트를 매입했고 요즈마는 세 배의 투자 수익을 거두었다. 이처럼 단기간에 쉽게 수익을 거두자 벤처 캐피털 부문에서 요즈마의 평판이 올라갔다.

요즈마가 인스텐트와 바이오센스 인수로 거둔 성공 사례는 이스라엘 의료 장비 기술 부문에 중대한 추진력을 제공했다. 해외와 지역 투자자들은 1990년대까지 텔레커뮤니케이션과 소프트웨어 기업에 투자하는 편을 선호했으나 1990년대 후반부터 의료 기술 기업에 투자하려는 경향이 더 커졌다. 게다가 해외 기업에 매각된 이후에도 이스라엘(특히 하이파)에서 계속 활동하려는 기업이 많았다. 요크넘Yokneam 지역은 의료 기술을 위한 이스라엘 북부의 실리콘 와디 Silicon Wadi(이스라엘의 정보기술 기업 집산지. Wadi는 히브리어로 '계곡'이라는 의미이니 이스라엘의 실리콘밸리인 셈이다—옮긴이)로 변모했다. 루이스 펠은 여러 의료 기업에 참여했다. 쉴로모 벤하임도 마찬가지였다. 민첩하고 야수 같은 펠의 방식으로 사업을 익혀 가던 벤하임은 얼마 지나지 않아 논란과 법적 소송에 휘말렸다.

바이오센스와 인스텐트를 포함한 의료 기술 기업의 성공은 인터넷과 텔레커뮤니케이션, 그리고 보안 분야에서 이스라엘 기업이 거둔 성공에 비하면 비교적 소소했다. 나는 의료와 생물의학 기술 분야가 정부와 민간 부문으로부터 지원을 더 많이 받았다면 이스라엘이 훨씬 더 큰 국제적인 명성을 얻을 수 있었을 것이라고 생각한다.

나는 의료 기업에 예산을 할당할 때 특혜를 받아 내기 위해 애썼으나 그때마다 재정부 예산국과 논쟁을 벌여야 했다. 나는 학계 연구 자원 중 40퍼센트가량이 생명과학에 투자된 반면, 사업 분야에 대한 투자는 미흡하다고 주장했다. 학계 연구 예산을 삭감하거나 의료 벤처 예산을 증가하라고 요구했다. 당시 이스라엘에서는 생명과학 시설에서 수년간 연구했던 학자들이 일할 자리가 없었다. 그러다 보니 정부가 연구와 고등 교육에 투자해 결실을 맺어도 학자들은 일자리를 찾아 해외로 나가기 일쑤였다. 이 분야의 활동은 지나치리만큼 부족했다. 그뿐만 아니라 테바라는 제약 회사(다른 기술 분야에서는 견줄 데가 없을 정도로 이스라엘은 물론이고 세계적으로도 거대 기업이다)가 이스라엘에 존재한다는 사실이 생물의학 스타트업 기업을 발전시키는 데 오히려 걸림돌로 작용했다. 예컨대 어떤 소기업이 테바 같은 기업에게 거부당하거나 투자를 받지 못했다는 사실이 세간에 알려지면 투자가들은 대개 투자를 망설였다. 순전히 테바의 내부 사정 때문에 내린 결정일지라도 말이다. 테바가 이스라엘 생물의학 기술 부문의 성장에 미친 영향은 삼성이 한국 스타트업 기업의 성장에 미친 영향과 비슷하다.

이스라엘의 소규모 신생 의료 기술 기업이 가장 먼저 성공을 거둔 것은 커뮤니케이션과 물리학의 개발품을 의료 개발품에 통합하는 첨단 의료 장비 분야였다. 제약과 생물 제약 같은 분야의 성과는 이에 비하면 미미한 수준이었다. 이런 결과를 불러온 요인 중 하나로 새로운 의약품이나 의료 절차(대부분의 이스라엘 소기업에 비해 더 큰 운영 규모와 자본이 필요한 절차)를 등록할 때 따라야 할 FDA의 긴 절차를 꼽을 수 있다. 의료 기기 분야에 중점을 둔 몇몇의 의료 부문 투자 펀드와 펠과 같은 투자가, 그리고 요즈마가 단기간에 유망한 개발품의 상당 지분을 쉽게 확보할 수 있었던 것은 바로 이런 실정 때문이었다.

요즈마가 인스텐트에 투자하기로 결정한 것은 이례적이었다. 우리는 대개 요즈마의 공식 명령(이스라엘의 하이테크 분야를 발전시키는 것)을 고수하면서, 오로지 수익만을 지향하는 벤처 캐피털 펀드가 되지 않기 위해 노력했다. 상당히 많은 수익을 올릴 수 있는 투자 기회가 몇 차례 있었지만, 투자 대상 기업이 자금을 지원받을 다른 원천이 있는 경우에는 투자하지 않았다.

요즈마의 직접 투자 보고서를 보면 요즈마 활동의 여러 가지 독특한 특성이 나타난다. 우선 요즈마는 투자자의 주목을 받지 못하거나, 투자자들에게 너무 위험한 투자라고 낙인찍힌 창업가와 기업에 기회를 제공했다. 그리고 상상력에 불을 지핀 아이디어를 실현하기 위해 안정된 회사를 떠날 각오가 된 창업가를 부추겼다(이를테면 에후드 알로니와 텔레게이트 컴퍼니).

우리는 자신의 아이디어를 실현하기 위해 전문적인 재훈련을 받을 각오가 된 젊은 창업가에게 투자했다(쉴로모 벤하임과 바이오센스 컴퍼니). 또한, 소중한 창업가를 이스라엘로 다시 유치할 수 있는 프로젝트(아르논 가트와 AG 컴퍼니)에 투자하고, 해외 파트너가 이스라엘에서 투자 기회를 찾도록 격려하고자 해외 파트너가 있는 기업(루이스 펠)에 투자했다. 기술 분야에 대한 참여를 높이기 위해 이스라엘 기업과의 파트너십에도 투자했다(포뮬라 컴퍼니). 그리고 앞서 언급했듯이 무엇보다 투자가 부족한 의료 기술 분야에 초점을 맞추기로 했다. 우리는 이 분야에서 성공을 거둘 수 있다는 가능성을 입증하고 이스라엘 대학과 병원의 생물의학 이론 훈련과 실무 훈련에 투자해야 한다고 강조했다. 이는 아이디어 개발과 상용화로 실현되어야만 하는 투자였다.

반면에 훗날 대성공을 거두는 투자 기회를 놓친 적도 있었다. 쉬몬 에코이스Shimon Ekhoiz는 적잖은 나이에 사업에 뛰어들었다. 그는 레파엘에서 물리학자로 20년 동안 근무하고 나서 1992년에 ESC를 설립하고, 이후 루메니스Lumenis를 설립했다. ESC는 처음에 미용 치료, 특히 모발 제거에 초점을 맞추었다. 모발 제거 과정에는 에코이스가 복합 파장 광IPL, intense pulsed light을 토대로 개발한 제품을 이용했다. 그들은 톨코우스키의 베리타스 펀드에서 초기 투자 금액을 확보했다.

내가 쉬몬을 처음 만난 것은 1993년 초반이었다. 쉬몬은 예고도 없이 내 집무실에 들이닥쳤다. 우리는 옆 사무실에서 함께 커피를 마셨고, 그는 자신이 설립한 회사에 관해 설명했다. 그리고 설명을 마무리하며 다음과 같이 덧붙였다. "우리 회사는 무일푼입니다. 지금 당장 100만 달러를 모금해야 합니다. 이 가운데 절반을 제가 다른 곳에서 확보하면 톨코우스키의 펀드로 나머지 절반을 충당할 겁니다. 그래서 지금 당신을 찾아와 성공 가능성이 높은 일에 파트너로 참여할 기회를 제시하는 겁니다. 회사만 구할 수 있다면 투자자들에게 투자 수익

중 절반을 지분으로 제공할 각오도 되어 있습니다." 나는 이렇게 답변했다. "우리는 이 분야를 지원하는 데 관심이 있습니다. 당신 회사가 문을 닫도록 내버려 두고 싶지 않군요. 하지만 원칙적으로 이사회의 동의를 받아야 합니다."

이사회는 ESC에 투자하자는 내 건의 사항을 받아들이기로 동의했다. 그러나 투자에 앞서 최소한 두 개의 요즈마 자펀드에서 그 회사에 대해 조사해야 한다고 요구했다. 나는 에코이스에게 이 결정 내용을 전달했다. 그러던 중 마티 카르프Mati Carp가 관리하는 니차님 Nitsanim 펀드에서 ESC에 투자를 결정했다. 이후 에코이스의 회사는 나스닥에서 증권을 발행했다. 이 투자로 ESC와 니차님 펀드는 큰 성공을 거두었다. 그 후 에코이스는 이스라엘에서 스무 개가 넘는 회사에 투자자로 참여해 연속적으로 큰 성공을 거둔 의료 창업가로 손꼽히게 되었다.

이처럼 놓쳐 버린 기회는 한두 개가 아니다. 몇 년 후에 인텔이 16억 7,000만 달러로 매입한 다비드 길로David Gilo의 DSP, 마블 컴퍼니 Marvel Company가 27억 달러 상당의 주식 거래로 매입한 아비그도르 윌네츠Avigdor Wilnetz의 갈릴레오Galileo, 2006년에 휴렛 피카드Hewlett Picard가 45억 달러로 매입한 아리에 페인골드의 머큐리 Mercury 등이 있다.

이들 외에도 개인적인 친분을 내세워 우리에게 파트너십과 투자를 요청했던 회사가 매우 많다. 예를 들면, 미국의 베서머 펀드Bessemer Fund는 디지털 시그널 프로세싱 컴퍼니Digital Signal Processing Company(DSP)에 대한 자본 모금 과정을 지휘했다. 예루살렘의 한

카페에서 파트너 닐 브라운스타인Neil Brownstein을 만났을 때, 그는 그들이 주도하는 투자에 참여할 것을 제의했다. 나는 "그런데 왜 우리의 투자 활동에 관심을 가진 겁니까?"라고 물었다. 이에 대해 그는 다음과 같은 대답을 했고, 나는 깜짝 놀랐다. "전 요즈마가 한 일을 높이 평가합니다. 그래서 정당하게 돈을 벌 수 있는 공평한 기회를 드리는 겁니다."

요즈마 이사회는 이 제안을 거절했다. 우리가 아니어도 그 회사를 원하는 곳이 많다는 게 주된 이유였다. 우리는 이와 비슷한 기회를 몇 차례 포기했다. 그것은 주로 해당 기업이 요즈마의 자펀드에서 우선시하는 투자 대상이 아니었거나 요즈마가 아니더라도 쉽게 투자가를 유치할 가능성이 있는 경우였다.

나는 벤처 캐피털 종사자로서 내가 지휘하는 펀드가 수천만 달러 상당의 수익을 놓치고 있다는 사실이 몹시 마음 아팠다. 하지만 그런 기회를 놓치고도 여전히 건재하며 수익을 올리고 있다는 것은 요즈마가 1990년대부터 줄곧 성공을 거두었음을 가장 확실히 입증하는 증거라 할 수 있다. 요즈마는 1995년 무렵에 이미 완벽하게 운용 중이었던 다른 펀드들과는 달랐다. 우리는 관영 기관으로의 겸손함을 유지하려고 노력했다. 아주 기본적인 수리만으로 사무실을 관리했고, 로비가 화려하고 중역실이 인상적인 호화로운 고층 건물로 사무실을 옮기는 유행에 현혹되지 않았다. 물론 우리가 원했다면 요즈마 이사회로부터 그렇게 해도 좋다는 승인을 받았을 것이다.

그런 한편으로 우리의 업무 방식은 공공 분야의 관례와는 확실히 대조적이었다. 우리는 초기에 구성한 팀에 인원을 거의 보충하지 않고 경상 관리 업무의 부담이 매우 적은 소집단으로 남았다. 새로운 파트너십과 투자 승인은 고도의 집중적인 과정이기 때문에 직원들이 일사불란하게 일해야 했다. 우리는 개척자 같은 특성을 유지했다. 급료는 넉넉했지만 공직의 기준을 넘지 않았으며, 요즈마가 거둔 수익의 지분을 전혀 받지 않았다. 요즈마 활동은 사업과 비슷했으나 우리는 겸손함을 잃지 않았다.

요즈마는 1995년 9월을 마지막으로 직접 투자를 끝냈다. 정치적인 이유로 이사회 구성이 바뀜에 따라 직접 투자를 추가로 승인받기가 어려워졌기 때문이었다.

어떤 사업 척도로 봐도 요즈마의 직접 투자는 보조 벤처 캐피털 펀드 못지않게 성공적이었다. 따라서 요즈마 자체를 요즈마 이니셔티브에 따라 운영한 열한 번째 펀드로 정의할 수 있을 것이다.

요즈마는 다른 열 개의 펀드와는 달리 2년 반 동안만 직접 투자를 실행하며 열네 개 기업에 1,200만 달러를 투자했다. 그 결과로 5년 동안 세 배의 투자 수익을 올렸다. 그러나 요즈마의 성공을 수익으로만 평가할 수는 없다. 오히려 요즈마가 다른 펀드로 하여금 하이테크 시장에 적극적이고 활발하게 투자하도록 자극한 것이 성공의 척도가 되었다.

이뿐만 아니라 요즈마는 스타트업의 다양한 아이디어에 투자함으로써 성공을 거둘 수 있다는 사실을 입증했다. 이것들이 요즈마의 핵심적인 성과였다. 그리고 이런 성과가 이스라엘 경제에 유리하게 영향을 미치기 시작했다.

제16장
터널 끝의 한 줄기 빛 : 타이밍이 핵심이다

이차하크 라빈 총리의 두 번째 정부는 이스라엘인의 집단 기억에서 오슬로 협정Oslo accords을 연상시킨다. 그것은 이스라엘과 팔레스타인 사이에 체결된 역사적인 협정을 기점으로 시작되었다. 처음에 대중은 지역 평화라는 새로운 시대에 대한 희망으로 부풀었다. 하지만 이후 이스라엘이 점령 지역의 팔레스타인 거주 도시와 마을에서 철수하고 야세르 아라파트Yasser Arafat와 PLO가 가자 지구Gaza Strip와 요르단강 서안 지구로 진입할 무렵에는 이스라엘 사회가 심각하게 분열되었다. 그리고 뒤이어 테러 공격, 특히 자살 폭탄 테러가 거듭되면서 분위기가 사뭇 달라졌다. 그러다 결국 1995년 11월 이차하크 라빈의 암살로 끝을 맺었다.

오슬로 협정으로 얻은 잠깐의 행복감은 2년을 넘기지 못했지만, 이 2년의 기간은 외교적 돌파구를 마련하고 획기적인 경제 발전을 이룬 시기였다. 이스라엘 경제가 경험한 가장 중요한 발전이었을 것이다.

팔레스타인과 맺은 중간 협정 및 요르단 왕국Kingdom of Jordan 과 맺은 평화 협정에서 비롯된 낙관주의는 역사상 처음으로 이스라엘 시장을 해외 투자에 개방하는 데 기여했다. 이런 발전의 주된 수혜 대상은 기술 부문이었다. 기술 부문은 곧 개발과 수출의 핵심적인 원천으로 부상했다. 타이밍이 완벽했다. 이스라엘 정부는 미국이 제공한 담보 덕분에 투자할 동기와 자본이 생겼다. 이스라엘은 수천 명의 연구원과 엔지니어, 야심 찬 신생 기업을 설립한 수백 명의 창업가로 넘쳐 났다. 이들 중에는 자신의 지식으로 학계에서 벗어나 큰돈을 벌 수 있다는 사실을 깨달은 학자를 포함해 소련에서 건너온 이주민, 1987년 라비 전투기 프로젝트 취소에 따라 민간 부문으로 밀려온 방위 시설 엔지니어, 긴 해외 체류를 마치고 고국에서 경제적 기회를 찾으려는 이스라엘 사업가가 있었다.

제1차 인티파타(First Intifada, 1987년 오슬로 협정 이후부터 1993년까지 팔레스타인 자치 기구가 설립되면서 이스라엘과 팔레스타인 사이에 일어난 일련의 폭력 사태의 총칭, 일명 투석 투쟁—옮긴이)가 지나가고, 갑자기 우리는 이웃 국가와의 평화를 이룰 수 있을 것만 같았다. 또한, 비록 이스라엘은 포괄적인 산업 인프라가 없는 상태였지만 그 무렵에 새롭게 등장한 세계화된 지식 기반 경제는 혁신적이고 창의적인 사람들이 넘치는 작은 나라에 무수한 기회를 선사했다. 이스라엘은 독특한 방식으로 새롭게 개방된 멋진 세계에 합류할 준비를 마쳤다. 그것은 냉전으로 인한 제약에서 이제 막 벗어난 세계였다.

그러나 '새로운 중동 비전New Middle East Vision'은 그리 오래 가지 않았다. 라빈은 암살당했다. 그의 노동당 후계자인 시몬 페레스는 선거에서 패배했고, 이스라엘과 팔레스타인은 제로섬(참가자 모두가 이득이나 손실을 볼 수 없는 상황—옮긴이) 투쟁으로 돌아갔다. 제2차 인티파타, 자살 폭탄 테러, 가자 지구 강제 퇴거, 그리고 하마스Hamas와 헤즈볼라Hezbollah에 대항한 소규모 전쟁, 이후 '아랍의 봄(Arab Spring, 2010년 말 튀니지에서 시작되어 아랍 중동 국가 및 북아프리카로 확산된 반정부 시위의 통칭—옮긴이)', 체제 변화, 이스라엘의 이웃 국가에서 번진 유혈 투쟁 등으로 말미암아 이스라엘은 중동 지역에서 자발적으로 새로운 고립을 선택했다. 에후드 바라크Ehud Barak는 이스라엘의 이런 처지를 '정글 속의 별장Villa in the Jungle'이라고 표현했다. 바라크 총리는 이스라엘-팔레스타인 분쟁을 평화적으로 종식하려다가 테러의 물결이 일어나면서 내 오랜 상사인 아리엘 샤론에게 자리를 빼앗긴 인물이다.

그러나 다시 시작된 이스라엘-팔레스타인 분쟁과 지역적인 혼란도 이스라엘의 경제적 성과를 전복시키지는 못했다. 이스라엘은 세계 경제로 통합되었고, 이스라엘 기술 부문은 국제 협력과 세계 하이테크 분야와 직결된 투자의 요체로 변모했다.

요즈마는 이 과정을 추진하는 데 핵심적인 역할을 했다. 물론 누군가는 요즈마가 있든 없든 상관없이 스타트업 기업은 발전해서 세계 시장으로 진출했을 것이라고 주장할지 모른다. 하지만 요즈마가 설립된 1990년대 초반은 투자하기에 완벽한 시기였다. 세계 시장이 석유 위기와 이라크의 쿠웨이트 침공, 제1차 걸프 전쟁으로 야기된 경제 침체로부터 바야흐로 회복하던 참이었다. 이런 상황에서 요즈마는 기업과 벤처 캐피털 펀드의 설립 과정을 촉진하는 촉매제 역할을 했으며 이스라엘에서 전례가 없었던 규모로 성공을 거두었다.

이스라엘 기업은 이미 세계 시장에 통합된 상태였다. 그중 수십 개 기업이 나스닥에서 주식을 발행할 정도에 이르렀지만, 사실 이들의 지위는 비슷한 미국 기업에 비하면 보잘것없었다. 앞서 말했듯이 당시에는 '이스라엘 디스카운트'가 팽배했다. 이스라엘 기업은 투자자에게 지역의 불안정과 위험에 대한 대가를 보상해야 했다. 전쟁이나 긴장의 시기에는 미국과 유럽의 투자자들이 이스라엘 파트너에게 개발 및 제조 활동을 이스라엘 밖으로 이전하라고 압력을 넣었다. 사람들이 보기에 이스라엘은 아이디어의 씨앗을 수확해서 싹을 틔울 수는 있으나 지속적인 발전과 제조를 위해서는 해외로 싹을 옮겨 심어야 하는 곳이었다.

요즈마는 활동 내내 이스라엘 스타트업의 장점에 대한 인식을 확립하고 확대했다. 이 메시지를 강조하고자 1억 달러의 공공 자금을 스타트업에 투자하기도 했다. 요즈마가 적절한 타이밍에 추진력을 창조했다는 사실은 현실적인 검증을 거쳐 입증되었다. 중간 규모의 미국 기업이 부서장을 파견하면 정부의 장관과 이스라엘의 주도적인 사업가가 청중을 몰고 다니며 흥분과 환호성을 불러일으켰다. 이스라엘은 확실히 고위 장관, 국가수반, 초대형 다국적 기업의 대표들을 위한 메카가 되었다.

이스라엘의 대중적인 이미지는 두 차례 획기적인 변화를 겪었다. 첫 번째로, 경제적 낙오자라는 이스라엘의 자아상이 큰 무대에서 활약할 수 있는 기술 강국으로 변했다. 두 번째로, 이 자아상의 변화가 전 세계에 퍼지게 되었다. 잠재력이 대단한 소기업에 투자할 기회를 놓칠세라 미국의 대단한 투자자들이 줄지어 이스라엘을 방문하기 시작했다.

'벤처 캐피털'은 나름대로의 독특한 원칙을 가진 분야이다. 여기에서 내가 처음으로 얻은 교훈이 있다. 중요한 투자는 대부분 사람에 대한 투자이며, 따라서 관리자에게 초점을 맞춰야 한다는 점이었다. 펀드의 시작부터 이후의 모든 단계(투자자 확보하기, 투자 방안 선별하기, 투자받은 기업 지도하기, 투자 추적하기)에는 금융과 기술, 관리 분야에 대한 이해와 경험이 필요하다. 우리는 각 펀드에 적어도 두 명의 관리자를 배치하는 방법을 선호한다. 두 관리자가 운영의 재정적인 측면과 기술적인 측면을 나누어 맡는다. 경험에 근거한 규칙에 따르면, 두 관리자가 맡는 투자 대상 기업은 열다섯 개를 넘을 수 없다.

대개 관리자는 펀드 수익의 일정 비율(약 20퍼센트)을 성과 보수라고 일컬어지는 인센티브로 받는다. 요즈마 펀드의 관리자들은 처음에 이 분야에 대한 경험이 부족했다. 그 때문에 투자자들은 이들에게 인센티브를 제공할 생각이 없었다. 투자가는 펀드 관리자가 내리는 결정을 신뢰해야 마땅하지만, 당시에는 신뢰할 만한 이스라엘 관리자가 드물었다. 그들 중 매우 출중한 일부 관리자는 훗날 벤처 캐피털 펀드의 파트너가 되어 적절한 보상을 받았다. 그러나 처음 몇 년 동안에는 파트너들이 관리 업무를 세심하게 감독했다. 따라서 요즈마는 열 개의 초기 펀드를 조성해 투자를 확보한 것은 물론이고, 이스라엘의 1세대 '벤처 캐피털 전문가'를 훈련하여 이스라엘 시장에 이바지한 셈이다.

우리는 미국인들로부터 벤처 캐피털 분야를 배워야 한다고 생각했지만, 우리의 초기 펀드를 미국 관리자에게 맡기고 싶지는 않았다. 펀드 관리자는 자신이 활동하는 환경을 정확히 파악하고, 사업 환경의 움직임을 감지하고, 활동하는 사람들을 이해하고, 자신이 상호작용하는 기업과 기관의 내부 과정에 정통해야 한다. 표준 듀 딜리전스 조사만으로는 특정한 아이디어의 개발을 토대로 신설된 소기업에 투자를 계속할 수 있을지 검토하기가 어렵다. 정보를 바탕으로 투자의 위험/기회 균형을 평가하려면 지역 환경을 이해해야 한다. 해외 투자자들이 대부분의 펀드에서 적용하는 엄격한 절차에 따라 각 기업을 조사했다면, 애초에 그들은 훗날 크게 성공하게 될 이스라엘 스타트업에 투자하지 않았을 것이다. 만일 그랬다면 이스라엘의 벤처 캐피털 산업은 사산되고 말았을 것이다.

그 시기에 이스라엘 파트너가 펀드에 깊이 관여해야 했던 것은 바로 이 점 때문이었다. 당시 해외 투자자들의 배경은 매우 다양했다. 개중에는 수익성이 있는 사업에 참여했다고 진심으로 믿기보다는 자신의 돈을 유대 국가의 발전을 위한 '기부금'이라고 여기는 시온주의 유대인도 있었다. 반면에 새롭고 유망한 투자 시장을 발견하고 싶었던 전문 벤처 캐피털 투자가도 있었다. 그런가 하면 자선가 마샬 버틀러(미국 벤처 캐피털 산업의 개척자이자 니차님 펀드의 설립자로, 이 사람의 존재 자체가 다른 전문 투자자들을 이스라엘로 유치하는 데 도움이 되었다)처럼 이 두 집단에 모두 걸쳐 있는 사람도 있었다.

처음에 투자자들은 주로 인간관계 때문에 이스라엘을 찾았다. 제미니 펀드의 초기 투자자는 거의 유대인이었다. 미국에서 펀드의 자본을 대부분 확보한 클린트 해리스는 유대인 연합의 지도자들을 통해 잠재 투자자와의 약속을 정했으며, 부유한 유대인과의 인맥을 활용했다. 그는 심지어 다음과 같이 말하기도 했다.

"내가 유대인이 아니라는 사실이 실제로 도움이 되었소. 내가 투자자들에게 이것이 기부가 아니라 진짜 사업 기회라고 말하면 그들이 믿었기 때문이오. 내가 만난 사람 가운데 다수는 예전에 이스라엘에서 사업을 하다가 실망해서 이스라엘은 투자자가 아니라 자선가를 위한 나라라고 믿었소. 그들은 이스라엘 하이테크 부문에 익숙하지 않을뿐더러 지금 이스라엘에서 새로운 부류의 관리자가 국제 기준에 따라 활약하고 있다는 사실을 모른다오. 나무를 심는 일뿐만 아니라 경제에 투자해서 이스라엘을 도울 수 있고, 그렇게 해서 수익까지 거둘 수 있다며 그들을 설득해야 했지요."

제미니 재단의 최초이자 가장 영향력이 큰 투자자는 비벌리힐스 Beverly Hills의 투자 자문인 스탠리 체이스Stanley Chase였다. 체이스는 500만 달러를 투자했는데, 이후 몇 년 동안 요즈마의 추가 펀드에 계속 투자했다. 당시 그는 마이더스의 손을 가진 사나이로 여겨졌기 때문에 다른 투자자들이 금세 뒤를 따랐다. 하지만 안타깝게도 체이스는 말년에 버니 매도프Bernie Madoff 폰지 사기(Ponzi Scheme, 신규 투자자의 돈으로 기존 투자자에게 이자나 배당금을 지급하는 방식의 다단계 금융사기를 일컫는 말—옮긴이)의 큰 희생자로 전락했다.

생소한 신생 기업에 대한 투자 여부를 결정하는 벤처 캐피털 관리자에게는 언제나 그 결정이 옳은 것이었는지 판가름해야 하는 중대한 순간이 다가온다. 앞서 언급한 기술의 전문가와 전 세계의 동료, 분석가에게 얼마나 많은 조언을 구했든 상관없이 관리자가 내린 결정과 그에 따른 결과는 결국 관리자의 책임이다. 투자 위원회에 투자 추천서를 제출하는 당사자 또한 관리자이다. 특정한 기업에 대한 투자 추천을 논의할 때면 항상 새로운 질문과 그때껏 검토하지 않았던 문제가 떠오르게 마련이다. 이를테면 다음과 같은 말이다.

"모든 결정 가운데 80퍼센트는 직관/직감에 의존한 것이며, 이런 결정은 비교적 단시간에 내릴 수 있다. 반면에 나머지 20퍼센트는 현장 분석을 토대로 하고 있으며, 따라서 결정에 이르려면 많은 시간을 투자해야 한다."

개발자와 연구원, 엔지니어는 당연히 자신의 발명을 독점적인 재산이라고 생각한다. 그러나 투자자와 신뢰 관계를 구축하기 위해서는 개발자가 최대한 투명해야 한다. 조사와 심의 단계가 길어질수록 더 많은 의문이 발생하고 초기의 열의가 식기 때문이다. 요즈마에서 우리는 특별한 규칙으로 이 문제를 묘사했다. 바로 "더 많이 알수록 덜 좋아한다"는 '모어의 규칙More's Law'이다. 반도체 분야의 무어의 법칙(Moore's Law, 마이크로칩의 밀도가 24개월마다 2배로 늘어난다는 법칙—옮긴이)을 이용한 말장난이었다. 창업가와 개발자는 철저히 조사하고 전적으로 협력한다. 하지만 요즈마에서 통용되는 얘기가 있다. "기업이 듀 딜리전스 조사를 통해 얼마나 깊이 파고들었든 상관없이 여러분이 첫 이사회 회의에 참석하면 예상치 못한 불쾌한 상황과 직면하게 될 것이다."

요즈마가 설립한 열 개의 펀드는 개별적인 한 권의 책까지는 아니더라도, 하나의 장 정도는 할애할 가치가 있다. 하지만 그 방대한 작업은 펀드 설립자와 관리자에게 맡기겠다. 다만, 펀드의 주목할 만한 성공 사례와 더불어 앞에서 일부 다루었던 이따금 실패했던 사례를 간략하게 살펴보는 일도 가치가 있을 것이다.

제미니 펀드

제미니는 최초의 펀드였고 설립 파트너(이스라엘의 디스카운트 인베스트먼츠와 미국의 어드벤트) 역시 매우 탄탄한 기업이었다. 이러한 점을 고려했을 때, 이 펀드가 대담한 투자의 개척자가 될 것이라는 기대가 있었을지도 모르겠다. 그런데 제미니는 여러 달을 시간만 끌다가 조성된 지 약 1년이 지나서야 비로소 첫 투자를 실행했다. 그 한 해 동안 최종 모금액 2,500만 달러 가운데 고작 360만 달러가량을 (다섯 개 회사에) 투자했다(펀드에서 우리 지분이 32퍼센트로 감소했다). 투자 과정이 지연된 데는 몇 가지 이유가 있었지만, 나는 계획적인 방식으로 일하는 게 익숙했던 디스카운트 인베스트먼츠의 관리자들이 당시 벤처 캐피털 분야의 관례에 따른 속도에 적응하기까지 시간이 필요했으리라 생각한다.

에드 말베스키는 뛰어난 관리자였으며 그의 경험과 연륜, 세련된 영어는 미국인들의 신뢰를 받았다. 그러나 그는 신생 기업에 투자할 때 뜸을 많이 들였다. 오만한 디스카운트 인베스트먼츠 관리자들이 요즈마가 펀드 관리에 참여하는 것을 반대하던 상황이었기 때문에 우리가 나서서 진행 속도를 높이기도 어려웠다.

펀드를 진전시키면서 활동에 박차를 가했던 사람은 말베스키의 부하직원 요시 셀라Yossi Sela였다. 하이테크 산업에서 잔뼈가 굵은 기술 전문가 셀라는 텔레커뮤니케이션 DSP 컴퍼니에서 마케팅 부사장으로 재직하다가 제미니에 합류했다. 신규 투자를 담당했던 그는 곧 제미니의 주도적인 인물이 되었다. 아울러 제미니 펀드의 최초이자 가장 유명한 성공 사례인 오르네트 투자를 책임졌다.

앞서 설명했듯이 오르네트는 훗날 산업부 수석 과학관(이 직책을 맡은 최초의 여성이자 현재까지 유일한 여성)으로 재임하는 오르나 베리가 설립한 회사였다. 오르나는 IBM과 인텔, 엘비트에서 엔지니어 겸 연구원으로 근무한 경력이 있었다. 1993년에는 데이터 전송 속도를 두 배로 높이는 고속 스위칭 기술을 전문으로 하는 독자적인 회사를 카르미엘에 설립하기도 했다. 그러나 오르네트의 마케팅 과정은 난항을 겪었다. 제품의 콘셉트는 유망했지만, 관리와 마케팅 경험이 부족한 탓이었다. 1994년 후반에 이르러 자본이 바닥을 드러낼 무렵, 회사는 추가 투자자를 확보하지 못했다.

순수한 미국 벤처 캐피털 펀드라면 이런 상황에서의 후속 투자는 '이미 돈을 낭비한 곳에 돈을 더 쏟아 붓는 일'이라고 표현할 것이다. 하지만 이스라엘에서는 새로운 철학이 형성되고 있었다. 이스라엘 벤처 캐피털 펀드는 유망하다고 생각한 기업에 투자한 후 골치 아픈 문제가 발생했을 때 곧바로 손을 떼기보다는 다시금 모험하는 편을 선택했다. 이런 접근 방식이 성공을 보장하는 것은 아니지만, 오르네트의 사례에서는 셀라가 참여해 자신의 경험을 활용하면서 상황이 완전히 역전되었다. 오르네트는 몇 달 후 세계 시장에 진출했으며, 1995년 9월 무렵 독일의 초대형 기업 지멘스에 매입되었다. 대부분의 경우 펀드의 파트너는 투자한 기업의 경영에 성급하게 개입하지 않는다. 그러나 기업의 CEO가 경험이 부족하다면 펀드가 개입하는 경우도 있다.

소프트웨어 기업 프리사이스Precise를 포함해 제미니의 추가 투자에서 성공을 좌우한 열쇠는 펀드 관리 방식이었다. 프리사이스는 IBM과 히타치Hitachi 메인프레임컴퓨터의 개선책을 개발했다. 당시에 대기업들은 고객의 데이터베이스를 관리할 때 메인프레임컴퓨터를 사용했다. 프리사이스는 국제적으로 제품 마케팅을 시작할 무렵 한 미국인 CEO를 관리자로 임명했다. 하지만 그는 이스라엘 소기업 관리의 필수 조건에 적응하지 못했다. 결국 몇 달 만에 시텍스에서 엔지니어 겸 마케팅 부사장으로 일했던 쉬몬 알론Shimon Alon에게 자리를 넘겼다. 3년 후 알론은 나스닥에서 두 차례 주식을 발행했다. 여기에서 1억 달러의 이익을 얻어 투자 금액의 열여섯 배를 제미니에 돌려주었다.

제미니는 총 열세 배의 투자 수익을 올렸다. 그러나 이 펀드의 주된 의의는 수익이 아니었다. 요즈마가 참여하지 않았던 다섯 개 후속 펀드의 설립 과정에 토대를 마련했다는 점에 더 큰 가치가 있었다. 이 후속 펀드는 2014년에 7억 달러가 넘는 액수의 자본을 확보했다.

제미니는 또한 세쿼야 캐피털Sequoya Capital 같은 세계적인 벤처캐피털 펀드를 이스라엘 투자 시장으로 유치한 최초의 펀드이기도 하다. 요즈마 펀드의 구조를 만들면서 나에겐 제일 중요했던 건, 요즈마 펀드를 통해 해외 유명 벤처 캐피털을 유치하는 것이었다. 제미니 펀드는 규모가 더욱 커져 1억 5,000만 달러에 이르렀다. 이는 요즈마가 첫 펀드 제미니를 설립할 때 투자한 자본의 여섯 배가 넘는 액수이다.

폴라리스 펀드(피탕고)

도브라트-쉬렘 투자 회사에서 조성한 폴라리스 펀드는 적절한 관리를 보여 주는 모범 사례이다. 출범할 때부터 초기 몇 년을 함께한 이트지크 쉬렘의 풍부한 금융 경험과 초대 관리자 라미 칼리쉬의 기술 및 마케팅 지식이라는 혜택을 받은 펀드였다.

칼리쉬는 외부 자문 요시 바르디의 지원으로 도브라트-쉬렘의 임명을 받아 펀드가 공식 출범하기 몇 달 전부터 철저한 준비를 했다. 폴라리스 펀드는 제미니와 달리 망설이지 않고 투자에 뛰어들어 첫해에만 열 개 기업에 800만 달러 이상을 투자했다.

칼리쉬가 투자할 기업을 선택하는 핵심 기준은 비교적 협소한 분야, 다시 말해 대기업이 장악하지 않은 틈새에서 새로운 방향을 개척할 잠재력이 있는 프로젝트인지 아닌지였다. 유럽 오르보테크에서 마케팅을 지휘한 경험이 있는 라미는 새로운 창업가를 세계 시장으로 이끌 수 있는 이상적인 안내자였다. 그는 조금도 주저하지 않고 내게 조언을 구했으며 요즈마의 경험을 활용했다. 폴라리스는 3년 동안 스물네 개가 넘는 기업에 투자했고, 그 가운데 스무 개 회사에서 투자 회수를 실행했다(대단한 성공률이다).

폴라리스 펀드의 더 분명한 성공 사례로는 VoIP(Voice over Internet Protocol, 인터넷 전화—옮긴이) 기술을 최초로 개발한 보컬테크VocalTech를 들 수 있다. 폴라리스 펀드 초창기인 1993년에 칼리쉬가 요즈마를 찾아왔다. 소기업 보컬테크가 4년 동안 진행했던 개발품은 황당해 보였다. 인터넷 인프라가 전화 네트워크를 대체하고 기존의 육상 통신선 및 새롭게 부상하는 이동통신 네트워크와 경쟁할 수 있을까? 칼리쉬는 그럴 수 있다고 믿었고 보컬테크 창업가의 능력 또한 신뢰했다.

칼리쉬의 믿음은 갈수록 커졌다. 1995년 초반, 보컬테크는 음성인식 소프트웨어 마케팅을 진행했다. 이듬해에 유럽 최대 텔레커뮤니케이션 회사인 도이치 텔레콤Deutsche Telecom이 보컬테크 지분의 21퍼센트를 4,800만 달러에 매입해 보컬테크의 전략적 파트너가 되었다.

폴라리스가 투자한 또 다른 대상은 당시 '포인트 오브 세일Point of Sale'이라고 불리던 레탈릭스Retalix였다. 레탈릭스는 매장에서 가격을 신속하고 효율적으로 업데이트할 수 있는 소프트웨어를 개발하는 데 10년 동안 주력했다. 이 회사는 폴라리스의 투자를 받고 몇 달이 지난 후, 소프트웨어를 개발해 영국 최대 마켓 체인인 테스코Tesco에 판매했다.

폴라리스는 또한 의료 기술 투자 분야를 개척했다. 초창기의 투자 대상은 카드 가드 컴퍼니Card Guard Company였다. 이 회사는 불필요한 입원 없이도 의사가 만성 심장병 환자를 꾸준히 지켜볼 수 있는 텔레메디신Telemedicine 시스템을 개발했다. 카드 가드는 스위스 주식거래소에서 잇달아 성공적으로 자본을 모금했다. 2000년에 1억 달러를 모금했으며, 2001년에는 폴라리스 펀드의 모든 주식을 포함해 자사 주식의 4분의 1을 1억 2,100만 달러에 매각했다.

의료 기술 분야를 더 살펴보면, 앞서 언급했듯이 폴라리스 펀드는 메디놀(1992년 주디스와 코비 리히터Judith and Kobi Richter가 설립한 회사)의 첫 투자자였다. 메디놀은 심장병 환자의 혈관에 이식하는 정교한 스텐트(stent, 혈관 폐색 등을 막기 위해 혈관에 주입하는 장치—옮긴이)를 개발해 몇 년 만에 수억 달러에 이르는 연 매출을 거두며 이 분야에서 세계적인 선두 주자가 되었다. 이는 수익성이 매우 좋은 투자 사례였다. 메디놀은 미국의 주요 의료 장비 기업인 보스턴 사이언티픽 Boston Scientific과 합병하기로 합의했다. 이스라엘을 방문했던 보스턴 사이언티픽의 한 관리자는 메디놀의 정교한 제품과 훌륭한 관리자에 대해 열변을 토하기에 여념이 없었다. 그러나 안타깝게도 두 회사 사이에 분쟁이 일어나 합병은 성사되지 않았다. 메디놀은 긴 과정 끝에 약 7억 5,000만 달러를 보상받았다. 폴라리스는 마침내 거액을 받고 메디놀에 주식을 매각했지만, 그것은 합병을 통해 얻을 수 있었던 가치에는 훨씬 못 미치는 액수였다.

요즈마의 폴라리스 펀드는 다섯 배의 투자 이익을 거두었다. 그러나 폴라리스 펀드의 주된 성과는 단기간에 성공했다는 점이었다. 그 덕분에 운용을 시작한 지 3년 만에 규모가 두 배에 이르는 두 번째 펀드를 조성할 수 있었다. 시티뱅크Citibank 등 대형 국제 투자 기관에서 자금을 확보했다. 폴라리스(현재 피탕고)의 총 관리 자본은 펀드가 조성된 지 10년이 채 지나지 않아 10억 달러에 육박했다.

JPV(JVP)

JPV 펀드에 대해서는, 조성 과정에서 미국 파트너들로 말미암아 겪었던 고충을 포함해 9장에서 폭넓게 다루었다. JPV가 가장 먼저 투자한 회사는 무선 인터넷 통신 기술을 개발한 네트로Netro였다. 네트로는 훗날 한 미국 기업과 합병되었고 JPV가 활동을 중지한 이후에 55억 달러라는 어마어마한 평가액으로 투자 회수를 실시했다.

JPV는 열세 개 기업에 투자했다. 이 가운데 일곱 개 기업이 주식을 발행했고, 두 개 기업이 매각되었다. 10년 남짓 활동하는 동안 9.3배의 투자 수익을 달성했다. 펀드가 성공을 거두자 에렐 마르갈리트는 옥스턴 파트너들에게 안녕을 고하고 이를 기반으로 직접 펀드를 조성했다.

마르갈리트가 조성한 후속 펀드는 크로마티스Chromatis를 포함해 이스라엘 하이테크 산업에서 가장 유명한 성공 사례로 손꼽히는 몇몇 기업에 계속 투자했다. 크로마티스는 2000년 미국의 루선트 컴퍼니Lucent Company에 48억 달러로 매각되었다. 크로마티스가 매각될 당시에는 매출이 없었고 회사의 기술도 게임체인저로 평가받지 못했던 터라 재계는 놀랄 수밖에 없었다. 그러나 닷컴 거품이 터지기 전이었던 이 무렵은 세금 면에서 합병에 기반을 둔 주식(현금이 아니라)을 거래하기에 적절한 타이밍이었다. 루선트 컴퍼니는 인플레이션으로 폭등한 주식 가치(60억 달러)에 비추어 볼 때 그 정도의 액수를 지불하는 것이 무리라고 생각하지 않았다.

나는 몇 년 전 여행을 떠나면서 캐나다의 온타리오주Province of

Ontario에 방문했다. 그곳에서 온타리오 정부가 기술 생태계 조성을 위해 고용한 전문가를 만났다. 루선트의 부사장이었던 그는 크로마티스 매입 사건을 회상했다. 그의 말에 따르면 매입을 제안한 사람은 루선트의 CEO였다. 매입에 반대하는 자문과 부하 직원들의 건의 사항이 CEO에게 빗발치듯 쏟아졌다. 그러자 CEO는 이제 긍정적인 건의 사항도 내놓을 때가 왔다고 말했다. 급기야 자신은 반대를 무릅쓰고라도 크로마티스에 투자하기로 결정했다고 못을 박았다. 때는 바야흐로 닷컴 거품이 터지기 직전이었다.

루선트는 훗날 크로마티스를 폐업했다. 만일 루선트가 납부해야 할 세금 액수를 놓고 소득세 조세 당국과 실랑이를 벌이지 않고 보유한 주식을 일찍 현금화했더라면 JVP는 투자 수익을 올릴 수 있었을 것이다. 당시에는 해외 투자가가 요구하는 세금 감면에 관해 소득세 당국과 벤처 캐피털 펀드 사이에 아무런 합의가 없었다. 따라서 소득세 당국은 펀드의 자본 수익에 과세할 참이었다. 그러던 중에 닷컴 거품이 터지면서 루선트의 주식 가치는 5분의 1로 떨어졌다. 그 결과 펀드와 투자자를 비롯해 더 일찍 움직였다면 많은 소득세를 징수할 수 있었던 국가가 '손해'를 입었다.

마르갈리트는 계속해서 JVP를 관리했고 예루살렘의 오래된 기차역에 '미디어 쿼터Media Quarter'를 세웠다. 2014년에 JVP 펀드는 10억 달러가 넘는 자산과 26회의 투자 회수 기록을 보유했다. 마르갈리트는 2013년에 노동당을 대표해 크네세트 의원으로 선출되어 이스라엘의 진정한 변화를 도모했다. 그리고 2017년에 정계에서 은퇴해 재계로 돌아왔다.

유로펀드

요즈마의 초창기 펀드가 모두 막대한 이익을 거둔 것은 아니다. 페데르만 그룹과 독일 다임러의 유로펀드는 투자 금액을 회수하긴 했지만 큰 이익을 거두지는 못했다. 그 이유 중 하나는 펀드 관리자들의 게르만 성향(위험을 회피하는 성향) 때문이었다. 이들은 다른 펀드처럼 소프트웨어에 투자하는 대신 좀 더 '실체적인' 기술을 개발하는 기업에 투자하는 것을 선호했다. 다임러는 개발품을 검토할 목적으로 기술 자문 팀을 파견했으나 엄격한 기준을 적용하는 바람에 자주 기회를 놓치곤 했다.

하지만 이스라엘 기술 투자를 위한 안정적인 플랫폼을 수립하고자 노력했던 장기 투자자들은 아하랄레 베트 할라미Aharale Beit Halahmi가 효율적으로 관리했던 이 펀드를 성공 사례로 평가했다. 베트 할라미는 페데르만 그룹이 '시온주의의 발로로서' 벤처 캐피털 분야에 진출했다고 말했는데, 냉소적인 의미는 아니었다. 유로펀드가 조성한 후속 펀드들은 더 큰 수익을 올렸으며 도이치 텔레콤, 벨스먼Belsman, 록히드 마틴Lockheed Martin 같은 여러 국제 기업에 투자를 계속했다.

메디카

의료 기업 투자에 초점을 맞추었던 메디카 펀드 역시 많은 이익을 거두지 못했다. 노련하고 유능한 관리자 에후드 겔러가 펀드를 지휘했지만, 당시 이스라엘에는 첨단 생물의학 개발에 벤처 캐피털을 적절히 활용할 지식과 경험을 갖춘 사람이 드물었다. 앞서 언급했듯이 FDA 같은 기관의 까다로운 승인 절차는 이 분야에 대한 투자를 어렵게 만든다.

벤처 캐피털 투자의 성격에 맞는 개발 프로젝트는 대개 단기 프로젝트이다. 근육위축증 치료약을 개발하는 에스터 뉴로사이언시즈 Ester Neurosciences의 사례는 의료 기업의 진전 속도가 달팽이만큼 느리다는 사실을 여실히 보여 준다. 이 치료약은 투자를 시작하고 6년이 지난 1997년에야 1차 임상 시험을 통과했고, 2008년에 이르러서야 완성되었다. 하지만 그때도 시장에 출시되지는 못했다.

이 회사의 주요 투자가들은 의료 개발 분야의 원리를 잘 알고 있었기 때문에 단기간 내에 이익을 거두지 못할 것을 예상했다. 겔러는 "메디카 펀드는 사실상 정부가 지원하는 의료 벤처 캐피털 관리자들을 위한 강좌"라고 말했다. 실제로 메디카와 다른 기관들은 여기서 축적한 경험을 바탕으로 추가 펀드들을 조성해 이익을 거두었다. 우리가 메디카 펀드를 처음 운용하면서 배운 한 가지 중요한 교훈은 신약 개발이 아니라 첨단 의료 장비에 먼저 투자해야 한다는 점이었다.

그런데 2014년부터 이런 추세가 변하기 시작했다. 지금은 신약을 개발하는 기업에 대한 총투자가 첨단 의료 기구와 장비에 대한 투자보다 더 많다. 첫 메디카 펀드는 투자 금액의 75퍼센트를 약품 개발에 투자했고, 의료 기구에 대한 투자는 25퍼센트에 불과했다. 하지만 두 번째 메디카 펀드에서는 이 비율이 거의 정반대가 되었다. 이런 현상은 이스라엘의 의료 기술 부문 전체에 영향을 미쳤다.

메디카는 비록 많은 수익을 올리지 못했지만, 성공 사례인 것은 분명하다. 훗날 이스라엘 시장에 이익을 가져다줄 수 있는 핵심 분야를 개척한 펀드였다. 이 펀드는 정부의 지원을 받지 않고 추가 펀드를 설립할 수 있는 플랫폼 역할을 했다.

니차님 펀드

니차님 펀드 이야기는 12장에서 폭넓게 살펴보았다. 시작은 좋지 않았지만, 니차님 펀드는 곧 두 이스라엘 집단(요시 라인Yossi Rain과 모셰 미스라히Moshe Mizrahi가 이끄는 전략 컨설팅 기업) 및 CEO 마티 카르프 모두와 합의에 도달했다. 이 펀드에서 모금한 액수는 2,000만 달러였다. 펀드의 또 다른 파트너인 일본의 교세라 컴퍼니에서 일부 자금을 제공했다. 두 명의 미국인 창업가 마샬 버틀러와 켄 린드는 주로 미국에서 활약하며 투자할 기업을 위해 길을 닦고 인맥을 쌓았다.

니차님은 요즈마의 자펀드 가운데 가장 큰 성공을 거두었으며 갈릴레오와 ESC 메디컬ESC Medical 등을 현금화했다. 단 400만 달러를 투자했던 갈릴레오와 ESC 메디컬은 1억 4,000만 달러의 수익을 선사했다. 니차님은 XTL, 웨이브 액세스Wave Access, 라드콤Radcom, 어코드Accord에서도 보유 주식을 현금화했다. 그뿐만 아니라 5년이 지나면 요즈마의 주식을 매입할 수 있는 옵션을 실행해 열네 배의 투자 수익을 확보했다.

카르프를 비롯해 성공 보수를 20퍼센트까지 받고 싶었던 일부 관리자는 8,000만 달러의 자본으로 콩코드 펀드Concord Fund를 조성하기도 했지만, 이 펀드는 결국 해체되고 말았다. 미국의 투자자들은 이 펀드에 상당한 부가가치를 제공했는데, 특히 켄 린드는 미국에서 강연할 때마다 입에 침이 마르도록 이스라엘과 요즈마를 칭찬했다. 미국 투자자들은 이스라엘에 대해 돈을 벌 수 있는 나라, 정부가 적극적으로 활동하면서 투자자가 수익을 올리도록 만드는 나라라고 인식하면서 태도를 바꾸기 시작했다. 사실 린드도 그런 이들 중 한 사람이었다. 실제로 열네 배의 투자 이익을 거두었다는 소문을 듣고 무관심할 수 있는 잠재 투자자는 거의 없었다.

　나는 요즈마의 후원으로 조성된 이 여섯 개 펀드, 그리고 또 다른 펀드의 성공과 실패에 대해 밤새도록 이야기할 수 있다. 하지만 내 생각에는 이들의 운용 방식과 몇 년에 걸친 발전 상황을 검토하는 일이 더 흥미로울 것 같다.
　펀드 활동이 활발해지고 펀드 관리자들이 벤처 캐피털 분야를 깊이 연구하면서 요즈마가 개입하는 일은 점차 줄어들었다. 펀드들은 서로 경쟁했지만, 시간이 지나면서 협력의 분위기가 조성되었다. 위험을 분담하고자 하는 욕망이 업무 부담까지 나누고 싶다는 마음으로 발전하면서 협력의 필요성을 느끼게 된 것이다. 펀드 규모에 따라 관리 비용이 결정되다 보니 규모가 작은 펀드는 수단과 인력이 부족했다. 하지만 펀드 관리자 사이에 신뢰와 협력 관계가 형성되면서 업무 부담은 줄고 관리 비용에 대한 만족도는 높아졌다.

기업 관리자와 펀드 관리자 사이의 '사전 작업' 또한 오랜 시간 동안 지속되었다. 지샤펠 가문의 라드 그룹 같은 기업의 노련한 관리자는 부가가치가 확실치 않은 대상을 매우 경계했다. 돈을 투자하라는 것(물론 언제나 좋은 일이다)뿐만 아니라 온갖 종류의 요구를 했는데, 심지어 자사의 이사회에 참석하라는 요청도 서슴지 않았다. 시간이 지나면서 함께 일하는 법을 배워 나갔지만, 지금까지도 벤처 캐피털 펀드의 돈은 절대 받지 않을 것이라고 맹세하는 기업 CEO도 있다. 그러나 경험이 많은 외국인이 펀드 관리에 참여하면서 기업과 요즈마 펀드 사이의 마찰은 크게 줄었다.

요즈마는 규정 조건을 세심하게 이행하는지 확인하기 위해 계속해서 펀드 활동에 관여하고 투자 위원회에 참석했다. 또한, 요즈마를 찾아온 기업 중 흥미롭고 투자할 가치가 있는 기업이 있으면 펀드에 소개했다. 일부 관리자는 비공식적으로 우리와 계속 의논하면서 다양한 투자 기회와 문제에 관해 의견을 구했다. 하지만 정부는 펀드 조성에서 조금씩 손을 떼야 했다. 과거(안타깝지만 지금도 이따금) 이스라엘 경제는 공공 영역과 민간 영역의 경계를 확실히 규정하지 못했다. 그래서 우리는 요즈마가 정부의 대표라는 입장을 최대한 활용하는 한편, 우리의 관여가 민간 투자자에게 방해일 뿐이라고 판단되면 조금씩 현장에서 물러났다.

우리의 지속적인 개입이 어려웠던 이유는 예상외로 이스라엘 파트너 때문인 경우가 많았다. 미국과 유럽의 파트너는 예의가 있었으며 결국에는 우리를 동등한 파트너로 대했지만, 이스라엘 파트너는 갈등이 불거질 때 훨씬 더 빠르게 인내심을 잃곤 했다. 물론 성공에 대한 결단력과 추가적인 동기부여도 이러한 특성에서 왔다. 하지만 이런 특성은 분위기를 망치고 파트너십에 해를 끼칠 위험이 있다. **요즈마는 관영 기업으로 활동하면서 7,500만 달러의 정부 투자로 열 개 펀드를 조성해 2억 달러가 넘는 레버리지 투자**(차입 자본을 이용한 투자—옮긴이)**를 실행했다. 열 개 펀드 가운데 여덟 개 펀드가 요즈마로부터 받은 옵션을 행사했다. 10년 후 정부의 펀드 투자 수익률(이익)은 약 40퍼센트였다.** 요즈마가 설립한 펀드는 이스라엘 경제에게 크게 보탬이 되는 기업에 투자했고, 그 결과 이스라엘 수출과 GDP 성장의 엔진이 되는 산업을 구축했다.

제17장
요즈마와 혁신 생태계

 우리가 원했다면 요즈마는 관영 기업으로 영원히 존속할 수 있었을 것이다. 계속해서 직접 투자를 관리하고, 이미 조성한 열 개 펀드에 관여하고, 더 많은 펀드를 조성할 추가 예산을 받을 수 있었다. 대부분의 경우 관영 기업은 서둘러 해체하지 않는다. 성공 사례로 평가되는 경우라면 더욱 그렇다.

 하지만 요즈마는 처음부터 일정 기간만 활동한다는 목적으로 설립되었다. 나는 요즈마를 7년가량 운영할 생각이었고 이 기간이 끝났을 때 요즈마를 폐쇄할 메커니즘까지 마련해 놓았다. 그러나 우리가 요즈마의 활동을 시작하고 3년 만에 맡은 역할을 모두 수행했다고 느끼리라고는 결코 생각지 못했다. 그것은 꽤 놀라운 통찰력이 필요한 일이었다.

 관영 기업은 주주의 동의를 확보하면 곧바로 폐쇄할 수 있는 민영 기업과는 다르다. 이해관계와 정무관, 그리고 이사회가 존재하며 이사회 임원 가운데 일부는 장관들과 가까운 사이이다. 존속해야 할 정당한 이유가 없을 때에도 다양한 관련자가 관영 기업을 살릴 길을 모색할 것이다. 요즈마 이사회의 초대 회장인 에이탄 라프는 민영화를 지지했다. 우리 두 사람은 민영 펀드가 성공을 거두자마자 요즈마가 무대에서 내려와야 한다는 데 뜻을 모았다. 그러나 1995년 6월 라프는 레우미 은행 총재로 임명받아 요즈마의 직책을 사임했다. 그의 후임자 암논 네우바크Amnon Neubach는 재정부의 고위 공무원으로, 노동당 지도층과 밀접한 관계가 있었다.

라프는 레우미 은행에서 새 직책을 맡았지만 계속 우리를 도왔다. 그는 일종의 비공식 자문이었고 나는 언제나 그와 접촉할 수 있었다. 그러나 라프가 떠나자 정치가와 재계 거물들이 이사회에 압력을 행사하는 일이 더 많아졌다.

네우바크는 민영화에 그다지 우호적이지 않았다. 요즈마가 민영화되면 곧바로 자신의 직책이 없어질 것이라고 판단했기 때문이었다. 다행히도 네우바크는 조금씩 민영화의 필요성을 확신하게 되었고, 요즈마가 제 역할을 다했다고 판단되자 활발하게 민영화를 추진했다.

세력이 약해진 새로운 이사회는 우리를 지원하지 못했다. 이런 상태에서는 펀드의 다른 파트너들이 행사하는 압력을 견디기가 어렵다고 판단한 우리는 '요즈마'의 직접 투자를 중단했다. 라프가 떠난 새로운 이사회는 먼저 요즈마의 모든 자펀드에 투자 대상을 추천한 다음 그들에게 거절당한 대상에게만 요즈마가 직접 투자를 해도 좋다는 방침을 채택했다. 이는 매우 실망스러운 결정이었다. 유망한 신생 기업에 투자하라는 제안이 계속해서 쏟아져 들어왔고, 우리는 그때껏 축적한 지식과 인맥과 경험을 활용해 그들을 도울 수 있다는 사실을 알고 있었기 때문이었다. 게다가 그들에게 투자함으로써 높은 투자 수익을 올리고 미래를 위해 좋은 평판을 쌓을 수도 있었다.

하지만 펀드 관리자들은 요즈마가 직접 투자를 하는 바람에 경쟁자가 되었다고 주장했다. 그리고 일부 펀드 관리자는 펀드 조성 3년이 지났을 때 펀드의 정부 지분을 매입하는 옵션을 실행하겠다고 '협박'하기 시작했다. 이 옵션은 5년이 지나야 실행할 수 있고, 일반적으로는 옵션을 실행하더라도 마지막 순간까지 기다리는 것이 관행이었지만 그들은 아랑곳하지 않았다. 어쨌든 옵션을 실행하고 싶어 한다는 사실은 요즈마가 성공했다는 증거였다. 다시 말해, 요즈마가 더는 필요하지 않으며 민영화해야 할 때가 왔다는 의미였다.

요즈마를 설립했을 때와 마찬가지로 해체할 때도 본보기로 삼을 대상은 전혀 없었다. 앞서 미국과 유럽에서 조성한 벤처 캐피털 펀드는 민영이었으니 정부 펀드인 우리는 이 분야의 개척자였던 셈이다. 타미 벤다비드와 나는 재정부의 고위 공무원과 이사회 임원들에게 민영화를 추진하자고 설득했다. 1996년 후반 무렵 우리는 결국 요즈마 이사회를 설득하는 데 성공해 민영화 과정을 준비했다.

민영화 과정은 두 단계로 진행되었다. 첫 번째 단계에서는 자펀드의 요즈마 지분을 민영화했다. 우리는 펀드의 수명을 10년으로 정한다는 펀드 활동에 관한 규정에 따라 민영화 단계를 진행했다. 이때 자펀드의 민간 부문 파트너에게는 **매입가 + 리보 이자 + 1퍼센트 + 미래 수익의 7퍼센트의 비용으로 펀드의 요즈마 지분을 매입할 옵션**

을 제공했다(요즈마의 첫 펀드였던 제미니 펀드의 파트너들에게는 특혜 조건을 제공했다).

매입 옵션을 할당하자 민영화에 속도가 붙었고, 옵션을 실행한 여덟 개 펀드로부터 투자 수익까지 발생했다. 각 펀드에서 약 1,000만 달러의 이익을 거두었기 때문에 요즈마를 민영화한 직후에 수지는 8,000만 달러 흑자를 기록했다. 이는 벤처 캐피털 펀드 조성의 다른 목적을 제외하고 순수하게 사업의 관점에서만 봤을 때도 그 자체로 놀라운 기록이었다. 투자 5년 만에 각 펀드에서 원금은 물론 이자까지 회수되었다. 투자 위험이 사라졌으며 펀드 수익의 7퍼센트를 순수한 무위험 소득(적극적으로 일하지 않아도 정기적으로 현금이 유입되는 소득—옮긴이)으로 거둘 수 있었다. 그리고 이 소득은 계속 축적되어 약 5,000만 달러에 이르렀다. 합리적인 투자 은행이라면 언제든지 이런 거래에 서명할 것이다.

요즈마의 직접 투자를 민영화하는 두 번째 단계는 공개 입찰이었다. 실제로 다른 방법이 없었다. 그러나 공개 입찰의 수요는 많지 않을뿐더러, 우리가 받을 액수 역시 투자 수익에 크게 미치지 못할 것이 분명했다. 그 무렵에는 아직 하이테크 분야가 성공적이고 매력적이라는 평판을 얻지 못했다. 펀드가 진행하는 투자의 성공 스토리가 이제 막 알려지기 시작한 참이었다. 그래서 관심을 보이는 가망 구매자가 많지 않았다.

처음에 우리는 열 개의 자펀드와 직접 투자한 요즈마 지분을 포함한 요즈마의 모든 소유권을 분할할 수 없는 단일 단위로 매각할 생각이었다. 소유권의 평가 가치는 약 9,500만 달러였다. 그러나 당시에는 이 정도의 금액을 지불할 만한 이스라엘 기관이 없었다. 후보자는 당연히 해외 투자 은행뿐이었다.

우리(벤다비드, 네우바크, 나)는 매입에 관심을 표한 은행 대표들을 만나기 위해 미국으로 떠났다. 이 가운데 하나가 리먼 브라더스 은행 Lehman Brothers Bank이었다. 몇몇 다른 은행에서도 관심을 표했지만 협상은 성공하지 못했다. 그들이 원래 요즈마의 펀드 파트너에게 제공되는 예외 조건, 구체적으로 말하면 자펀드의 요즈마 지분을 실제 경비(+ 이자 + 미래 수익)로 매입하는 옵션을 요구했기 때문이었다.

내 예상과는 달리 투자 은행 대표단은 펀드에서 요즈마의 지분을 매입하는 조건에 반대했다. 펀드 파트너가 거의 명목 가격으로 매입할 수 있는 이 옵션이 그리 매력적이지 않다고 판단한 것이다. 그들은 벤처 캐피털에 투자하고 싶어 하는 사람에게 매력적인 것은 고수익뿐이라고 말했다.

우리는 옵션에서 일찍(원래 5년보다 훨씬 앞당겨서) 수익을 올릴 수 있다고 주장했지만, 그들은 옵션 대신 초기 평가 가치를 대폭 낮출 것을 요구했다. 벤다비드는 이 요구를 거부했다. 이미 재정부에서 이스라엘 자산을 해외에 매각하는 문제를 놓고 우려가 발생한 참이었다. 펀드 파트너들은 그들을 위한 옵션을 취소하라는 미국인들의 요구에 동의하지 않았을 것이다. 지금에 와서 보면, 이 잠재 투자자들은 매우 매력적인 거래 기회를 놓쳤다. 만일 그들이 우리가 제안한 조건에 따라 요즈마를 매입했다면 2년 이내에 투자 수익을 올리고 5년의 복리를 얻었을 테니 말이다.

우리는 빈손으로 이스라엘에 돌아왔다. 벤다비드는 언제나 그랬듯이 더는 해외에서 시간을 낭비할 필요가 없다고 단언했다. 누구도 이 매입의 이점을 심사숙고할 준비가 되어 있지 않았기 때문이었다. 그녀는 다른 매각 방법을 모색하자고 제안했다. 한 가지 가능성이 떠오른 나는 우회적으로 조심스럽게 생각을 전하려 했다. 그러나 그녀는 내 설명이 채 끝나기도 전에 문을 쾅 닫고 가 버렸다. 비록 미완성이었지만 내 아이디어의 골자는 이랬다. 내가 개인적으로 확보할 수 있는 민간 부문 투자자와 함께 요즈마의 소유권을 원가로 매입하는 것이었다. 어쨌든 일생일대의 거래를 맺을 수 있었던 기회는 이미 사라졌다.

우리는 요즈마의 투자 대상을 매각하는 과정에 난항을 겪고 실패를 거듭했다. 결국 펀드에 대한 요즈마의 소유권을 재정부에 넘기고, 요즈마가 직접 투자한 대상은 별도의 투자 회수 과정을 통해 매각하기로 했다.

직접 투자 포트폴리오에는 매입 옵션과 미래 수익의 7퍼센트를 받을 권리, 마이르 바렐이 설립한 스타 펀드의 소유권, 그리고 그때껏 요즈마가 투자한 열네 개 기업이 포함되어 있었다. 우리는 스타 펀드를 놓고 재정부와 논쟁을 벌였다. 원래 펀드가 아닌 기업만 공개 입찰에 포함시킬 생각이었다. 그러나 스타 펀드에는 개별 소액 투자자가 많아서 재정부가 보기에 걱정스러운 방향으로 상황이 전개되었다.

재정부는 스타 펀드에 참여한 기업에 사소한 문제라도 발생하면 투자자들이 정부의 돈을 빼먹을 요량으로 소송을 제기할지도 모른다고 우려했다. 그래서 그들은 걱정거리를 접어 두고 다른 열네 개 기업과 함께 스타 펀드를 공개 입찰에 포함시키려고 노력했다. 공개 입찰의 낙찰자는 스타 펀드를 꽤 매력적인 상품이라고 생각했다. 스타 펀드가 매우 신속하게 옵션을 실행한 데다가 자신의 몫인 7퍼센트에서 거둔 상당한 수익을 계속 분배했기 때문이었다.

기업청은 요즈마의 투자 매각을 '오픈 룸' 방식으로 관리했다. 그러나 잠재 매입자들과 사전 접촉을 시작했을 때 다양한 투자 기관들은 비공식적으로 터무니없이 평가 절하한 가격에 매입하겠다는 뜻을 밝혔다. 이를테면 에버그린 펀드Evergreen Fund는 400만 달러를 제안했다. 우리 투자 금액(1,500만 달러)의 4분의 1을 가까스로 넘긴 액수였다. 매입에 관심을 보인 이들 중 일부는 내게 펀드 CEO의 직책을 계속 유지하는 것은 물론이고 매우 좋은 조건으로 파트너에 임명하겠다고 은밀히 제안하면서 매입가를 낮추려고 수를 썼다. 그러나 어떤 제안도 나의 공직 경력을 끝낼 만큼 매력적이지는 않았다.

우리가 요즈마의 투자에 대해 합당한 가격을 고집했을 때 진지하게 입찰에 임한 기관은 매우 드물었다. 입찰에 참여한 세 기업 가운데 우리의 평가 가치에 근접한 가격을 제안한 기업은 오페르 브라더스 그룹Ofer Brothers Group뿐이었다. 기술 분야에서 활동한 기록이 거의 없는 오페르 브라더스가 입찰했다는 점은 다소 의외였다.

요즈마를 매입하고 싶어 한 이들은 오페르 가문의 젊은 두 상속자였다. 이 가운데 한 명이 사미 오페르Sami Ofer의 아들 이단 오페르Idan Ofer였다. 하이테크에 매료된 이단은 그때까지만 해도 주로 조선과 부동산에 기반을 두었던 가족 기업의 활동과 투자 영역을 새로운 분야로 확대하려고 노력했다. 두 번째 상속자는 율리 오페르Yuli Ofer의 총애를 받는 사위이자 가족 기업의 이사인 우디 안젤

Udi Angel이었다. 오페르 브라더스가 제안한 입찰가는 15,555,555달러(가문의 창립자들은 항상 이를 행운의 숫자로 생각했다)였다. 오페르 브라더스의 창립자들은 사업 감각이 뛰어났으나 이상하게도 구슬과 함사Hamsa* 같은 갖가지 미신의 힘이 사업에 도움이 된다고 믿었다. 요즈마를 매입할 때도 이 미신의 힘이 어느 정도 작용한 것으로 보인다.

이렇게 해서 설립된 지 5년이 지난 1997년 후반, 정부에 속한 관영 기업 요즈마의 존재는 사라졌다. 요즈마는 이제 이스라엘 하이테크 시장의 또 다른 민영 벤처 캐피털 펀드로 바뀌게 되었다. 혹시 독자들이 요즈마 직원들의 운명은 어떻게 되었을지 불안해할까 싶어 밝히자면, 요즈마 이사회에서는 직원들이 수년 동안 쏟은 노력에 대한 심심한 감사의 표시로 감사 편지와 함께 2개월분의 월급을 보너스로 전달하기로 합의했다.

재정부에 돈이 쏟아져 들어오고 여러 펀드에 있는 우리 파트너들이 상당한 수익을 올리는 가운데 요즈마 CEO로서의 내 임기는 끝을 맺었다. 이와 더불어 나할 소레크 원자력 연구 센터의 연구원으로 시작한 30년간의 공직 생활도 막을 내렸다.

언제나 수많은 개발이 진행되고 수많은 사람이 성공을 거두는 기술 분야는 본질적으로 역동적이다. 그렇다 보니 잠시 멈추어 과거에 얻은 교훈과 경험을 돌이켜 보는 사람은 없었다. 모든 사람이 더 많은

---

* 펼친 손바닥 가운데에 뜬 눈 하나가 있는 조각이나 이미지. 중동 지역의 전통적인 상징으로, 행운과 신성한 보호를 의미한다.

자본을 모으고 새로운 투자 대상을 찾으러 바삐 움직였다. 나 역시 내가 또 다른 모험을 향해 가고 있다고 믿었다.

요즈마는 모든 사람의 기대를 넘어 능력을 입증했다. 정부는 혁신적인 모험에 1억 달러를 투자해 소기의 목적을 달성했을 뿐만 아니라 투자액을 회수하고 (이자를 붙여서) 수익을 창출했다.

그러나 이것이 요즈마의 성공을 평가하는 주된 기준은 아니다. 정부가 요즈마를 설립해 투자한 핵심 목적은 하이테크 분야를 몽매함에서 깨우치고 세계를 향해 개방하기 위해서였다. 정부는 설령 투자에서 한 푼도 건지지 못한다고 해도 이 일에 뛰어들었을 것이다.

정부는 목표를 완벽하게 달성했다. 이스라엘은 세계에 개방되었고, 세계는 이스라엘의 모든 잠재력을 발견했다. 펀드들은 전략적인 국제 파트너들과 파트너십을 형성했다. 이 파트너들은 펀드에서 투자한 기업에 더 적극적으로 참여했으며, 훗날 이들 기업은 국제 기업에 매각되었다. **파트너들은 우리와 손을 잡고 투자 은행, 법률 및 회계 회사, 대기업과 관계 네트워크를 형성했다. 이 네트워크는 우리 경제에 황금보다 더 소중한 것으로 입증되었다.**

세계를 향한 점진적인 개방은 요즈마가 설립되기 전부터 이미 시작되었다. 요즈마가 없었더라도 지속되고 확대되었을 것이다. 그러나 미국에서 스타트업 추세가 급격히 상승하던 바로 그 시기에 요즈마가 활동한 것이 이 같은 발전에 엄청난 추진력을 제공했다. 만일 요즈마가 이 시기에 참여하지 않았다면 이스라엘 하이테크는 닷컴 거품이 붕괴하기 전에 때맞추어 동참하지는 못했을 것이다.

이익을 얻고 잃으며 해외 투자자는 오고 가지만, 결코 사라지지 않는 한 가지 자산이 남는다. 그것은 1세대 벤처 캐피털 및 하이테크 전문 펀드 관리자와 지역 투자자, 그리고 변호사들이 축적한 전문 지식이다. 이스라엘의 폭넓고 전문적인 인적 네트워크는 세계 시장의 규칙을 준수하고 요건을 충족하며 활동하는 법을 배웠다.

많은 기업이 다국적 대기업에 합병되었지만 대부분의 요즈마 펀드와 요즈마 펀드의 투자를 받은 기업은 오늘날까지 건재하다. 따라서 앞서 언급했듯이 요즈마가 거둔 성공에서 진정으로 중요한 이 측면은 수치로 평가하기가 쉽지 않다.

그럼에도 불구하고 이 수치는 어떤 기준으로 보아도 인상적이다. 열 개 펀드가 조성되어 운용을 시작하고 약 10년이 지난 2004년에 요약 보고서를 작성한 결과, 요즈마의 자펀드들은 2억 달러 이상을 모금해 168개 스타트업 기업에 투자한 것으로 나타났다. 비록 정부는 이제 펀드 관리에 개입하지 않았지만 펀드들은 이스라엘에서 다른 펀드를 계속 조성해 투자했다. 2004년 무렵 이스라엘의 여러 펀드에서 모금한 액수는 약 75억 달러에 이르렀는데(**그림 3** 참고) 이는 요즈마의 자펀드와 후속 펀드에서 모금한 액수의 약 절반 수준이었다.

인상적이게도 총 모금 액수의 90퍼센트는 해외 자금이었다. 해외 기업이 30개의 이스라엘 기업을 인수했고, 또 다른 26개 기업이 주식 시장에서 증권을 발행했다. 2004년 무렵 요즈마 펀드가 투자한 여러 기업은 이스라엘에 6,000명의 직원을 두었고, 해외에서도 이스라엘과 외국 출신의 직원 수백 명을 고용했다. 이들 기업의 서비스 제공 업체에도 수천 명이 고용되었다.

지난 수년 동안 이스라엘의 벤처 캐피털 펀드가 대기업을 성공시킨 사례는 거의 없다는 주장이 제기되어 왔다. 하지만 이는 벤처 캐피털 분야의 특성일 뿐이다. 소기업이 성공을 거두면 대규모의 국제 기업이 이를 매입한다(만일 그렇지 않으면 소기업은 자사의 활동을 상당 부분 해외 투자가에게 매각할 수밖에 없다).

이스라엘에는 혁신 기업이 수백 개에 이른다. 지금껏 유수한 기술 기업이 이런 혁신 기업을 합병함으로써 이스라엘에 개발 센터를 설립하고 수천 명의 이스라엘인을 고용했다. 이렇게 해서 이스라엘의 '기술 생태계', 즉 기업의 성장과 혁신적인 개발에 필요한 총체적인 인프라가 탄생한 것이다.

제18장
정부 이니셔티브에서 민간 이니셔티브로

1997년 후반 요즈마는 직접 투자 대상을 오페르 브라더스에게 일괄 매각했다. 요즈마가 조성한 열 개의 펀드는 독자적인 경로로 다시 출발했다. 사실상 요즈마의 이야기는 여기서 끝난다. 이는 이스라엘 벤처 캐피털 산업의 첫 번째 장에 불과하지만, 내게는 인생의 새로운 장을 알리는 시작이었다.

나는 30년 만에 처음으로 공무원 신분에서 벗어났다. 자유의 몸이 되어 새로운 진로를 찾아 나섰다. 펀드 관리가 나의 새로운 진로가 될 것이라고 확신했다. 요즈마가 민영화되기 직전에 펀드를 관리할 기회가 두 차례 찾아왔지만 기회를 놓쳤다. 그 무렵 나는 JVP 펀드를 지휘하던 에렐 마르갈리트에게 재정부 정책 담당관에서 퇴직하는 아론 포겔을 추천했다. 그를 파트너로 임명하면 골치 아픈 미국 파트너들을 진정시킬 수 있을 것이라고 했다. 그런데 마르갈리트가 오히려 나에게 "요즈마를 떠나서 내게 오라!"고 제안해 깜짝 놀랐다. 하지만 요즈마가 곧 민영화되는 상황에서 떠나려니 마음이 편치 않았다. 나중에서야 깨달았지만, 그 제안을 받아들이지 않는 바람에 나는 매우 성공적인 펀드에 참여할 기회를 놓쳐 버렸다.

1995년에 민영화 과정이 마무리되고 나의 3년 임기가 끝날 무렵이었다. 요즈마 회장 에이탄 라프가 레우미 은행 총재직을 맡기 위해 사퇴했다. 이는 요즈마 최초의 성공적인 '퇴장'이라고 묘사할 만한 운명적인 변화였다. 이후에도 나와 계속 연락하며 지내던 라프는 폴라리스 펀드 조성의 원동력인 아론 도브라트에게 연락해 보라고 조언하면서 진심 어린 추천서까지 써 주었다.

신규 펀드를 조성하고 싶었던 도브라트는 내게 펀드 매니저로서 파트너 주주 참여를 제안하며 자신과 라미 칼리쉬와 함께 일하자고 요청했다. 나는 도브라트와 칼리쉬의 전문성을 높이 평가했기 때문에 그의 제안을 흔쾌히 수락했다. 우리는 요즈마의 민영화 과정이 끝나자마자 다시 만나 조건을 결정하기로 뜻을 모았다. 그런데 오페르 브라더스가 요즈마 인수를 마무리하기 며칠 전에 놀랍게도 헤미 페레스가 점심을 먹자며 나를 초대했다.

과거 벤처 캐피털 분야에 진출할 길을 모색했던 헤미는 머지않아 자신이 신규 펀드에서 칼리쉬의 관리 파트너로 임명받을 것이라고 말했다. 그는 도브라트가 나와 이야기를 나누었고 나와 동업하고 싶어 한다는 사실을 알고 있다고 덧붙였다. 그리고 곧바로 내가 동급의 파트너가 되지는 않을 것이라는 언질을 주었다. 그는 내게 정중하게 '꺼지라'고 말하고 있었다. 나는 몹시 화가 나서 침착한 표정을 유지하기 위해 무진 애를 써야 했다. 나는 도브라트와 문제를 의논해 보겠다고 말하며 마음을 추슬렀다.

도브라트는 내게 사과하면서 오르보테크에서 칼리쉬와 일한 적이 있는 헤미를 이미 내정했다고 전했다. 오르보테크는 서둘러 펀드를 조성해야 하는데 내가 요즈마를 민영화하느라 바빴기 때문이라고 해명했다. 도브라트는 "물론 당신도 우리와 일하고 싶다면 기쁠 것"이라는 말로 나를 달래려고 노력했다. 하지만 이전에 언급했던 조건으로는 펀드에 합류하지 못할 것이 확실했다. 나는 칼리쉬와 훌륭하게 협력할 수 있다고 믿었기 때문에 이런 결론이 매우 유감스러웠다. 그러나 칼리쉬는 헤미와의 우정을 선택했고, 도브라트는 이스라엘 전 총리(이자 미래의 대통령)인 시몬 페레스의 아들을 고용한다는 생각에 들뜬 것처럼 보였다. 그들은 피탕고 펀드를 성공적으로 조성했으며 나는 다시 내 길을 찾아 나섰다.

이때 한 가지 배운 점이 있다. 사업상 어떤 사람이 내놓은 모든 약속에는 유한 책임만 따를 뿐이다. 환경과 상황은 급속도로 변하고, 이와 함께 사람의 약속도 변한다. 예전에는 약속을 지킨다는 것이 말한 대로 실천하는 것을 의미했으며, 이는 사업가 사이에서도 대단히 긍정적인 성격으로 여겨졌다. 하지만 오늘날과 같은 시대에 약속이란 신뢰에 기반을 둔 탄탄한 산업에서도 한낱 권고 사항에 지나지 않는다. 오페르 그룹의 전직 파트너 우디 안겔은 약속을 지키기 어려울 때마다 "음, 상황이 바뀌었네요"라고 말하곤 했는데, 그럴 때마다 나는 이 교훈을 떠올렸다.

나는 결국 요즈마에 남았다. 민영 소유주를 맞이한 요즈마는 새로운 진로를 계획했다. 이단 오페르와 우디 안겔이 대표하는 신세대 오페르 가문은 부동산과 조선을 넘어 가족 기업을 확장하고자 노력했다. 두 사람은 내게 전략적인 목적을 위해 기술 분야에 진출할 예정이며, 요즈마와 나사렛Nazareth의 기술 인큐베이터에서 얻은 자산을 활용하고 싶다고 했다. 훗날 창업가들은 이곳에서 목적을 달성할 수 있는 신제품을 개발했다.

나는 수석 과학관으로 재임하던 시절부터 줄곧 내 곁에 있었던 보아즈 골드슈미트와 함께 요즈마의 후속 펀드를 설립하고 관리하겠다고 제안했다. 처음에는 내가 기술 소유권을 관리하고 그들이 우선 투자자로 참여하는 신규 펀드를 조성하기로 합의했다. 돌이켜 보면 이것은 전략적인 면에서 실수였다. 벤처 캐피털 펀드를 효율적으로 운용하려면 익명/유한 파트너로부터 자본을 모으는 관리 집단이 필요하다. 파트너들은 일상적인 관리에 지나치게 개입하지 않고 전문 관리자가 올바른 결정을 내릴 것으로 믿는다. 만일 펀드 관리자가 재량껏 최선의 결정을 내릴 수 없을 것 같으면 애초에 투자하지 않는다. 다시 말해, 투자자들은 관리 회사에 보스가 있는 것을 좋아하지 않는다.

그런데 오페르 그룹은 관리에 참여하겠다(무한 책임 파트너가 되겠다)고 고집했다. 물론 나 혼자서는 자금을 모으지 못했을 것이다. 어쨌든 나와 우디, 이단의 개인적인 관계는 매우 돈독했으며 우리는 진짜 파트너처럼 함께 일했다.

나는 우디, 이단과 협상했지만 오페르 브라더스 컴퍼니를 지휘하는 사람은 여전히 가문의 수장 사미와 율리였다. 내 오랜 동료인 다비드 에프라티David Efrati 변호사가 나를 도와 계약서 초안을 작성했다.

그는 당당하게 행동하라고 격려했으며, 요구 사항을 제시할 수 있도록 지원했다.

여럿이 참석한 한 회의에서 협상이 끝날 무렵 형제 가운데 한 명이 내게 다가왔다. 그는 내 뺨에 쪽 하고 입을 맞추고는 "당신은 이제 가족의 일원"이라고 말했다. 나는 이 제스처를 어떻게 받아들여야 할지 몰라 당황스러웠다. 물론 이스라엘 재벌 그룹 오페르 집안에 선택되는 게 세상에서 가장 나쁜 일은 아닐 것이다. 하지만 이 가족의 일원이 된다는 것은 정확히 어떤 의미일까? 결국에는 나도 그들의 태도와 관습을 선택하게 된다는 뜻일까, 아니면 그들의 행운이 내게도 따를 것이라는 뜻일까?

나는 이 가문의 울타리 안으로 들어서는 일을 놓고 갈등했다. 우리는 이미 새로운 관리 회사를 설립했고, 골드슈미트와 내가 받은 회사 지분은 오페르 그룹의 지분과 동일했다. 하지만 그들은 나를 동등한 파트너가 아니라 시스템의 일개 플레이어로 생각하는 것이 분명했다. 나중에 나를 회사의 파트너라고 소개했을 때 그들이 거북해한다는 걸 느꼈다. 예컨대 사미 오페르는 마치 내가 외계인이라도 되는 것처럼 빤히 바라보았다. 그 무렵 체크포인트 컴퍼니Checkpoint Company의 설립자 중 한 명인 길 쉬베드Gil Shwed가 한 말은 이런 사미의 태도를 단적으로 표현하기에 적합하다. 쉬베드는 체크포인트 컴퍼니가 주식을 발행한 직후에 도무지 이해가 안 된다는 듯이 분통을 터트리며 다음과 같이 말했다. "우리가 30년 동안 일해서 처음으로 10억 달러를 달성했는데, 이 나약하기 짝이 없는 남자가 이미 10억 달러의 가치가 있다고? 어떻게 그럴 수 있지?!"

한편, 오페르 브라더스는 요즈마를 인수한 결실을 거두기 시작했다. 스타 펀드는 옵션을 현금화해서 1,000만 달러를 이전했고, 바이오센스 컴퍼니는 요즈마에게는 소소한 액수인 1,200만 달러로 존슨 앤드 존슨에 매각되었다. 여기에서 거둔 수익만 해도 인수 총액을 넘어섰다. 이는 오페르 브라더스에게 결코 불리한 거래가 아니었다.

하지만 오페르 그룹에게는 언제든 자본을 모을 수 있는 남다른 능력이 있었다. 1998년에 우리는 요즈마 II라는 신규 펀드를 조성하기 시작했다. 닷컴 거품 위기가 발생하기 직전이었으니 자본 모금의 타이밍은 탁월했다. 모든 사람이 하이테크에 투자하고 싶어 했던 시기였다. 그러나 후속 투자의 타이밍은 끔찍했다. 투자자를 구할 무렵에는 기업의 평가 가치가 높았지만 머지않아 닷컴 거품이 붕괴함에 따라 이 평가 가치가 곤두박질칠 운명이기 때문이었다.

오페르 그룹은 상당한 금액을 우리의 재량에 맡기고, 이스라엘 최대 은행인 포알림 은행이 우리 펀드에 투자할 것이라고 믿었다. 하지만 우리는 자본금 1억 달러의 펀드를 조성하기 위해 가야 할 길이 멀었다.

우리는 자본을 모금하기 시작했지만, 이내 민간 자본을 모금하는 일과 정부 예산을 확보하는 일은 확연히 다르다는 사실을 깨달았다. 요즈마는 관영 기업으로 성공을 거두었지만 민간 펀드로 바뀐 다음에는 사정이 달라졌다. 민간 투자자와 기관 투자자는 민간 펀드에 그리 열광하지 않았다. 일부 잠재 투자자는 펀드에 투자한 대기업 대표가 관여하는 펀드 관리자의 판단을 그다지 신뢰하지 않았다. 그런 방식은 그들이 생각했던 벤처 캐피털 펀드의 일반 구조와 달랐다.

우리는 투자 은행의 지원을 받기로 했다. 유럽에서 자본을 모을 때 도움이 되기를 바라며 프랑스의 한 투자 은행과 계약을 체결했다. 실제로 이 투자 은행은 몇몇 프랑스 투자자를 소개했고, 뉴욕의 유명한 대형 투자 은행 부사장과 만나는 자리를 주선했다.

우리는 매우 신중하게 회의에 대비했다. 나는 우디와 이단 오페르에게 그 자리에 함께 참석해야 한다고 설득했다. 뉴욕의 상쾌한 아침, 우리 네 사람은 프랑스 투자 은행에서 나온 두 대리인의 안내를 받으며 약속한 장소에 도착했다. 호화로운 로비에서 접수원이 우릴 맞이할 때부터 나는 왠지 편하지가 않았다. 접수원은 회의실에 문제가 생겼는데 곧 해결될 것이라고 했다. 소중한 시간이 몇 분 흘러가는 동안 우리는 모두 로비에 서 있었다. 곧이어 누군가 나타나 빈 회의실로 안내했다. 회의실의 의자는 모든 사람이 앉기에 부족했다. 의자를 더 가져왔지만 공간이 좁아 너무 복잡했다.

우리는 기다렸고, 드디어 부사장이 모습을 드러냈다. 스웨덴 태생의 인상적인 은발의 사나이였다. 부사장은 회의가 지체된 것을 사과하고 펀드에 대해 설명해 달라고 요청했다. 프레젠테이션이 끝나자 그가 이렇게 물었다. "대체 왜 우리가 당신들에게 투자해야 합니까? 우리에게 접근한 이스라엘 펀드가 다섯 개 이상입니다. 당신들의 상대적 이점은 뭔가요?"

나는 아무리 훌륭하게 답변해도, 우디와 이단까지 함께 참석했어도, 그를 설득해서 요즈마에 투자하게 만들 수는 없을 것이라고 판단했다. 이날 회의에서 실망스러운 일은 이뿐만이 아니었다. 회의가 끝나자마자 프랑스 은행가가 그날 아침 타고 왔던 콩코드 비행기를 타고 파리로 돌아가야 한다고 말했다. 그는 사과의 말을 몇 마디 더듬거리고 지불해야 할 비싼 청구서에 대해 무언가를 중얼거리더니 사라졌다.

그 순간 나는 투자자를 모집할 때마다 투자 은행에 의존할 수는 없다는 것을 깨달았다. 아무리 가까운 사이라도 투자 은행이 잠재 투자자에게 미치는 영향력에는 한계가 있었다. 그래도 우리는 다시 열심히 노력해서 미국과 유럽의 투자자들로부터 4,000만 달러를 확보했다. 여기에 이스라엘 투자자까지 가세해 펀드의 자본 보유량은 8,000만 달러에 이르렀다.

닷컴 거품이 터지기 얼마 전까지 이스라엘의 하이테크 부문은 번성했다. 이와 더불어 우후죽순처럼 수십 개의 벤처 캐피털 펀드가 생겨났다. 2000년 무렵 이스라엘의 벤처 캐피털 펀드는 이미 85개에 달했으며, 요즈마가 민영화된 이후 10년 동안 약 10억 달러를 모금했다. 관리자와 파트너들은 펀드가 활동하는 기간에 관리 비용으로 자본의 20퍼센트를 가져갔다. 나머지 약 8억 달러는 900개가 넘는 이스라엘의 신규 기업과 기회를 잘 살린 베테랑 기업에 투자되었다.

이스라엘 기업의 대부분은 신생 스타트업이었다. 예전의 창업가들은 회사가 지불 능력을 유지하며 활동할 수 있는 최소한의 자원만이라도 얻어 내기 위해 펀드에게 매달렸다. 하지만 이제 그들은 (우리가 요즈마를 출범할 때 의도했던 대로) 다양한 펀드를 둘러보며 '쇼핑'을 할 수 있게 되었다. 이처럼 이스라엘 벤처 캐피털 펀드가 성공을 거두자 해외 투자자들이 이스라엘을 찾아왔다. 그 결과 2000년대의 이스라엘 기술 부문 기업은 해외 펀드와 다른 투자 기관에서 확보한 45억 달러의 수혜자가 되었다. 그뿐만 아니라 해외에서 주식을 공개 발행함으로써 60억 달러를 더 확보했다. 기술은 이스라엘 경제에서 가장 강력한 성장 엔진으로 자리를 잡았다. 이스라엘은 요즈마에 초기 투자액으로 제공했던 단 1억 달러를 활용해 이런 혜택을 추가로 얻었다.

나스닥 지수가 상상할 수 없는 수치로 치솟았다가 붕괴하던 2000년 3월부터 닷컴 거품이 터지기 시작했다. 물론 이스라엘 경제 부문의 약진과는 무관한 일이었다. 그러나 당시 이스라엘의 여러 기업과 펀드에서 나타났던 오만하고 호사스러운 행동은 미국의 시대적인 풍토와 정확히 일치했다. 자본을 구하기가 쉬워지자 보수가 상승했다. 소프트웨어 엔지니어들이 첫 직장에서 요구하는 보수는 부모 세대가 꿈도 꾸지 못했던 수준이었다. 펀드 관리자들은 어마어마한 관리 비용을 긁어모아 호화로운 고층 건물로 사무실을 옮겼다. 닷컴 거품의 폭발은 그 분야에 종사하는 사람들의 세계를 마구 흔들어 현실에 대한 자각을 불러일으켰다.

닷컴 거품이 거세게 일어나는 시기에 요즈마 II는 투자 주기의 한복판에 위치해 있었다. 우리가 투자한 한 회사에서 기발한 아이디어를 내놓았는데, 예루살렘 히브리 대학교의 물리학 교수가 개발한 광학 기술을 토대로 전화 교환대를 만들었다. 지금 와서 생각해 보면 결코 실현될 것 같지 않은 프로젝트였다. 이 회사는 펀드로부터 상당한 자본을 확보하고 미국 시장을 뚫기 위해 미국인 CEO를 영입하기로 했다.

야심만만한 이 미국 CEO는 당대의 시대적인 풍토에 걸맞게 거창한 계획을 준비했다. 개중에는 거금을 빌려서 아직 태어나지도 않은 제품을 위해 공장을 미리 설립하는 계획도 있었다. 이처럼 막대한 투자가 가능했던 것은 땅값이 오를 것이라는 기대 때문이었다. 결국 이 회사에서 국장으로 근무했던 피탕고 펀드의 아랄레 만코우스키 Aarale Mankowski가 먼저 정신을 차리고 투자 과정을 중단했다.

하지만 닷컴 시대의 풍토를 가장 확실하게 보여 주는 사건은 이보다 몇 달 전에 미국인 CEO가 이스라엘을 방문했을 때 일어났다. 이 CEO는 펀드에 결정적인 제안을 내놓았다. "지금 당장이라도 5억 달러에 회사를 매각할 수 있지만, 나는 1년 이내에 회사 가치가 세 배에 이를 것이라고 확신합니다. 어느 쪽을 선택하시겠소?" 투자자들은 대부분 버티며 매각을 기다리는 편을 택했다. 그러나 시장이 붕괴하면서 회사는 내리막길로 접어들었고, 결국에는 해체되어 꿈에서 멀어졌다.

이렇듯 적잖은 수의 기업과 많은 투자자의 수익이 연기 속으로 사라졌다. 반면에 이스라엘 기술 투자를 뒷받침했던 탄탄한 토대(대담함과 용기, 창업가정신)는 사라지지 않았으며, 여기에 돈으로 살 수 없는 경험에 더해졌다.

자본 시장이 격렬한 변동을 겪음에 따라 민영 펀드 요즈마 II 역시 한동안 이렇다 할 성공을 거두지 못했다. 2002년에 세 번째 요즈마 펀드를 조성하는 일도 어려워졌다. 오페르 브라더스의 열정이 식었다는 점도 한몫했다. 그러나 골드슈미트와 나는 오랫동안 의논한 끝에 세 번째 후속 펀드를 추진하기로 했다.

닷컴 거품이 터지기 전과는 반대로 벤처 캐피털 시장에서 자금을 모금하기가 쉽지 않은 시기였다. 추가 투자자를 확보하기까지 오랜 시간이 걸렸다. 우리는 기존 투자자들에게 접근했으나 의외로 새로운 투자자들이 관심을 보였다. 그 가운데 하나는 미국의 대형 투자은행 골드만삭스였다. 골드만삭스는 뉴욕으로 우리를 초대했다.

그 무렵 리먼 브라더스에 근무하다가 이스라엘로 돌아온 아미르 에를리히만Amir Erlichman이 우리 팀에 합류했다. 에를리히만은 우리에게 미국 투자 은행에서 자본을 모을 때 따라야 할 행동 규범을 짚어주었다. 무엇보다 색상을 맞춘 쓰리피스 정장으로 차려입어야 한다고 말했다. 유명 브랜드의 넥타이를 매는 것은 물론이고, 빌려서라도 고급 브랜드의 시계를 차야 한다고 덧붙였다.*

실제로 우리는 후텁지근한 어느 금요일 오전에 말끔하게 차려입고 골드만삭스 사옥에 도착했다. 행여나 용모가 흐트러질세라 천천히 주춤거리면서 은행으로 들어섰는데 정작 우리가 만난 젊은이는 티셔츠와 청바지, 운동화 차림이었다. 그는 최근 회사에서 금요일에 복장 자유 정책을 도입했다고 설명했다. 평일에는 자신도 우리처럼 입는다며 몹시 당황스러워하는 우리를 안심시켰다. '그렇군…….' 우리는 마음이 놓여서 넥타이를 풀고 기분 좋게 회의로 넘어갔다.

2005년 요즈마의 세 번째 펀드가 좋은 성과를 거두기 시작할 무렵 우디 안겔이 매력적인 제안을 가지고 나를 찾아왔다. 먼저 오페르 가문은 이제 펀드에 투자하지 않으며 앞으로 모든 투자는 그들이 설립

---

* 이스라엘 사람의 복장은 유럽이나 미국의 비슷한 업종의 사람에 비해 훨씬 격식을 차리지 않는 경향이 있다. 이는 이스라엘의 건국 주체 세력인 사회주의를 주창한 엘리트층과 다소 더운 기후가 남긴 유산이다.

한 오페르 하이테크 컴퍼니Ofer High Tech Company를 통해 진행될 것이라는 소식을 전했다. 안젤이 이 신생 기업의 회장을 맡을 예정이었고, 요즈마 II에서 오페르 가문의 대리인이었던 요아브 도펠트Yoav Doppelt가 CEO로 내정되었다.

우디는 요즈마의 젊고 유능한 직원 요아브 제바Yoav Zebba를 이 신생 기업으로 보내 달라고 요청했다. 내게는 부회장직을 제안했는데, 그것은 일종의 '책임 있는 어른'이자 슈퍼 컨설턴트 역할이었다. 나는 이 직책이 마뜩잖았다. 그동안의 펀드 수익과 개인 자산을 포함시켜 나만의 독자적인 펀드에 남고 싶었던 나는 우디에게 이렇게 말했다. "당신이 저를 알고 지낸 게 얼마나 되었지요? 내가 어떤 가문 밑에서 일하기에 적합한 사람이라고 생각하시나요?" 그는 잠깐 망설이더니 결국 다음과 같이 답변했다. "잘 모르겠네요. 하지만 저를 믿으셔야 합니다."

7년 동안 함께 일했음에도 불구하고 내가 '가문'의 일원이 되기보다는 독립적으로 남는 편을 더 좋아한다는 사실을 그는 쉽게 납득하지 못했다(물론 오페르 가문에 합류하는 것도 나름대로 매력이 있었다). 나는 공공 부문에서 수년을 보냈다. 거물이 가장 큰 영향력을 행사하는 민간 부문과는 달리, 공공 부문에서 고위 공무원으로 일하는 내 지인들은 통상적으로 어느 특정인의 선의에 휘둘리고 싶어 하지 않는다.

오페르 그룹은 (이스라엘의 하렐 보험Harel Insurance, 하포알림 은행Bank Hapoalim, 레우미 은행, 스트라우스 컴퍼니Straus Company와 마찬가지로) 미국과 독일의 몇몇 기관 투자자와 더불어 여전히 요즈마 펀드의 핵심 투자자였다. 하지만 안젤은 펀드에서 이

탈하기로 결정하면서 게임의 법칙을 바꾸려 했다. 우선 그는 우리의 수익 지분을 늘리는 대신 펀드의 관리 비용을 대폭 줄이라고 요구했다. 결국 보아즈와 나는 우리의 급료를 줄일 수밖에 없었다. 하지만 우리의 수익 지분이 증가하고 신규 투자에 새로운 자원이 확보되자 이 일은 전화위복이 되었다.

2006년 요즈마 III는 콘두이트Conduit에 투자했다. 이는 요즈마 펀드 사상 가장 훌륭한 투자였다.

콘두이트는 2005년에 CEO 로넨 실로Ronen Shilo가 드로르 에레스Dror Erez, 가비 빌헤크Gabi Bilchek와 함께 설립한 회사이다. 머지않아 이스라엘에서 가장 성공적이고 역동적인 인터넷 기업으로 손꼽히며 이스라엘의 구글이 되었다. 이 회사는 웹사이트 소유자가 직접 툴바를 디자인하면서 사용자와 지속적으로 연결할 수 있는 도구를 세계 최초로 개발했다. 이들은 구글 및 마이크로소프트와 계약을 체결하고 데이터 검색과 광고에서 오는 이익 배분을 토대로 회사를 운영했다.

보아즈 골드슈미트는 일찌감치 이 회사의 잠재력을 알아보고 다른 펀드로부터 추가 투자를 확보하려고 노력했다. 하지만 돌아온 것은 냉담과 의심이었다. 아무도 툴바를 개발하는 회사에 큰 잠재력이 있다고 믿지 않았다. 회사 지분의 약 12퍼센트를 받는 대가로 우리가 투자한 금액은 230만 달러에 지나지 않았다. 하지만 콘두이트의 수입은 급속도로 증가해 연간 5억 달러에 이르렀다. 수입의 약 3분의 2가 수익이었다. 어떤 기준으로 보아도 인상적인 수치였다. 요즈마는 7년이 채 지나지 않아 이 회사의 모든 소유권을 현금화했으며, 2012년 4월 마지막 지분(콘두이트의 7퍼센트)을 1억 달러로 JP 모건 체이스 은행JP Morgan Chase Bank에 매각했다. 이는 14억 달러에 이르는 회사의 평가 가치를 감안한 액수였다.

이 매각에서 투자 수익은 초기 투자액의 거의 70배에 달했다. 이스라엘 벤처 캐피털 역사상 가장 성공적인 투자 회수 중 하나였다. 포트폴리오에 포함된 한 건의 투자에서 펀드 자본 전액과 그 이상(우리의 경우 세 배 이상)을 회수했으니 모든 벤처 캐피털 종사자가 열망하는 가장 인상적인 성공 사례라 할 것이다.

요즈마가 콘두이트 소유권을 JP 모건 체이스 은행에 매각한 이 사례는 그 자체로 흥미롭고 놀랍다. 콘두이트 CEO 실로는 회사 이사회에서 자신은 회사를 매각하거나 주식을 발행하는 일에는 관심이 없다고 누차 밝혔다. 실로 대표를 비롯한 회사 창립자들은 50퍼센트가 넘는 주식을 관리하고 회사의 향후 방향에 관한 모든 결정을 감독했다. 실로는 투자자의 압력을 해소하기 위해 회사가 거둔 엄청난 수익에서 배당금을 배분할 생각이었다. 하지만 오페르 그룹은 누그러지지 않았고, 안겔의 대리인 요아브 도펠트는 요즈마가 보유한 이 회사의 지분을 매입할 후보자를 수소문했다. 그는 몇몇 민간 사모 펀드와 골드만삭스 같은 투자 은행에 접근했다. 그들은 후하게 수수료를 받는 조건으로 매입자를 찾아보겠다고 동의했으나 우리가 그 제안을 거절했다.

매입 후보자들이 제시한 액수는 회사의 평가 가치에 미치지 못했다. 초기의 매입 후보자들은 회사의 가치를 3억 달러로 평가했는데, 이는 단칼에 거부당했다. 그러자 이후의 평가 가치는 9억 달러까지 치솟았다. 안젤과 도펠트가 수락하라며 압력을 행사했지만 우리는 더 높일 수 있을 것으로 생각하고 이 역시 거부했다. 우리의 예상은 적중했다.

  2012년 실리콘밸리에는 대량의 현금 유입이 필요하지 않았는데도 가치가 급등하는 기업이 부지기수였다. 그중 독보적인 기업이 페이스북Facebook이었다. 실리콘밸리의 창업가와 관리자는 수익성이 높은 투자 회수를 원하지 않았다. 오히려 정반대였다. 다시 말해, 회사의 통제권을 원했다. 하지만 회사에 지불 능력이 없다면 투자자와 직원들은 불안해할 수밖에 없다. 당시 주식 유통 시장은 실제 조사보다 소문에 좌우되었다. 그래서 투자가들은 불안감을 이용해 아직 옵션을 현금화하지 않은 직원과 주주에게서 주식을 매입했다. 그러다 보니 기업 평가 가치가 비현실적인 수준까지 치솟기도 했다. 일례로 페이스북이 주식을 발행했을 때의 주가가 발행 전 투자가들이 개인적으로 인수한 주식 가격보다 훨씬 낮았다.

  급성장하는 기업으로 인정받은 콘두이트도 곧이어 이런 상황에 부닥치게 되었다. 벤처 캐피털 분야에서 널리 알려진 마케팅 전문가 마이클 아이젠버그Michael Eizenberg는 미국 벤치마크 캐피털 펀드 Benchmark Capital Fund의 이스라엘인 파트너였다. 이 펀드는 이스라엘 지사를 통해 콘두이트에 투자했는데, 마이클은 콘두이트 이사회에서 내 옆자리에 앉았다.

  어느 날 우리는 아주 우연하게도 마이클이 자신의 주식을 우리의 평가액보다 훨씬 더 높은 가격으로 미국의 한 벤처 캐피털 펀드에 매각하려 한다는 사실을 알게 되었다. 이 사실이 발각되자 그는 사과하면서 주식을 매각할 생각은 없었고 다만 콘두이트의 가치를 높이고 싶었을 뿐이라고 해명했다. 그러면서 우리가 원한다면 매각을 도와줄 수 있다고 덧붙였다. 실제로 요즈마는 상당수의 지분을 이 미국 펀드에 높은 가격으로 매각했다.

그 직후 마이클이 내게 다가와 나머지 주식을 매각할 생각이 있느냐고 물었다. 이런 질문의 예상 답변은 물론 "당연하지, 가격만 맞으면"이다. 마이클은 우리에게 자신이 JP 모건 사람들과 친분이 두터우며 그들은 요즈마의 나머지 지분을 매입하는 데 대단히 관심이 많다고 전했다. 그가 이 거래를 위해 평가한 회사의 가치는 14억 달러였다. 거절하기 어려운 수치였다. 하지만 안젤과 나는 가격을 조금 더 올려 본 다음에 거래가 성사되지 않으면 포기하기로 했다. JP 모건은 완벽한 듀 딜리전스 조사를 위해 대서양 반대편에 있는 도펠트와 내게 전화를 걸어 30분 동안 통화를 했다. 나는 매입가를 조금 높여 보려고 노력했다. 통화하는 동안 회사와 관리자, 사업이나 미래에 관한 질문은 등장하지 않았다. 통화가 끝나갈 무렵에 나는 가격이 더는 올라가지 않을 것이라는 결론에 이르렀다. 내가 최종 답변을 준비해서 다음 날 다시 전화해 줄 것을 요청하자 상대방이 동의했다.

통화가 끝난 후 나는 마이클에게 전화를 걸어 우리의 체면을 위해서라도 가격을 조금 높여 달라고 부탁했다. 마이클은 정말로 매입가를 100만 달러 정도 높였다. 추가 소득은 이처럼 때때로 조마조마할 만큼 쉽게 창출되기도 한다. 100만 달러의 수익을 올리고 나와 보아즈가 받는 지분은 우리의 1년 연봉과 맞먹는 것이었다. 나는 협상이 끝나자마자 믿음직한 중재 노력으로 효과적인 도움을 준 마이클에게 얼마간의 보상을 하고 싶다고 했다. 그는 "와인 두 병"이라고 답했고, 거래는 그렇게 마무리되었다.

요즈마 III 펀드는 2013년까지 운영되었다. 우리는 2014년에 펀드를 해체하기 시작했다. 이 과정은 2년이 걸렸다. 펀드를 해체한 이유는 수명이 10년인 펀드는 관리하지 않겠다는 내 결정에 따른 것이었다. 벤처 캐피털 관리자의 모든 활동 가운데 가장 힘든 부분은 아마 펀드를 해체하는 일일 것이다. 펀드 관리 회사는 대개 추가 펀드를 조성한 뒤 운용을 중지한 오래된 펀드를 흡수한다. 사실 힘들고 성가신 해체 과정 때문에라도 펀드 활동을 영원히 중지하지 않는 편이 가장 바람직하다. 그리고 나는 본격적인 고유 자산 투자를 시작하게 되었다. 그동안 쌓은 노하우와 글로벌 네트워크로 적극적인 직접 투자를 할 수 있는 시기가 온 것이다.

2005년부터 나의 일과 가정은 새로운 방향으로 움직이기 시작했다. 2005년 초반, 나는 아내 아리엘라Ariela가 희귀한 말기 암에 걸렸다는 사실을 알았다. 일과 가정에서 동시에 난관에 부딪힌 느낌이었다. 하지만 불투명한 요즈마의 미래는 대수롭지 않아 보였다. 나는 일에 집중하려고 부단히 노력했으나, 사실은 구원의 기회를 선사할 종양 전문의를 찾아다니는 데 더 많은 시간과 노력을 들였다.

아내는 아직 효과적인 치료법이 발견되지 않은 암에 걸렸기 때문에 상담했던 의사마다 하나같이 세 가지 선택 방안 중 하나를 제시했다. 첫 번째는 이미 시도했으나 소용이 없었던 화학요법이었고, 두 번째는 다른 암 증상에 통한 적이 있는 또 다른 화학 물질을 이용한 실험적인 치료였다. 그리고 세 번째는 소모적인 치료와 수많은 부작용을 완전히 등지고 마지막 몇 달 동안 고통을 줄이는 일에 집중하는 것이었다. 세 번째 방안을 내놓는다면 그것은 의사가 환자의 생명을 구할 수 있다는 기대를 버렸다는 뜻이다.

20년이 넘도록 기술 개발을 검토하고 평가해 수백만 달러의 투자 여부를 결정했던 사람이라면 의학적인 딜레마를 처리할 도구도 가지고 있어야 마땅할 것이다. 딜레마를 해결하는 방식은 대체로 비슷하다. 딜레마에 직면한 사람은 제안을 받아서 검토하고, 문헌 조사를 하고, 제2와 제3의 선택 방안을 모색하고, 결국 결정에 이른다. 이에 따른 결과는 결정을 내린 사람을 평생 따라다닌다. 다른 결정을 내리는 편이 더 좋았을지도 모른다고 평생 곱씹을지도 모른다.

그러나 나는 생과 사의 딜레마에 직면하였고, 감정적인 폭풍에 휩싸여 이성적으로 판단할 수 없었다. 그저 희망에 매달려 있었다. 상황을 바꿀 수 있을지도 모른다는 암시와 가상의 데이터만 나타나면 여지없이 쫓아다녔다. 나는 화학요법이 아내에게 더는 도움이 되지 않는다고 판단했지만, 아내는 소용이 없다는 것이 명백해도 삶의 희망이라면 무엇에든 매달려야 한다고 고집을 부렸다. 한때 이스라엘 의사들이 악성 종양의 진행을 멈출 치료법을 발견할지도 모른다는 소문이 떠돌았다. 그러나 미국 미시건 대학 병원University of Michigan

Hospital에서 첨단 분석을 한 이후에 열린 회의에서 이 역시 거짓 희망임이 밝혀졌다.

나는 아리엘라와 함께한 마지막 몇 달 동안 삶은 느닷없이 막을 내릴 수 있고 대개 사람의 의지로 통제할 수 없다는 것을 깨달았다. 자신의 선택에 따라 충실하게 살아야 한다는 사실만이 마음에 다가왔다. 아울러 수년간 내가 지침으로 삼았던 우선순위와 가치관이 더욱 공고해졌다. 벤처 캐피털의 관리자로, 또한 파트너로 제법 많은 돈을 벌었지만 수백만 달러를 번 몇몇 친구와 동료처럼 돈에 대한 욕망을 쫓아다니지는 않았다. 추가 펀드를 조성한다거나 내가 최선이라고 생각한 범위를 넘어 기존의 요즈마 펀드를 확대하는 일은 결코 원하는 바가 아니었다.

나는 2005년부터 연구 분야와 이스라엘 정부 기관을 위한 컨설팅에 더 많은 시간을 투자했다. 우리가 축적한 경험을 새로운 세대에게 전수하고, 급변하는 경제적 풍토에서 이스라엘 시장이 거둔 성과를 보존하는 것이 목표였다. 이와 동시에 나는 5대륙의 수십 개 국가의 정부로부터 컨설팅과 조언을 해 달라는 초대를 받았다. 이들은 이스라엘이 하이테크 산업에서 달성한 혁명을 연구해 우리가 얻은 교훈을 자국에 적용하고자 했다.

이것이 내가 진화하고 있는 새로운 방향이었다.

제19장
입소문 내기 : 한국어로 후츠파를 표현하는 법

1996년에 나는 다른 펀드 관리자와 함께 최초로 이스라엘 벤처 캐피털 협회Israel Venture Capital Association(IVA)를 설립하면서 초대 회장이 되었다. 당시 우리는 이 협회에서 관리자 훈련, 전문가 회의 개최, 전 세계 벤처 캐피털 펀드와의 네트워크 형성 같은 문제를 다룰 것이라고 생각했다. 그러나 실제로 우리가 한 일은 이스라엘 하이테크의 미래를 보호하기 위해 싸우는 것이었다. 그 결과 협회는 산업의 이익을 증진하기 위한 무대가 되었다.

우리는 협회 활동을 통해 수많은 성과를 거두었다. 이스라엘 벤처 캐피털 산업의 성장 속도는 몹시 빨랐다. 그러다 보니 조세와 입법 당국이 속도를 따라잡지 못해 제때 적절한 조처를 하지 못했다. 2000년 초반 닷컴 거품이 터진 이후 스타트업 프로젝트에 대한 불신의 분위기가 조성된 탓에 우리는 해외 투자자를 확보하는 과정에서 다시금 난관에 부딪혔다. 나는 협회 회장으로서 기술 부문을 대표해 다시 정부의 투자를 받아 내기 위해 상당히 노력했다.

2001년 무렵에 협회는 두 가지 중대한 변화를 일으키는 데 성공했다. 첫 번째로 해외 투자자들이 자본 이득세를 면제받았고, 두 번째로 무한 책임 파트너의 성공 보수에 대한 과세가 다음과 같이 결정되었다. 즉 '무한 책임 파트너'는 한계세(노동의 50퍼센트)와 자본 이득세(25퍼센트)의 차액을 펀드에 투자된 해외 자본과 지역 자본의 비율에 비례해 납부해야 했다. 만일 펀드 전체가 해외 투자자의 자본이라면 수익에서 관리자 몫에 대한 세금은 25퍼센트였다(자본 이득세율). 이는 펀드와 관리자들에게 대단히 유리한 성과였다. 이를 위해 협회는 이따금 공개적인 자리에서 논쟁을 벌이며 소득세 당국 대표와 복잡하고 골치 아픈 협상을 거쳐야 했다.

우리가 협회 활동으로 거둔 또 다른 성과는 VAT 납부 문제를 해결한 것이었다. VAT는 관리 회사가 받는 펀드 관리 비용에 부과되는 세금이다. 우리는 VAT 당국과 절충안에 합의했다. 관리 회사는 펀드 모금액에 대해서는 VAT를 납부하지 않는 대신 공제가 가능한 경비의 25퍼센트만 공제할 수 있다는 것이 절충안의 내용이었다. VAT 당국은 이 조정안이 자신들에게 불리하다고 여겨 수년 동안 변경을 시도했으나 실패했다.

이 조정안이 시행된 지는 20년이 넘었다. 이는 **당면 상황을 고려해 마련한 해결책이라면 정부가 대체로 그 유효성을 인정할 뿐만 아니라, 설령 공식적인 규정으로 정해지지 않았다 하더라도 유효성이 계속 유지된다**는 뜻이다.

당시 기관 투자자와 연금 기금 같은 이스라엘 최대 규모의 투자 주체는 하이테크나 벤처 캐피털에 좀처럼 투자하지 않았다. 협회는 이런 안타까운 상황을 바꾸고자 노력했다. 전 세계적으로 성공을 거둔 캐피털 산업은 주로 해외 투자자가 직접 투자를 통해 수익을 올렸는데, 이때 직접 투자의 주체는 대부분 해외 연금 기금이었다.

2008년 세계 경제 위기가 일어나자 이스라엘의 벤처 캐피털 펀드는 적잖은 압박에 시달렸다. 신규 펀드를 조성하려던 사람들은 계획을 진행할 수 없을 것으로 판단했고, 조성하는 과정에 있던 사람들은 신중하게 자금을 사용해야 한다고 생각했다. 요컨대 투자 속도가 느려진 것이다. 재정부는 뒤늦게나마 이 문제에 대처하기 위해 기관 투자자들을 이스라엘로 유치하는 계획을 발표했다.

재정부는 이 계획을 통해 일석이조의 효과를 거두고자 했다. 즉 기관 투자자들이 그때껏 회피했던 분야에서 활동하도록 유도하는 동시에 자본 확보 문제를 해결하고 싶어 했다. 이 프로그램에 따르면, 정부가 펀드의 투자 손실을 떠안는 대신 기관 투자자들의 손실은 최대 20퍼센트까지 보호된다. 그러면 펀드의 수지 보고서에 손실이 기록되지 않는다(신설 펀드는 초창기 몇 년 동안 기업에 투자만 한다. 이 기간에는 가치가 성장하지 않으므로 수지 보고서에는 관리 비용이 손실로 기록된다). 나아가 이 프로그램은 정부가 투자 수익의 일부를 양도함으로써 투자자에게 더 많은 이익을 보장했다.

나는 재정부에서 열린 회의에서 이 계획이 이론상으로는 훌륭해 보이나 사실상 효과가 없을 것이라고 지적했다. 이스라엘의 기관 투자자는 자금 확보 문제를 자력으로 해결하지 못했고, 모든 펀드에는 추가 투자자가 있어야 했다. 따라서 전 세계의 기관 투자자가 필요했다. 나는 이 계획에 포함된 혜택을 해외 투자자에게도 제공하자고 했다. 하지만 내 제안은 기각되었고, 계획은 결국 성공하지 못했다.

2009년 초반 나는 재정부 예산국으로부터 생물공학 기업에 투자할 신규 펀드 조성에 관한 자문 요청을 받았다. 이스라엘의 생물공학 분야는 잠재력이 어마어마하다. 그러나 대부분의 벤처 캐피털 펀드는 생물공학 기업을 위한 투자자 확보를 어렵게 생각했다. 이스라엘 정부는 공개 입찰에서 선택한 2~3개 펀드에 2억 5,000NIS를 투자할 의향이 있었다.

나는 이미 15년 전에 수립된 요즈마 운용 구조와 마찬가지의 제안서를 재정부에 제출했다. 전문적이고 노련한 해외 기관과 관리 파트너십을 맺는 경우에만 정부가 조건부로 참여한다는 내용이었다. 재정부는 이를 받아들였다. 나는 이 문제를 뉴욕의 대형 의료 벤처 캐피털 펀드 오르비메드OrbiMed의 파트너인 조나단 실버스타인Jonathan Silverstein과 의논했다. 조나단과 나는 프리딕스 컴퍼니Pridix Company에 공동으로 투자하면서 친분을 쌓았다.

조나단은 이스라엘 의료 기업과 공식적인 관계를 맺을 수 있는 이 기회를 열렬히 환영했고, 이스라엘 정부가 후한 자금을 가지고 참여한다는 사실에 반색했다. 그는 매우 열광한 나머지 평소처럼 '비싸게 굴지' 않았다. 나는 오르비메드 펀드가 공개 입찰에서 낙찰되어 기뻤다. 그러나 안타깝게도 정부는 추가 해외 자금을 확보하기 위해 활발하게 움직이지 않았다. 그로 인해 생물 약제 투자 시장에 해로운 독점이 조성되었다.

하이테크 분야를 비교적 단시간에 적은 비용으로 활성화하려는 정부는 스타트업을 벤처 캐피털 펀드와 연결한다는 개념에 매료된다. 이는 매력적인 공식처럼 보인다. 이 방식을 채택하면 비교적 소액을 투자해도 몇 년 안에 수십 개의 혁신적인 기업이 등장해 더 큰 고용 기회를 창출할 것으로 여겨진다. 그러나 실제로 첨단 기술과 풍부한 자원의 수혜를 받아 성공한 소기업은 극소수에 지나지 않으며 대기업은 더더욱 드물다.

작은 나라 이스라엘은 괄목할 만한 성공을 거두어 감탄의 대상이 되었다. 나는 수년 동안 이 분야의 컨설턴트이자 연사로 수십 개국에 초대를 받았다. 가는 곳마다 이스라엘이 무에서 벤처 캐피털 산업을 확립한 비결에 대해 이야기해 달라고 요청했다.

뉴질랜드부터 캐나다까지, 어디에서든 이 질문이 등장했다. 모든 사람이 어떻게 이스라엘의 기적이 일어났으며, 우리가 어떻게 스타트업 국가를 수립했는지 알고 싶어 했다. 모든 나라가 다른 나라에 뒤처질까 봐 불안해하며 정체된 하이테크 부문을 활성화할 방법을 모색했다.

그러나 대부분의 경우 정부나 민간 투자자는 그들의 한계를 인식하지 못한다. 우수한 대학이 있고 과학자와 몇몇 성공한 기업이 활동하면 스타트업도 자동적으로 탄생한다고 생각하는 경향이 있다. 나는 이런 난점을 보여 주는 가장 명백한 실례를 한국에서 발견했다.

나와 한국의 인연은 2000년대 초 한국 정부의 몇몇 부처에서 요즈마에 대해 배우러 왔을 때부터 시작되었다. 요즈마가 활동을 시작한 직후에 미국의 스테이트 스트리트State Street 은행은 우리에게 한 가지 제안을 했다. 그들이 싱가포르의 베르텍스 펀드와 협력해 조성한 펀드에 참가하라는 것이었다. 우리는 한국에서 시행하는 그 프로그램에 참여했고 투자 위원회는 소규모 파트너가 되었다. 하지만 그다지 흥미로운 투자 대상을 발견하지 못한 우리는 한국의 스타트업이 뒤처져 있다고 판단했다. 이 펀드는 10년 후 미미한 수익을 거두고 활동을 끝냈다. 나는 나중에서야 비로소 펀드가 큰 성공을 거두지 못한 이유를 깨달았다.

그 후 나는 한국에 대해 연구했다. 이스라엘과 함께 세계 R&D 투자 1위를 유지하고 있는 한국에는 카이스트KAIST, 포스텍POSTECH, 유니스트UNIST, 지스트GIST, 디지스트DGIST와 같은 세계적인 출연 연구소 및 특성화 대학교 등의 훌륭한 기술 인프라가 있다. 이에 나는 글로벌 기술 사업화만 잘 이루어진다면 큰 성공을 기대할 수 있는 나라라고 판단했다.

나는 2013년에 레온 리Leon Lee(이원재 현 요즈마 그룹 아시아 총괄대표)를 한국 지사장으로 파견했다. 그리고 이원재 대표가 만난 다양한 정부 및 지역 단체의 초대로 몇 차례 한국을 방문하면서 잠재적인 기술력을 파악할 수 있었다. 한국에는 우수한 기술이 넘쳐 나는데, 이스라엘처럼 기술 사업화 단계를 거쳐 창업으로 나아가지 못하는 경우가 많았다. 안타까운 일이지만, 우리의 입장에서는 새로운 기회이기도 했다. 우수한 기술을 찾아 기술 산업화를 진행하고, 스핀오프(정부 출연 기관에서 연구원이 자신이 참여한 연구 결과를 가지고 창업할 경우 로열티를 면제

해 주고 신기술 연구 기금 출연을 의무화하는 제도를 의미한다―옮긴이)를 시도하는 벤처 기업에 투자한 다음 요즈마 펀드가 가진 글로벌 네트워크를 통해 해외로 진출시킬 수 있는 가능성이 도처에 있었다.

나는 곧 이원재 대표에게 중요한 일을 맡겼다. 먼저 내가 이스라엘 수석 과학관 시절에 만들었던 TITechnology Incubator, 즉 기술 인큐베이터를 만드는 것이었다. 현재 우리는 한국에서 지방자치단체 및 테크노파크와 협업해 지역별로 '요즈마 캠퍼스Yozma Campus'라는 기술 인큐베이터를 운영하고 있다. 우리가 이스라엘의 24개 지역에 만들었던 TI 프로그램 또한 한국의 중소벤처기업부를 통해 2013년에 '팁스TIPS'라는 이름으로 들어왔는데, 호응이 좋다는 얘기를 전해 듣고 남다른 감회를 느끼기도 했다.

이어서 요즈마는 한국의 기술 기반 벤처를 중심으로 투자를 진행했다. 비씨캠Bisichem이라는 면역 항암 바이오 벤처 기업에 투자했으며, 나에게 한국 바이오 기술의 매력을 알려 준 이병건 전 녹십자 회장이 대표로 있는 SCM생명과학에도 투자했다. 앞으로 글로벌 바이오 분야의 트렌드가 될 가능성이 높은 줄기세포 기술은 해외시장으로 진출하기에 매우 적합한 분야였으며, 나는 이병건 대표의 능력과 SCM의 기술을 믿었다.

한편, 요즈마는 30년 전부터 와이즈만 연구소와 일해 왔는데, 와이즈만은 머크Merck, 존슨 앤드 존슨, 일라이 릴리Eli Lilly, 테바와 같은 글로벌 제약 회사에 기술 이전을 해 연간 파생 매출이 42조 원에 이르는 세계적인 규모의 생명과학 연구소이다. 얼비툭스Erbitux, 코팍손, 휴미라Humira 같은 블록버스터급 제약의 원천 기술도 와이즈만 연구소의 산물이다. 전 세계의 제약 회사들이 와이즈만 연구소의 기술을 이전받기 위해 노력한다. 우리는 바로 이 와이즈만 연구소의 원천 기술을 기반으로 한 얼비툭스에 바이오마커Biomarker 기술을 접목해 개발을 추진하는 한국의 바이오 벤처 기업 웰마커 바이오 Wellmarker Bio에 60억 원이라는 돈을 투자했다. 이는 요즈마가 일반적으로 투자하는 금액보다 큰 액수다. 우리는 웰마커 바이오가 해외 시장에 진출해 높은 성과를 거둘 수 있을 것이라는 확신이 있었다. 이처럼 요즈마는 한국에 맞는 전략을 하나씩 구축하며 한국 시장에 진출했다.

향후 글로벌 트렌드는 '오픈 이노베이션Open Innovation'이다. 기술 벤처에 추가적인 핵심 기술을 이전해 공동 연구 개발 및 기술 사업화를 진행하는 것이다. 운 좋게도 요즈마는 3년 전 와이즈만 연구소로부터 아시아 기술 독점권을 받았다. 이로써 한국의 기술 벤처 기업에 와이즈만의 기술을 추가 이전할 수 있게 되었다. 그리고 지난 1년간의 노력 끝에 마침내 와이즈만 연구소의 핵심 기술을 한국 기업에 이전하는 프로젝트를 진행했다. 코스닥 상장사인 한국의 바이오리더스Bioleaders에 와이즈만 연구소의 P53 기술을 이전하게 된 것이다. 이는 P53 관련 세계 1위의 권위자인 바르다 로터Varda Rotter 교수와 모셰 오렌Moshe Oren 교수가 연구하고 있는 와이즈만의 핵심 기술이다. 이 기술이 상용화되면 단백질 유전자 변이로 만들어지는 암의 50퍼센트를 예방할 수 있다. 투자를 떠나 인류에게 정말 필요한 기술이다.

나는 와이즈만 연구소가 세계 최초로 한국의 바이오 벤처 기업에 기술 이전을 실행했다는 점을 높이 평가한다. 앞으로 한국 바이오 벤처 기업과 이스라엘 와이즈만 연구소가 서로 손을 잡고 세계적인 블록버스터 제약을 만들게 될 것이다. 한국은 이미 기술 강국이기 때문에 글로벌 기술 사업화의 강국으로 나아갈 일만 남았다. 기술 사업화를 통한 창업이야말로 오늘날 이스라엘을 세계적인 창업국가로 도약하게 만든 방법이기도 하다. 그 밖에도 우리는 한국의 인공지능 및 의료 분야 기업에 투자하며 이스라엘의 글로벌 벤처 노하우를 지속해서 연계하고 있다.

지난 30년 동안 꾸준히 기술 벤처 기업에 투자한 요즈마 펀드는 2년 전 처음으로 기술 기반이 아닌 한국 회사에 투자하기도 했다. 바로 만화영화 〈뽀로로〉를 만든 오콘Ocon이라는 회사다. 오콘은 강한 글로벌 마인드를 가지고 있었다. 단순한 콘텐츠 제작을 넘어 VR 분야를 개발해 글로벌 파트너들과 손을 잡고 해외 진출에 전력을 다하는 모습이 매우 인상적이었다. 오콘은 창업자를 믿고 지지하는 영향력 있는 주주들과 시너지를 내며 회사를 이끌었다. 이러한 이유로 요즈마는 아이들의 대통령이라는 뜻의 '뽀통령'으로 불리는 아기 펭귄 뽀로로에 투자했다.

나는 한국에서 몇 번 큰 충격을 받았다. 특히 이원재 대표를 통해 '싸이월드'의 창업자를 만났을 때를 잊을 수 없다. 그는 나에게 창업 경험담을 이야기하며 싸이월드가 한국의 국민 SNS였다고 했다. 심지어 '도토리'라는 열매를 사서 배경음악이나 물건 등을 살 수 있는, 지금으로 따지면 비트코인과도 흡사한 가상의 금융 수단까지 도입했었다는 얘기가 몹시 흥미로웠다. 하지만 이야기를 들을수록 점점 의문이 생겼다. 그래서 나는 다음과 같은 질문을 던졌다. "싸이월드를 언제 창업했습니까?" 그는 무려 1999년에 카이스트의 동료들과 싸이월드를 만들었다고 했다. 나는 그에게 "만일 그 회사가 시작부터 세계화를 지향했다면 오늘날 페이스북은 없었을 것 같습니다"라고 말했다. 내가 느낀 싸이월드의 창업 스토리는 현재 전 세계의 소통 창구가 된 페이스북과 별다르지 않았다. 심지어 페이스북보다 한참 전에 만들어졌다는 점은 놀라움 그 자체였다. 이는 한국이 내게 준 가장 신선한 충격이었다.

놀라움은 그 뒤로도 계속되었다. 새롬기술이라는 IT 회사에 있던 한 임원을 만나 '다이얼패드Dial Pad'라는 것에 대해 들은 적이 있다. 이는 현재 전 세계인의 전화로 쓰이는 스카이프Skype와 같았다. 다이얼패드 역시 싸이월드와 마찬가지로 스카이프보다 훨씬 오래전에 만들어졌다. 이뿐만이 아니다. 한국의 네이버는 미국의 구글보다 1년 먼저 생겨났으며, 전 세계 콘텐츠 공장이 된 유튜브YouTube보다 한국의 판교에 있는 판도라TV가 먼저 창업되었다. 나는 판도라TV의 창업자를 만난 적도 있는데, 그는 기업가정신이 충만한 능력 있는 창업가였다.

한국은 세계의 그 누구보다 빠르게 아이디어를 개발하고 창업에 앞장선 나라였다. 심지어 애플의 아이팟보다 앞서 아이리버의 MP3 플레이어가 있기까지 했다. 한국은 알면 알수록 흥미로운 나라였다. 그런데 어째서 이들 회사는 세계를 제패하지 못했을까? 여기에 대해서는 내가 이스라엘에서 경험한 일에서 답을 찾을 수 있었다.

이스라엘의 벤처는 시작부터 글로벌로 나아간다. 이스라엘은 인구

850만 명의 작은 나라이기 때문이다. 국내 시장만으로는 기대를 품을 수 없다. 또 하나 중요한 것은 바로 글로벌 트렌드의 변화 속도이다. 글로벌 시장은 굉장히 얄미운 변덕쟁이처럼 수시로 트렌드를 바꾼다. 국내 시장에 집중하고 있을 때 세계는 이미 변화하고 있다. 따라서 시작부터 글로벌 시장을 겨냥해야 한다.

내가 한국에서 투자한 다양한 기술 벤처 기업의 공통점은 해외 시장으로의 진출 가능성이 높다는 것이었다. 국내 시장에서 성공하는 일도 대단하지만, 해외 시장에 진출해 성공했을 때는 더욱더 엄청난 결과가 나온다. 내가 모태펀드 요즈마를 운용하면서 직원 모두에게 호소하고 또 호소한 부분은 바로 '시작부터 글로벌'이었다. 우리는 글로벌 시각을 가진 펀드를 중심으로 투자했다. 그렇게 요즈마 펀드는 23개의 벤처를 나스닥에 상장할 수 있었다. 현재는 96개의 이스라엘 벤처 기업이 나스닥에 상장되어 있다. 이는 미국과 중국 다음으로 가장 높은 나스닥 상장률이다. 어떻게 이런 일이 가능했을까? 바로 시작부터 글로벌이었기 때문에 가능한 일이었다.

내가 경험한 한국의 유망한 기술 벤처 기업들은 동화 〈미운 오리 새끼〉의 주인공을 떠올리게 한다. 세계로 나가면 아름다운 백조가 될 수 있는데 한국의 작은 시장 안에서 미운 오리 새끼가 되어 있었다. 이런 생각은 투자를 받지 못했을 때 더욱 강해지는 것 같았다. 우리가 투자한 한 바이오 벤처 기업도 자신들을 그렇게 생각했다. 하지만 그들은 우리의 투자 이후 다양한 후속 투자를 받았다. 나는 이들에게 거울을 바라보는 것처럼 다시금 꼼꼼하게 스스로 기술과 글로벌 진출 전략을 살펴볼 것을 권한다. 그럼 알 수 있을 것이다. 자신들이 "미운 오리 새끼가 아닌 백조"라는 것을 말이다.

　내가 아시아의 요즈마 그룹 직원들에게 거듭 강조하는 것이 있다. 글로벌 기술 트렌드를 항상 예의 주시하며 그에 따라 투자하고 엑셀러레이팅해야 한다는 것이다. 한국에서 누군가와 대화를 나눌 때면 그들은 여지없이 내게 성공 '공식'을 설명해 달라고 했다. 그들은 마치 전기 장치의 작동 설명서처럼 체계적인 단계 목록이 존재할 것이라고 믿었다. 나는 한국에서 스타트업 산업의 발달이 어려운 이유가 주로 두 가지의 문화적인 장애물 때문이라는 것을 깨달았다. 첫 번째는 실패에 대한 두려움이고, 두 번째는 외부 영향력으로부터 한국 시장이 고립되어 있다는 점이다.

　한국인은 성공한 브랜드와 성공 스토리에 무한한 존경심을 보인다. 그들은 거대 기업(이를테면 삼성)을 어떻게 키워야 하는지는 알지만, 본인이 몸담은 영역에서 소기업을 설립하는 것은 어려워한다. 한국의 청년들은 대기업에서 일하며 안정감을 느끼고, 그것이 좋은 배우자를 찾을 수 있는 최선의 방법이라고 믿는다. 이는 (전형적인 유대인 어머니의 가르침과 마찬가지로) 보수적이고 전통적인 가정교육의 결과이다.

　한국 사회의 이런 생활 방식과 치열한 경쟁, 그리고 성취 지향적인 문화가 첫 번째 장애물이다. 즉 실패에 대한 두려움을 낳아 많은 사람을 무력하게 만드는 것이다.

　이 책을 읽는 독자들 가운데에는 다양한 출판물을 통해 '후츠파'가 이스라엘이 거둔 성공의 핵심 요소라는 주장을 접하고, 후츠파가 정확히 무엇인지 궁금해하는 사람이 있을 것이다. 내가 한국에서 강의할 때마다 항상 마지막에 이 질문이 등장했다. 나는 종종 후츠파의 부정적인 측면을 강조하고 그것이 성공의 유일한 열쇠가 아니라고 말했다.

하지만 직원이 대놓고 고용주에게 틀렸다고 말하는 일은 상상도 할 수 없는 나라에서 후츠파의 본질과 장단점에 대한 이야기를 나누기는 어렵다. 한국은 실패를 두려워하고, 실패한 사람을 질책하며, 창업가다운 발상을 억압하는 계층구조식 사회이다.

한국에서 미래창조과학부 차관을 지낸 윤종록 교수는 우리가 만난 자리에서 자신이 '후츠파'라는 개념에 대한 책을 쓰고 있다고 했다. 그는 후츠파를 최소 일곱 가지로 정의했는데, 모두 긍정적인 것이었다. 윤 교수는 그 책에서 이스라엘이 성공을 거둔 이유를 설명할 수 있다고 여겼다. 아니면 적어도 한국 사람들이 아직 경험하지는 못했지만 매우 높이 평가하는 한 가지 현상을 묘사할 수 있다고 여겼다.

나는 한국에서 스타트업과 벤처 캐피털 산업이 결코 만개할 수 없을 것이라고 말하는 게 아니다. 한국은 매우 우수한 노동력과 업무 윤리가 존재하는 나라이다. 그러나 한국인에게 후츠파가 충만한 이스라엘인이 되는 방법을 가르칠 수 있다고 생각하는 사람이 있다면 결국에는 실망할 것이다. 한국의 벤처 캐피털 산업을 확립하기 위해서는 일종의 문화 변형이 필요하다. 나는 한국에서 강의를 할 때면 완벽한 옥스퍼드 사전식 영어 발음을 구사하지 못하는 것이 창피하거나 소심해질 이유는 아니라고 말한다. 세계로 진출하면 자국을 마케팅할 방법을 배우고 많은 지식과 경험을 쌓아 고국으로 돌아올 수 있다고 설득한다.

성공의 두 번째 단계는, 비록 실패가 달갑지는 않아도 종말을 의미하지는 않는다는 걸 인정하는 일이다. 대부분의 스타트업은 실패하지만, 창업가와 투자자는 소중한 경험과 교훈을 얻고 다음 프로젝트로 나아간다. 그러나 한국은 실패가 회복할 수 없는 치욕으로 남는 나라이다. 높은 실패율이 당연한 분야에 창업가와 투자자를 진출시키기는 매우 어렵다.

따라서 한국 창업가는 전 세계를 돌아다니며 여러 나라의 문화와 업무를 경험하고, 이스라엘을 비롯한 다른 나라가 사업 실패를 대하는 느긋한 태도를 몸에 익혀야 한다. 그것이 세계 시장의 문을 열고 국가의 창업가정신을 육성할 수 있는 열쇠이다. 노련한 해외(특히 미국) 투자자와 함께 펀드를 조성함으로써 요즈마의 교훈을 익히는 것도 가능하다.

우리의 본래 의도는 해외 투자자의 경험을 활용하고 그들로부터 배우는 것이었다. 하지만 돌이켜 보면 우리에게 가장 큰 혜택을 선사한 것은 투자에 참여하면서 얻은 소중한 산물, 즉 미국 파트너가 가져온 네트워크였다. 이스라엘 기업은 투자에 대한 전문적인 지원을 확보했을 뿐만 아니라 해외 기업, 투자 은행, 법률 회사와 중대한 관계를 맺고 해외로 진출했다. 이미 성공해서 이익을 거둔 경험이 있는 이들로 네트워크가 형성되었을 때 가장 성공할 가능성이 높다.

한국과 뉴질랜드만큼 문화와 사회가 서로 다른 국가도 없을 것이다. 그러나 자국의 벤처 캐피털 산업을 확립할 방법을 모색하고 있는 것은 한국이나 뉴질랜드나 마찬가지였다. 2002년 초반 뉴질랜드의 장관 피트 호지슨Pete Hodgson이 이스라엘을 방문했다. 그는 하이테크 부문을 활성화한 이스라엘의 경험을 배우려고 노력했다. 호지슨 장관은 우리가 만난 자리에서 요즈마에 대해 듣고 뉴질랜드로 나를 초대해 조언을 구했다. 나는 뉴질랜드를 두 차례 방문해서 노스 아일랜드North Island와 사우스 아일랜드South Island를 둘러보며 정부 장관과 사업가, 연구원들을 만났다. 방문 목적 중 하나는 벤처 캐피털의 개념을 대중에게 알리는 일이었다. 그래서 나는 다른 활동을 병행하며 지역 신문사나 텔레비전 방송국과 인터뷰를 했다.

한번은 사우스 아일랜드의 큰 호숫가에 있는 퀸스타운Queenstown을 방문했다. 퀸스타운은 눈 덮인 산에 둘러싸인 주요 관광지이자 여름 스포츠, 겨울 스포츠, 육상 스포츠, 해양 스포츠, 스키, 낚시, 뱃놀이, 번지, 스카이다이빙, 비행 등 세상에 존재할 법한 모든 종류의 스포츠를 반경 몇 킬로미터 안에서 즐길 수 있는 스포츠의 중심지였다. 퀸스타운은 지구상에서 내가 직접 본 곳 중 하늘과 가장 가까운 곳일 것이다.

한 인터뷰에서 기자가 뉴질랜드에서 요즈마의 성공을 재현하라는 제안을 받으면 어떻게 하겠느냐고 물었다. 나는 일단 높은 보수와 퀸스타운의 좋은 집을 요청하겠지만, 일하고 싶다는 의욕을 계속 불태우기는 어려울 것 같다고 말했다. 그때만 해도 나는 모든 나라가 벤처 캐피털과 스타트업 산업을 개발할 필요는 없다고 생각했다. 뉴질랜드는 이미 생활수준과 삶의 질이 매우 높다. 그러니 굳이 애쓸 이유가 있겠는가?

나는 술집에서 호지슨과 맥주잔을 기울이며 허심탄회하게 대화를 나누었다. 이는 무언가를 솔직하게 얘기할 수 있는 가장 좋은 방법일 것이다. 나는 호지슨에게 다음과 같이 물었다. "당신들은 멋진 삶을 살고 있고, 이곳 사람들은 무척 선합니다. 대체 왜 골칫거리가 필요하죠? 무엇이 당신을 밀어붙이는 겁니까?" 그의 답변은 이랬다. "지당한 말씀입니다. 불필요한 모험을 하는 것인지도 모르죠. 하지만 **정부 장관직을 맡고 있으니 도전이 부족한 젊은이들이 눈에 띕니다. 가장 큰 걱정거리는 우리나라에서 가장 우수하고 똑똑한 사람들이 해외로 이주한다는 겁니다.** 그들은 좀 더 도전적인 환경에서 자신의 능력을 실현하려고 노력하겠지요." 그리고는 이렇게 덧붙였다. "우리는 개인적으로 모험 애호가입니다. 퀸스타운의 도전들을 보세요."

그들은 요즈마와 비슷한 관영 펀드를 설립했다. 이 펀드는 다른 펀드와 민간 기업에 투자해 어느 정도 성공을 거두었다. 2016년 무렵에는 여덟 개의 펀드가 4억 달러에 이르는 자본을 확보해 66개 기업에 투자했다. 이 관영 펀드는 지금까지 운용되고 있다.

한편, 러시아 이야기는 판이하게 다르다. 러시아에는 성공 욕구가 충만하다. 나는 2006년에 러시아를 처음 방문했다. 소련 시대가 막을 내리던 당시에는 엔지니어와 과학자가 이스라엘과 서방으로 이주하기 위해 줄지어 대기하고 있었다.

16년 만에 다시 찾은 모스크바는 여러모로 이전과는 완전히 다른 도시였다. 수많은 창업가가 바삐 움직이며 누구에게도 의존하지 않고 올리가르히(Oligarch, 러시아의 신흥 재벌을 의미하는 말—옮긴이)로 변모하기 위해 노력했다. 이들은 회사를 발전시키고 러시아에 넘쳐 나는 석유와 천연가스에서 얻은 수십 억 달러를 이용해 도약할 기회를 찾고 있었다. 나는 당시 이스라엘 주재 시스코Cisco 대표였던 요아브 수메트Yoav Summet의 초대를 받았다. 요아브 역시 러시아와 협력하면서 러시아인들이 이스라엘에서 확립된 벤처 캐피털 모형에 상당한 관심이 있다는 것을 알게 되었다.

나는 모스크바에 도착해서 경제 개발 무역부 장관 게르만 그레프 German Gref를 만나기로 약속이 되어 있었다. 그레프는 러시아에서 부상하는 야심에 찬 젊은 세대를 가장 정확히 대변하는 본보기였다. 푸틴Putin은 서른여섯 살의 그레프를 장관으로 임명했는데, 그는 7년의 임기 동안 러시아 경제를 전진시킬 수 있는 모든 경로를 모색했다. 오로지 화석 연료에서 발생하는 수입에만 의존하는 경제란 있을 수 없다는 올바른 믿음을 가지고 있었다.

하지만 그가 성공을 거두었다고 말하기는 어렵다. 소련 시대 이후 러시아에서 일어난 변화는 여러모로 피상적인 수준에 그쳤기 때문이다. 러시아 경제는 중앙정부의 강력한 통제에서 쉽게 벗어나지 못했다. 러시아의 정부 기관은 타협할 줄 모를 뿐만 아니라 밀접한 관계와 혁신만 강조한다. 러시아에서 사업을 하려는 사람이라면 누구나 이들이 혁신이라는 얄팍한 껍데기 속에 음흉한 속내를 숨기고 있음을 이내 발견한다.

그레프 장관은 두 시간 늦게 회의에 도착해 조급하게 굴었다. 내가 통역사의 도움을 받아 요즈마에 대해 프레젠테이션을 할 때는 좀처럼 귀를 기울이지 않더니 잠시 후에 다음과 같이 퉁명스럽게 말했다. "알겠소. 내가 러시아판 요즈마를 관영 기업으로 설립할 테니 펀드 총괄 겸 고문을 맡아 주시길 바랍니다." 그레프는 그 놀라운 제안에 대해 생각하라며 한 시간의 말미를 주었다. 그러고는 내 대답을 기다리지도 않고 서둘러 다음 회의로 떠났다. 그는 총괄 겸 고문이라는 직책을 제시하면서 내게 정확히 무엇을 기대하는지, 어느 정도의 보수를 받는지, 내가 그 펀드를 관리하는지, 책임 소관은 어디까지인지 등을 확실히 말하지 않았다. 이것이 그 무렵 러시아의 전형적인 사업 방식이었다.

러시아 사람들은 우선 무엇이 문제인지 요약한 다음 세부 사항을 논의했다. 그들에게 긴 심의는 필요하지 않았다. 러시아 정부는 몇 주 만에 공식적인 결정을 내리고, 2006년 7월에 설립된 러시아 벤처 컴퍼니Russian Venture Company(RVC)에 약 10억 달러에 해당하는 수백억 루블을 할당했다. 나는 국장으로 임명되었다. 이사회에는 러시아의 여러 고위 공무원뿐만 아니라 전 핀란드 장관 에스코 아호Esko Aho가 참여했다. 아호는 당시 국가 혁신 펀드 SITRA의 대표였는데 훗날 노키아 컴퍼니Nokia Company의 고위직을 맡게 된다. 러시아 사람들은 이스라엘의 성공 모형을 개발한 주인공이 핀란드 총리와 협력한다는 사실을 과시하고 싶어 했다. 그러나 곧 그들이 외국인의 조언을 받아들일 준비가 전혀 되어 있지 않다는 사실이 분명해졌다.

나는 국장으로서 높은 보수와 예우를 받았지만 그들은 내 말에 주의를 기울이지 않았다. 일단 투자가 실행되고 방침이 결정되면 정부가 민간 펀드에 개입하지 말아야 한다고 주장했을 때 특히 그랬다. 복잡하게 얽힌 이해관계의 충돌을 해결할 방도가 없었다. 결코 잊을 수 없는 한 회의에서 내 조언이 무시당했을 때, 나는 끓어오르는 분노를 숨기지 못했다. 그때 러시아 교육부 장관이 내게 몸을 숙여 다음과 같이 말했다. "에를리히 씨, 당신 말이 옳습니다. 하지만 이해하셔야 해요. 여긴 러시아랍니다." 시간이 갈수록 내가 펀드에 개입하는 일은 줄어들었고 결국 나는 4년 후에 물러났다.

　RVC 이사회 구조는 그 자체로 흥미로웠다. 이사회에 참여하는 정부 대표가 지나치게 많았다. 그레프 장관이 회장직을 떠난 후에는 훗날 러시아 은행 총재로 부임하는 나비울리나Nabiullina 장관이 그 뒤를 이었다. 이들 외에 교육과학부 장관 프루싱카Prusinka도 이사회 임원이었다. 그는 벤처 캐피털 분야를 이해하는 비교적 유쾌하고 똑똑한 사나이였다. 반트러스트국Antitrust Authority 국장과 국립 대학교 교수도 이사회에 참여했다.

　RVC가 3년가량 활동했을 때 **메드베데프**Medvedev 대통령이 장관들의 이사회 임원 자격을 취소했는데, 이는 올바른 결정이었다. 그렇게 해서 훌륭한 경제학자이자 모스크바의 러시아 경제 대학원 Russian Economic School 학장인 세르게이 구르예프Sergey Guryev가 이사회 회장을 맡게 되었으나 오래가지 못했다. 러시아 정부는 푸틴을 공개적으로 비난하는 그에게 러시아가 아닌 유럽의 다른 나라에서 경제학 활동을 하는 편이 바람직하겠다는 뜻을 전달했다.

　RVC에서 러시아 벤처 캐피털 산업을 확립하고 기술 부문을 활성화하는 것은 내 업무가 아니었다. 나는 몇 달에 한 번씩 이런저런 이니셔티브에 초대받아 강연을 하거나 카운슬러로 합류했다.

　한번은 이슬람교도가 많고 부유한 반자치 지역 타타르스탄 Tatarstan의 벤처 캐피털 박람회에 초대를 받았다. 박람회는 타타르스탄 공화국의 수도인 카잔Kazan의 볼가강 인근에서 열렸다. 총리를 만났을 때, 그는 나에게 자신의 공화국으로 이민을 오라고 장난스럽게 제안하면서 만일 "모두를 먹여 살릴 능력과 만족시킬 힘이 있다면" 여러 명의 여자와 결혼할 수 있는 추가 혜택이 있다고 덧붙였다.

나는 RVC에서 얻은 경험을 토대로 나를 고용한 사람들에게 조언했다. 기술 분야의 창업가정신을 확대하려면 교육제도부터 시작해서 인프라를 혁신하고, 독립적인 메커니즘을 확립해 정부가 지원해야 하며, 유능한 고급 인력을 최대한 이용해야 한다고 했다. 이런 내 권고 사항 중에 실행된 것이 있는지는 모른다. 만일 있다면 놀랄 만한 일이다. 러시아는 아직 준비가 되지 않았지만, 언젠가 이를 실현할 날이 올 것이다.

나는 10년간 세계은행World Bank과 유럽연합의 유레카Eureka를 포함해 수십 개 정부와 국제단체에 컨설팅을 제공하면서 깨달은 것이 있다. 국내외 투자자가 참여할 만큼 성공적인 기술 분야를 확립하기에는 대부분의 국가에 경제적 자원과 유능하고 창의적인 인재가 부족하다는 사실이다. 정부가 문제의 중요성을 인식하고 적절한 타이밍에 자원을 투자해 이 산업을 증진시켜야 한다. 아울러 스스로 한계를 인식하고 적절한 시기에 민간 부문에 통제권을 넘겨 그들이 시장 규칙에 따라 산업을 이끌 기회를 제공해야 한다.

이런 원칙을 쉽게 받아들이지 못한 것은 비단 러시아 같은 중앙집권 정부만이 아니다. 유럽의 오랜 자본주의 국가에서도 정부 개입과 민간 기업 활동을 적절히 혼합하지 못한다. 이런 국가의 장관과 고위 관리자들은 이스라엘에서는 성공한 벤처 캐피털이 자국에서는 왜 실패했는지 고민하다가 좌절한다.

인내심을 가지고 이스라엘의 교훈을 배워서 실행에 옮긴 일부 국가는 달랐다. 그들은 연구 개발의 초기 단계를 지원하는 '수석 과학관' 모형을 모방했다. 일단 이 모형을 확립한 후에 벤처 캐피털 산업의 체계를 세우기 위해 노력한다. 확신컨대 처음부터 끝까지 적절히 노력해야만 기술-창업 분야를 증진하기 위해 필요한 의식의 변화를 일으킬 수 있다. 1990년대 중반에 획기적인 약진을 이룩하기까지 우리가 이 모든 단계를 거치며 발전했듯이 말이다.

이스라엘의 기술 기적은 사실 기적이 아니다. 그것은 나라에 관심을 가진 사람들, 장기적인 관점을 가진 사람들, 그리고 그들의 발자취를 따라오는 사람들을 위해 토대를 마련한 사람들이 다년간 쏟은 노력의 산물이다.

| 맺음말 |

요즈마 : 성공 이면의 진실

요즈마는 몇몇 기사와 『창업국가The Startup Nation』라는 책에서 주인공으로 등장했다. 하지만 하이테크 분야가 성공을 이룩한 지난 20년 동안의 감동적인 스토리에서 요즈마가 맡은 역할에 대한 기록은 별로 남아 있지 않다. 이 책을 통해 나는 그 스토리의 배경과 사건을 개인적인 시각으로 묘사하려고 노력했다.

내가 이스라엘 하이테크의 발전 스토리를 다시금 돌아본 주된 이유는 요즈마가 지극히 이례적인 성공을 거두었기 때문이다. 민간 부문이 정체된 분야에서 정부는 어떻게 성공을 거두었을까? 어떻게 계획한 대로 목표를 달성하고 나아가 돈까지 벌 수 있었을까? 내가 외국인이나 이스라엘인, 정부 대표나 사업가 등과 접촉할 때마다 요즈마라는 주제가 등장했다. 사람들은 대부분 두 눈을 반짝이며 감격스러운 표정으로 요즈마의 성공 비결을 얘기해 달라고 했다. 모든 이들이 항상 당연하게 요즈마를 확실한 성공 사례로 정의했다.

사람들은 내게 요즈마를 성공 사례로 규정하는 것이 과연 합당한지 입증할 것을 요구하기보다는 무엇이 그것을 성공 사례로 만들었는지 설명해 달라고 요청한다. 내 설명을 이해하지 못했거나 불만족스러울 때면 직접 나서서 설명하기도 한다. 한국 사람은 후츠파, 캐나다 사람은 IDF 연구 부대의 배경, 그리스 사람은 뉴욕의 유태인 때문이라고 이유를 제시했다. 심지어 러시아 사람은 배후에서 어떤 일이 계속 일어나고 있다고 확신했다. 어쨌든 모든 사람이 요즈마의 성공을 기정 사실로 받아들였다.

그렇다면 과연 우리는 얼마나 성공했을까? 정부 계획에서 정한 기대치 면에서, 그리고 공인된 모든 기준에 따르면 요즈마는 확실히 성공 사례였다. 그러나 내가 생각하기에 요즈마의 성공 스토리는 걷잡을 수 없이 커졌다. 성공 스토리가 퍼지기 시작하고 이따금 듣기 좋은 소리가 더해지면 이야기는 이제 통제할 수 없게 된다. 직접 경험한 일이라 할지라도 이야기를 원래의 상태로 되돌리려는 노력은 소용이 없어진다. 그런데 굳이 우리가 성공의 가치를 떨어트리려고 애써야 할까? 물론 그럴 필요는 없다. 우리 역시 그 전설을 믿기 시작할지도 모른다는 위험만 제외하면 말이다.

전설을 믿는 것은 실로 위험한 일이다. 정상에 올라 그 자리를 지키려면 결코 성공에 안주해서는 안 되기 때문이다. 정상의 자리를 지키려면 오를 때 못지않게 열심히 노력해야 하며 그 자리를 노리는 다른 개인이나 국가와 항상 경쟁해야 한다. 그래서 나는 요즈마 그룹의 임원들에게도 항상 헝그리 정신을 간구한다.

'어떻게 성공했느냐?'는 질문에 쉽고 간단하게 답하기는 어렵다. 다른 것을 제쳐 두고 이런저런 특정한 요소를 강조할 수도 없다. 나는 서두의 몇 장에서 성공의 몇 가지 요인을 상세히 설명했으며, 이스라엘의 성공을 본받고자 노력하는 모든 국가에 적용할 만한 원칙도 함께 언급했다.

거래 흐름 키우기

'닭이 먼저냐 달걀이 먼저냐'라는 질문으로 시작해 보자. 투자 대상 기업이 생기기 전에 벤처 캐피털 시장을 발전시켜야 할까? 많은 나라가 목적이나 운영 방식을 확립하지 못한 채 추세에 따라 벤처 캐피털 산업을 설립하거나 강화한다. 그러나 이스라엘의 행보는 달랐다. 1970년부터 1990년 초반까지 기업과 개인의 연구 개발을 위한 도구, 즉 지금 통용되는 표현으로 '혁신'을 장려할 도구가 만들어졌다. 그 핵심 도구는 그때나 지금이나 변함없이 경제부(무역산업부의 후신) 산하 수석 과학관실이다. 개발 과정에 수반되는 위험을 공유함으로써 신기술 개발을 북돋는 것이 수석 과학관의 임무이다.

수석 과학관은 재정적으로 참여해 자원을 지원한다. 혁신적이며 상업적으로 실행 가능한 프로젝트에 지원해야 한다고 주장할 뿐, 실행하는 분야를 지휘하려고 애쓰지 않는다. 이 중립적인 접근 방식은 지금껏 기업과 개인의 창업가정신을 독려하는 훌륭한 도구였다. 해가 갈수록 수석 과학관의 지원을 받는 프로젝트의 수가 증가했고, 이와 함께 수석 과학관실의 예산도 증가했다(**그림 1**, **그림 2** 참고).

충분한 수의 신생 기업을 설립하고 기존 기업의 기술 기반을 확대함으로써 민간 투자를 위한 자본을 유치하는 방식이 효과적이다. 하지만 수치를 보면 알 수 있듯이 이를 입증하려면 꽤 오랜 시간이 걸린다. 다시 말해, 거래 흐름이 충분하지 않다면 벤처 캐피털 펀드를 설립할 이유가 없다. 많은 정부가 이 사실을 무시하는 경향이 있지만 이 두 개념은 상관관계가 있다. 반면에 정부가 다른 접근 방식을 택해 거래 흐름 성장을 자극할 수도 있다. 이를테면 본국으로 돌아온 기업가들이 신생 기업을 설립하도록 부추길 유인을 제공하거나 대기업과 학계의 스핀오프를 장려해 대학의 '기술 이전' 방법을 개선할 수도 있다.

타이밍, 타이밍, 타이밍 : 투자, 융자 담보, 세계화

성공의 또 다른 핵심 요인은 타이밍('운')이다. 이 점에 관해서는 이미 포괄적으로 다루었다. 언뜻 생각하기에는 적절한 타이밍을 선택하는 일이 어려울 것 같지만, 요즈마가 그랬듯이 움직여야 할 적절한 타이밍을 조절하는 것은 가능하다. 몇 가지 요인이 시너지 효과를 내어 요즈마의 타이밍에 영향을 미쳤다.

1990년대 초반은 스태그네이션 기간이라 투자에 이상적인 시기였다. 스태그네이션이 진행되면 투자자들은 대개 투자를 피하고, 그 결과 기업의 시세가 떨어져 투자 수익률은 더 높아진다. 게다가 이 기간에 미국 펀드는 미국 땅을 벗어나 활동을 확대하며 전 세계에 투자하기 시작했다. 이런 상황은 우리가 통제하지 않았고 통제할 수도 없는 요인이었다.

반면, 이런 상황과 무관했던 우리는 이스라엘 내부 상황을 고려해 적절한 시기에 벤처 캐피털 시장을 설립하기로 했다. 이 목적을 이룰 수 있는 조건은 벌써 마련되어 있었다. 정부가 신생 기업의 성장을 장려하기 위해 필요한 재정적인 부담을 혼자 짊어질 필요가 없다는 사실은 이미 분명했다. 구소련으로부터 대량 이주가 일어날 무렵 이스라엘은 미국의 담보를 확보했고 이후 월스트리트의 주목을 받았다.

이주

구소련으로부터 교육과 기술 수준이 높은 유대인이 대량으로 이주해 그 혜택을 받을 수 있었던 것은 이스라엘에게 행운이었다. 이들은 주로 기술 분야에 중대한 공헌을 했을 뿐만 아니라 신생 기업을 설립하는 과정의 주된 원동력이 되었다.

이스라엘은 경제적인 요인과 무관하게 전 세계의 유대인을 유치할 수 있다는 점에서 독특하다. 그러나 세계화된 지금은 유능하고 숙련된 인재일수록 자신의 재능을 최대한 발휘할 수 있는 최고의 환경을 제공하는 나라로 이주한다.

특히 미국은 환태평양 지역과 동남아시아 여러 국가의 '두뇌 유출'에서 혜택을 받았다. 세계적인 인재와 새로운 아이디어 유치에 개방적인 국가는 지식 집약적인 산업에서 크게 유리할 것이다.

'시장 실패' 확인하기

하이테크 산업의 성장을 촉진할 만큼 투자자와 자본이 충분치 않으면, 기술 혁신 투자에는 위험이 따르며 그 결과 '시장 실패'가 일어난다. 정부는 단순한 임무를 수행하는 요즈마 펀드를 설립함으로써 투자자의 역할을 맡았다. 요즈마의 임무는 벤처 캐피털 시장을 확립하고 사명이 완수되면 곧바로 개입을 끝내는 것이었다. 이러한 정부의 역할을 촉매제라고 정의할 수 있을 것이다.

PPP : 시장 실패를 해결하는 마법의 공식

요즈마는 기술 분야에 인맥과 경험이 있는 해외 파트너를 확보해 국내의 민간 부문 플레이어와 협력했다. 그리고 이 과정을 혼자서 모두 처리할 수 있다고 생각하기보다는 겸손한 자세로 PPPPublic-Private-Partnership(민관 파트너십)을 택하는 방식이 더 나을 것이라고 판단했다. 요즈마는 이례적인 조건을 정해 우리 몫의 수익을 포기할 각오가 되어 있음을 보여 주었다. 그것은 설립 이후 5년 이내에 펀드에서 요즈마의 지분을 투자액 + 연간 금리 1퍼센트 + 펀드 미래 수익 가운데 7퍼센트의 가격으로 매입할 수 있는 조건이었다. 우리는 더 진지하고 신중한 방식을 선택해 투자자와 그 결과에 하방 보호(기초 자산의 가격 하락에 의한 손실을 콜옵션 발행으로 완충시키는 것—옮긴이)를 적용하지 않았다.

세계 네트워크 형성하기

특정한 조치가 성공하면 당연히 훌륭한 계획 덕분이라고 한다. 하지만 사전에 계획하지 않았는데 예상치 못한 횡재를 만나는 사례가 있다. 펀드에서 생긴 (주로 미국과의) 사업 인맥 네트워크가 그런 횡재 가운데 하나이다. 우리가 미국을 포함해 여러 해외 투자자와 파트너십을 맺었을 때, 그들은 투자한 기업이 성공하도록 매우 헌신적으로 노력했다는 점을 다시금 강조하고 싶다.

지나고 나서 깨달은 것이지만 파트너십의 부산물, 즉 모든 파트너의 인맥이 사실 그들의 자본보다 더 소중했다. 이 더할 나위 없이 소중한 부산물은 단기간 내에 임계질량을 형성한다는 요즈마의 운영 방식에서 비롯된 결과였다. 미국과 다른 국제 파트너들 또한 펀드를 성공 사례로 제시하는 데 관심이 있었다. 그로 인해 우리의 이미지가 크게 향상되어 추가 비용이나 투자 활동을 하지 않아도 새로운 투자자와 파트너를 확보할 수 있었다.

우리는 이 모든 원칙을 실행해 시너지 효과를 일으키며 대단히 획기적인 약진을 이룩했다.

이것이 바로 이스라엘이 세계 정상급 하이테크 생태계를 개발해 거의 완성 단계에 이른 비결이다. 물론 요즈마가 참여하지 않은, 그리하여 이 책에서도 다루지 않은 다른 중요한 요인도 많다. 이를테면 훌륭한 교육제도, 이스라엘의 독특한 지정학적 위치, 세계의 유대인 사회, IDF의 연구 정예부대, 이스라엘 기업을 매입한 후 이스라엘에서 활약하는 많은 다국적 기업의 연구 개발 센터 등이 있다.

그리고 물론 이해하기 어려운 특성인 '유대인의 천재성'도 빼놓을 수 없다. 혹자는 '유대인의 천재성'이 탈무드(Talmud, 유대교 경전—옮긴이)와 게마라(Gemarah, 탈무드의 제2부—옮긴이)를 놓고 조목조목 논쟁을 벌이던 여러 세대가 물려준 것이라고 주장한다. 요약하자면, **생명력을 가지고 융성하는 하이테크 기업과 지속 가능한 벤처 캐피털 산업을 확립하기 위해서는 세 가지 활동(자본 모금, 기업 투자, 투자 수익)의 균형을 유지해야 한다.** IVC사(이스라엘의 벤처 캐피털과 하이테크 산업을 지켜보고 그에 대한 정보를 제공하는 연구 기업)에서 제공한 세 개의 그래프는 이스라엘과 해외 투자자를 위한 중요한 의사 결정 도구의 역할을 담당한다(**그림 3, 그림 4, 그림 5** 참고).

그림 1은 1987~1992년에 수석 과학관의 지원을 받은 혁신 프로젝트의 증가세를 보여 준다. 이 기간에 지원을 받은 기업은 250곳에서 600곳으로 늘었고, 총 보조금은 8,000만 달러에서 1억 7,000만 달러로 증가했다.

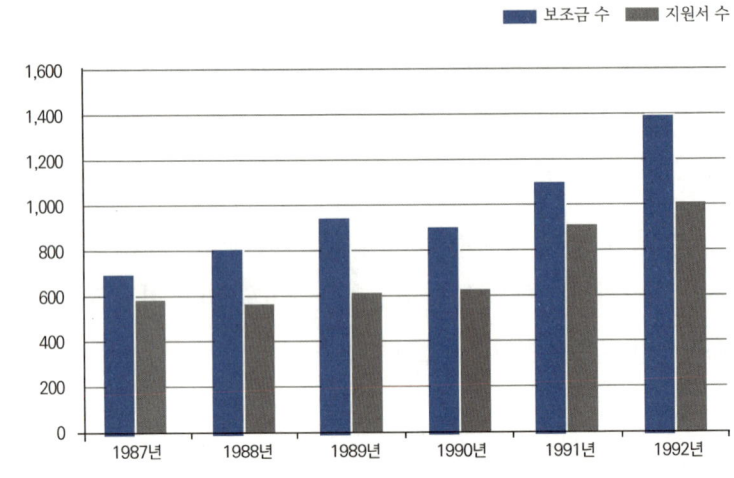

그림 1 승인된 보조금 수와 지원서 수(1987~1992년)

이 책을 쓰기 전 몇 년 동안 수석 과학관의 예산은 14억 NIS에 이르렀으며, 연간 평균 예산은 약 4억 달러였다.

그림 2는 1986~1992년의 로열티 증가 현황인데, 이는 대체로 성공률을 반영한다.

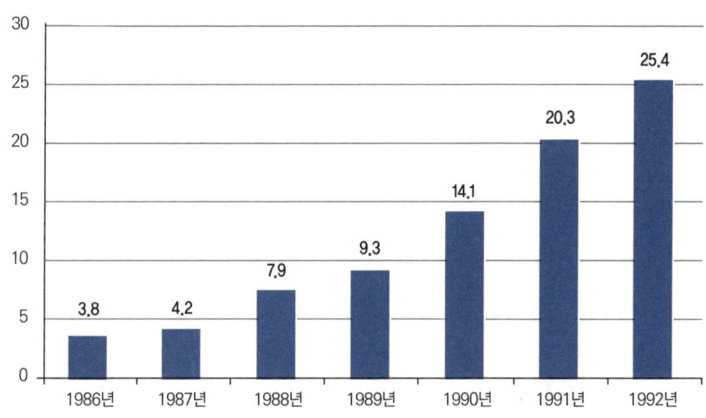

그림 2 보상 펀드 로열티 징수액(1986~1992년)

수석 과학관의 보조금을 받은 사람은 수익에 대해 로열티를 지불해야 하는 반면, 프로젝트에 실패한 사람은 보조금을 상환할 필요가 없다. 재신청할 기회를 박탈하지도 않는다. 개발이 성공한 경우에 로열티를 납부한다는 규정은 실패한 경우에 보조금을 탕감하는 정책에 정당성을 부여하기 위한 것으로, 주로 공적인 의미에서 중요하다. 만일 우리가 이 방침을 고수하지 않는다면 성공적인 민간 기업에 대한 정부의 보조금은 부자를 더욱 부자로 만든다는 이미지가 생길 것이다.

그림 3은 1995~2015년에 이스라엘 벤처 캐피털 펀드가 모금한 자본을 나타낸다. 1993~1995년에 요즈마 자펀드들은 직접 2억 1,000만 달러를 모았다.

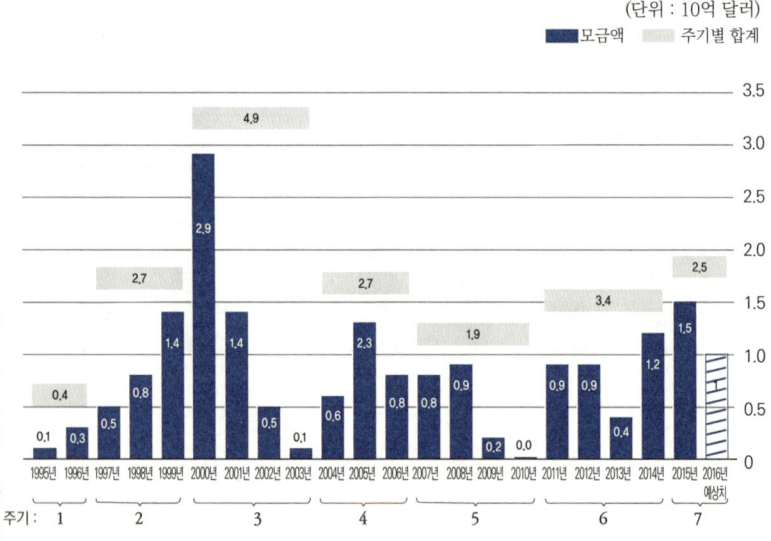

그림 3 이스라엘 벤처 캐피털 펀드가 모금한 자본(1995~2015년)

이스라엘 펀드에 투자된 자본의 원천은 대부분 해외이다. 비록 총 투자액에서 이스라엘 민간 부문이 차지하는 부분은 적지만, 민간 부문의 투자는 해외에서 자본을 모금할 수 있는 지렛대 역할을 담당한다. 자본 모금의 주기 또한 인상적이다. (2001년과 2008년 위기에서 그랬듯이) 세계 경제 위기가 닥친 후 자본 모금의 규모가 감소한다.

그림 4는 1997~2016년 상반기에 이스라엘 하이테크 기업이 모금한 총 자본을 나타낸다.

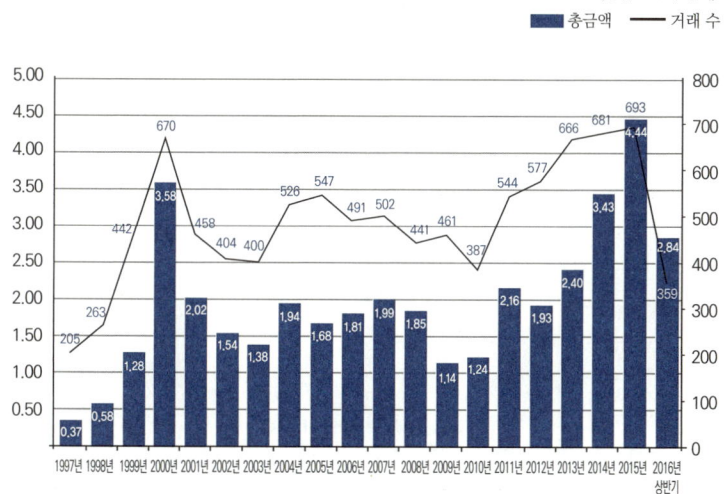

그림 4 이스라엘 하이테크 기업이 모금한 자본(1997~2016년 상반기)

앞서 언급했듯이 이스라엘 기업에 투자된 자본 가운데 가장 큰 비율을 차지하는 것은 국제 자본이다. 2016년에 투자된 자본 가운데 이스라엘 국내 자본의 비율은 18퍼센트에 불과했다. 해외 자본 의존도가 지나치게 높아서 자본의 흐름을 보장할 수 없기 때문에 다소 걱정스러운 수치이다. 이스라엘 경제가 성공적인 하이테크 기업으로부터 얻은 혜택 역시 최적의 수준은 아니다. 그러나 이스라엘 기관 투자자로 하여금 하이테크에 큰돈을 투자하도록 유도하려는 시도는 지금껏 결실을 맺지 못했다. 이런 현상은 바로잡아야 한다.

그림 5는 1997~2016년 상반기에 주식 발행과 인수에서 얻은 이스라엘 기업의 투자 회수 현황을 보여 준다.

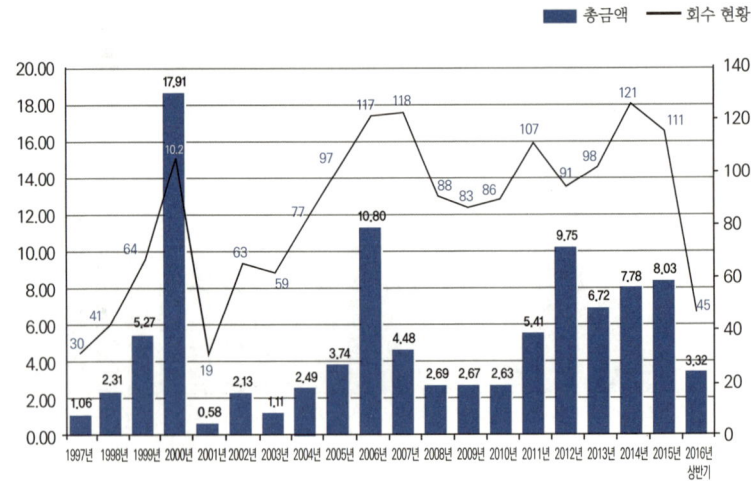

그림 5 이스라엘 기업의 투자 회수(1997~2016년 상반기)

일정 기간에 투자된 자금과 투자 수익 비율은 투자자들에게 만족스러운 수준이지만, 이스라엘 경제에 제공하는 혜택은 확실하게 검증되지 않았다. 지난 수십 년 동안 기술 분야가 이스라엘 경제를 주도했으며, 적어도 에너지 산업이 판도를 뒤집을 때까지는 앞으로도 그럴 것이다.

🌍🌍🌍

혹자는 벤처 캐피털 부문이 지금 변화를 겪고 있으며, 이는 과거의 변화와는 판이하게 다르다고 주장한다. 이러한 주장은 자본 모금과 투자 회수를 기록한 차트만큼이나 냉소적이다. 변화가 일어나기 전에 이미 고위험 기업 투자에 대한 더 효과적인 사업 모형이 발견되어 있다. 자본이 수익을 극대화할 투자 경로를 찾는 한 벤처 캐피털 부문은 이런저런 형태로 존속될 것이다.

주로 컴퓨팅과 센서링 분야의 기술 개발에 토대를 둔 혁신은 수많은 신생 기업과 펀드를 유치하고 뛰어난 기술의 노동력을 요구할 것이다. 향후 컴퓨팅과 센서링 분야의 힘은 지속적으로 커져(양자 컴퓨팅) 다양한 분야(데이터 프로세싱, 자동화, 인공 지능 등)에서 더 많은 기회를 창출할 것이다. 이는 의학, 운송, 교육, 금융 분야에 영향을 미칠 것이다. 신기술을 이용하는 많은 기업이 비교적 빠른 속도와 저렴한 비용으로 신제품을 개발할 만큼 유능하다. 이따금 유니콘(기업 가치가 10억 달러 이상인 스타트업 기업을 전설 속의 동물인 유니콘에 비유하여 지칭하는 말—옮긴이)을 탄생시켜 투자자들의 열정을 계속 불러일으킬 것이다.

이런 환경에서는 소규모 사모 펀드와 대규모 사모 펀드가 번갈아 가며 유리한 위치를 차지할 것이다. 엔젤(벤처 기업이 필요로 하는 자금을 개인 투자자 여럿이 돈을 모아 지원해 주고, 그 대가로 주식을 받는 투자자를 일컫는 말—옮긴이)이 등장했다가 사라지기를 반복하다 결국 힘을 합쳐 '펀드 같은' 구조를 형성할 것이다.

크라우드 펀딩 또한 펀드처럼 관리될 것이다. 그래서 모든 유형의 펀드에 유능한 관리자도 관련 경험을 얻을 가능성이 높다. 펀드에서 관리 비용을 지급해 관리자들에게 '마음의 평화'를 선사하면 그들은 위험 부담이 큰 중장기 투자에 참여할 수도 있다. 이 모형에는 부정적인 측면이 많고 오용하는 사례도 비일비재하다. 하지만 어쨌든 현실을 토대로 올바른 구조의 윤곽을 잡고 (기업 초기 투자를 위한 자본이든 아니면 성장을 위한 자본이든 간에) 빠진 것을 채워 넣으며 최고의 관리자를 부각시킬 것이다. 요컨대 예측이 가능한 미래의 금융 시장에 벤처 캐피털 펀드가 존재할 것이다.

마지막으로 이스라엘에서 일어나는 하이테크 혁명의 사회적인 측면을 언급하지 않을 수 없다. 여러 가지 요인이 사회경제적 변화와 문화적 변화를 일으키며, 이와 더불어 이스라엘 국민 전체의 세계관도 변화한다. 하지만 20~21세기 이스라엘 경제에서 일어난 급격한 변화에는 기술이 결정적인 역할을 수행했다는 사실에 의심의 여지가 없다. 하이테크가 발전하면서 경제는 균등하지 않은 방식으로 발전했으며 사회적 격차가 심화되었다. 이스라엘 정부가 하이테크 혁명을 주도하고 사회 정책을 실행했지만 이런 간극은 더욱 깊어졌다.

하이테크 혁명에 따른 사회적 결과는 불가피한 부산물이겠으나 혁명에 참여한 모든 사람이 단결해 사회적 격차를 최소화하고자 노력하는 것이 바람직하다. 그럼에도 불구하고 정부와 자유 시장의 성공적인 협력을 통해 경제 성장을 이룩하고 양측 모두에게 유리한 결과를 얻을 수 있었다.

| 감사의 말 |

집필과 연구를 도와준 안셸 페페르Anshel Pfeffer, 이 책의 히브리어 원본을 전문적이고 품위 있게 편집한 마야 포페르Maya Poper, 후속 편집 과정을 돕고 히브리어로 책을 발표하도록 경험과 지혜를 제공한 카르미트 사피르와이츠Carmit SapirWeitz, 원본을 영어로 번역하고 문체와 내용에 관해 반가운 제안을 한 조나단 박스먼Jonathan Boxman, '다니 세파림Dani Sefarim' 출판사 직원 다니와 이파트Yifat, 하가이Hagai에게 감사를 전한다.

그리고 수석 과학관실과 요즈마 벤처 캐피털 펀드에서 우리가 이룩한 대과업에 동참한 모든 이들에게 고마움을 전한다. 특히 이스라엘 요즈마 그룹 보아즈 골드스미스 대표/부회장과 요즈마 그룹 아시아 총괄 이원재 대표를 비롯하여 요즈마 그룹 싱가포르·중국·일본의 임직원 가족에게 깊은 감사를 전한다. 그들의 노력 덕분에 아시아 진출 5년 만에 좋은 성과를 낼 수 있었다.

나와 함께 일한 모든 사람에게 감사하다. 이것은 모두의 성공 스토리이다.

창업국가 이스라엘을 만든 벤처 캐피털의 원동력
요즈마 스토리

초판 1쇄 발행 2019년 9월 15일
초판 2쇄 발행 2022년 7월 15일

지은이 이갈 에를리히
옮긴이 이원재

펴낸이 김연홍
펴낸곳 아라크네

출판등록 1999년 10월 12일 제2-2945호
주소 서울시 마포구 성미산로 187 아라크네빌딩 5층(연남동)
전화 02-334-3887 팩스 02-334-2068

ISBN 979-11-5774-647-7 13320

※ 잘못된 책은 바꾸어 드립니다.
※ 값은 뒤표지에 있습니다.